JOMON RENAISSANCE

縄文ルネサンス

現代社会が発見する新しい縄文

Yoshiaki Furuya

古谷嘉章

平凡社

縄文ルネサンス✣目次

縄文ルネサンス——現代社会が発見する新しい縄文

はじめに――二十一世紀の縄文を探して

私は小学校四年の夏から二年間、父親の仕事の都合で、静岡県の沼津と三島の間にある清水町というのどかな町に住んでいた。富士山の伏流水が噴き出る柿田川湧水群が町の中にあって、そこを水源とする柿田川との合流地点の少し下流のあたりで狩野川が大きく湾曲するところ、小山のふもとにある日当たりのよい三日月形の畑地で、土器片を拾い集めたことがある。その蒐集品は、五十年を経たいまでも東京の実家の紙箱の中にあるが、数年前に思い立って調べてみると、その畑が、一九三〇年に発見された、それなりに由緒のある矢崎遺跡という遺跡で、県東部を代表する弥生時代の集落跡であり、もっとも古い土器は縄文時代末のものだとわかった。私が採集した土器片のなかには、はっきりと縄文が施されたものもいくつかあったから、畑を耕すうちに縄文時代の遺物も地表に出てきていたのかもしれない。考古学者にはならずに、文化人類学者になった私の、はるか昔の思い出である。

読者のなかにも、子供の頃にはじめて土器片を地面から拾い上げたときの興奮を覚えている方々も多いだろう。それは本で学んだ「縄文土器」や「縄文時代」についての知識とは違って、私にはもっと直接的で身近なものと感じられた。一言でいえば、現在の私たちの日常の中に出現した手触りの感じられるモノだったからである。それ以後も、博物館などで遺物を目にする機会はあったが、「さわれる展示」はまだ一般的ではなかったので、たとえ土器片であってもさわることはできなかった。ましてや重要な展示品となれば、「手を触れないでください」という注意書で、モノと私たちが隔てられている状況は、いまでも基本的に変わらない。つまり、自分の住む町や村に縄文遺跡公園があったり、考古学に特に関心があって発掘現場見学会に参加したりすれば話は別だが、そうでなければ、現代日本の社会に生きる私たちにとって、日本列島で遠い昔に生活していた縄文人とは、小学校の社会科の教科書の冒頭のページをはじめとして、本の中に書かれている大昔の話にすぎないといってさしつかえないだろう。要するに、自分たちの日々の生活とは縁遠い、モノとしての手触りを感じることのできない、文字で書かれた知識にとどまっているということである。しかし逆から見れば、そうした知識を教わっているからこそ、私たちは土器などのモノを見て、おおそではあっても、特定の時代の風景の中に位置づけることができるわけで、そうでなかったら、それが何であるのか、誰が作ったのか見当もつかないだろう。とはいえ、それで途方に暮れるとは限らない。知識がないからこそ膨らませることのできる想像というものもある。事実、小人や巨人が遺したモノであるとか、天から降ってきたモノであるとか、かつては出土品について色々な説が信じられていたのである。

熱心な考古少年でもなかった私が、つぎに土器片に触れたのは、大学の文化人類学コースの考古学実習で、埼玉県寄居町の桑畑で表面採集をしたときだった。隔年で行われていた考古学実習では、例年ならば発掘を手伝わされるのだが、その年はどういう事情があったのか、大学キャンパスの小山で測量の仕方を教わっただけの私たちは、まだ寒さの残る三月、寄居町の桑畑で土器片を拾い集めることになった。しかし一日中、低い桑の木が並ぶ広い畑の中を中腰で歩きまわって集めた土器片のうち、少なからぬものが捨てられる運命にあった。弥生時代や古墳時代の土器片ではなくて、後世の土管の破片だと先生たちに宣告されてしまったからである。シロウト学生には両者の区別もつかなかったという間抜けな話だが、そのとき私が疑問に思ったのは、なぜ弥生土器の断片と土管の破片が、同じ桑畑の畝の土に埋まっているのかということと、なぜ土管のカケラは考古学的価値を認めてもらえないのかということだった。要するに、考古学者が順序正しく発掘し、分別して価値づけてはじめて、昔のモノは特定の時代の物証になるのである。そうでなければ、昔のモノ、つまり「昔というもの」は、予想以上にゴチャゴチャになっているのである。表面採集した土器片は、標本整理の実習のために大学に持ち帰り、洗浄し乾かして、標本番号を記入して、無事に「考古学遺物」となった。まだ大学の収蔵庫に眠っているのかもしれないが、たぶん処分されて、二十世紀の土砂の一部になったのだろうと思う。

そのつぎに土器に触れる機会にめぐまれたのは、ブラジルだった。私は大学院に進学して文化人類学者になり、一九八四年からブラジルのアマゾン地方で調査をしていたのだった。私の最初の研究テーマは、ブラジル・アマゾンのアフリカ系の憑依宗教というもので、先史文化や考古学とは直接関係がなかった。その調査を博士論文にまとめた後、二〇〇〇年に十か月ほど、アマゾン下流の都市ベレンで、エミリオ・ゲルジ博物館の客員研究員として滞在したとき、以前から気になっていた別のテーマの調査を開始した。先史土器風の土器についての調査である。ベレンでは、かつては生活用具としての土器を生産していた陶工たちが、プラスチック製品の普及などによる需要の激減に直面して、一九六〇―七〇年代から、アマゾン中低流域の先史文化の土器をコピーしたモノを、室内装飾用あるいはそれ以上に観光土産用に大量に作りはじめていたのである。私の関心は、現代の都市住民が、自分たちの祖先でもない先住民の遺した文化と、どのような関係を構築しているのかという点だった。窯元が密集している地域に日参してフィールドワークをするうちに、博物館向けの精巧なレプリカから粗製乱造の安物まで千差万別であることがわかった。背後に、「ブラジル零細小企業支援協会」(SEBRAE)が立ち上げた地域経済振興のための「民芸プログラム」があることや、市や州も観光振興を目的として先史土器を地域アイデンティティと結びつけて利用しはじめていることも見えてきた。それまで先史文化や先史土器に無関心だった行政やビジネスの分野で、その利用価値が急に脚光を浴びたような具合だったが、彼らにとっての価値は、考古学者の考える学術的価値とは、かなりずれていたことも事実だった。つまり、各自が、それぞれにとっての先史文化を生み出しつつあったというわけである(古谷 二〇〇五、二〇〇八)。

これ以上ブラジルの話をしていたら縄文に辿り着かないので、忘れられない一場面を紹介しておくにとどめたい。そのとき私は、アマゾン河口の見渡すかぎり平坦なマラジョー島のほぼ中央に位置する町の外れにある民家を訪ねていた。その民家の軒先には、マラジョアーラ文化(四世紀半ば―十四世紀半ば)の埋葬用の大きな甕棺が、青いビニールシートで覆われて木枠の中に据えられていた。水甕に使っていたのである。この家の洗濯場にあったもうひとつの甕棺も、水甕としてごく最近まで使っていたということだった。それ以外にも、ファリーニャ（マニオク粉）の保存容器に使ったり、出土する「土偶」を子供たちがおもちゃにして遊んだり、雨季にはあたり一面が水没する土地で窪地を土器片で埋めたりして、アマゾンの庶民の生活の中で遺物が活用されていたのである。

ブラジル・アマゾンのマラジョー島の民家の軒先で水甕として使われているマラジョアーラ土器

マラジョアーラ文化は自律的文化としては、ポルトガル人と遭遇する前に命脈が尽きていた。現在の住民である混血の人々の血の中に、マラジョアーラ文化の担い手の血が多少なりとも流れていないとはいえないが、甕棺などを遺した先住民たちの子孫だという自覚は、現在の住民にはなかった。彼らにとって、出土する甕棺の価値は、高品質の容器としての実用的な価値だったのである。耐久性に優れた甕棺に比べて、プラスチック製のバケツなどは、熱帯の灼熱の太陽に曝されてすぐに劣化してしまうし、そもそも入手が困難である。博物館に置かれれば、一級品として展示の目玉になるような甕棺が、常識的に考えれば場違いな場所にあるのを目の前にして、私の頭には、それがあるべき場所はどこなのか、現代社会においてそれが活かされる場所は、はたして博物館なのか、あるいは、ここなのかという、答えのない問いが浮かんでいた。先史文化のモノが現代社会においてどのように活用されるのか。それにはひじょうに様々な方法がある。そして実は、考古学の調査研究も、かなり風変わりではあるが、そうした方法のひとつにすぎないのではないか。このことに気づいたことが、本書を執筆するに至った原点なのである。

清水町の土器片であれ、寄居町の土器片そして土管のカケラであれ、マラジョー島の甕棺であれ、それを作った人や、それを使った人は、遠い昔に死んでしまい、その身体も分解してしまって、もうそれとは見分けがつかなくなっている。それなのに、モノのほうは、ほぼ原形を保ったままで、何百年、何千年を経て、この二十一世紀の現代に存在していることの不思議さに、思いを馳せてみたい。それはまた、私たちを取り巻いている様々なモノが、いま生きている人間のすべてが死んでしまった後も、ひじょうに長い時間にわたって存在しつづけるだろうという事実を想像してみることにもつながる。そのように、作った人や使った人の手を離れて、いわば意味が剝げ落ちてしまったモノが、地中に眠りつづけているだけなら、もって瞑すべしであるが、しばしばそれは地表に現れて、生きた人間の住む俗世間に舞い戻ってくる。そこで誰も関心を払わない、あるいは破壊してしまうかもしれない。しかし、人がそれに意味を見出したり、それを活用したりすると、モノは、いわば、永い眠りの後の「第二の生涯」を開始する。それがどのような生涯になるかは、偶然の賜物である。考古学者の発掘現場で出土すれば、丁寧に取り上げられ、出土状況がしかるべく記録され、学術的価値を認められれば「遺物」となり、整理され保管され展示され、運がよければ重要文化財や国宝になるかもしれない。マラジョー島の甕棺のように、発見者がそれに実用的価値を見出して、自宅に持ち帰って活用すれば、役に立つ道具としての「第二の生涯」が始まる。見つけた子供が大事な「宝物」として取っておいて、それで遊ぶという「第二の生涯」もある。小学生の私に発見された土器片は、砕けて畑の土になる代わりに、紙箱に入れられて蒐集品となったのはよいが、もう半世紀ものあいだ、私の小学生時代のガラクタ（一九六〇年代の遺物）の山の中に埋もれることになった。さらに、手にした人がそれに「昔のモノ」としての価値を見出すと、人はそのモノを介して「昔の人、昔の文化、昔の社会」と関わりをもちはじめる。遺されたモノが、リレーのバトンさながらに、現代の人間と遠い昔の人間をつなぐのである。世阿弥は「継ぐを以て家とす」と言ったが、見ず知らずの昔の人の遺したモノを受け継ぐことによって、それを遺した人と、受け継いだ後世の人との間に縁《えにし》が生まれる。

アマゾンの先史土器風の土器から始まった、「先史文化の現代的利用」についての私の研究がその後どのように展開したのかについては、ここでは端折るとして、徐々に、「現代の日本社会においては、縄文文化はどのように活用されているのだろうか」という疑問が浮かんできた。アマゾンと日本の比較研究といえばもっともらしいが、根源的な何かが私の関心の導き手だった。いま考えてみれば、清水町の畑や寄居町の桑畑での体験がそこに影を落としていたような気がする。つまり現代の私にとって、手が触れているこの昔のモノの意味は何なのか、このモノが作られた昔は現代の私にとって何なのかという問いの答えを、「縄文文化の現代的利用」の研究に期待していたのかもしれない。

少しずつ研究そして調査を始めた頃の私には、まったく予想できなかったことであるが、私が研究を進めるのと並行して、ここ数年はそれを追い越すようにして、縄文文化が巷間で話題にされるようになってきた。この展開に私は戸惑った。私には、流行のテーマを追いかけているつもりは微塵もなかったからである。特に二〇一八年は異常な年だった。縁あって三月に「縄文ルネサンス」という文章を『西日本新聞』に七回連載させてもらったのだが、その時点ではまだマスメディアで目にしなかった「縄文ブーム」なる言葉が、七月からの東京国立博物館の『縄文――1万年の美の鼓動』展開催が近づくにつれて、あちこちに溢れ出し、同展には三十五万人という予想を大きく超える観客が訪れたことは記憶に新しい。

ところで、「縄文ブーム」という言葉は、一過性の現象という印象を与える。しかし、二十一世紀に入った頃から始まり、この十年、加速度的に目立つようになってきた「縄文」への関心の高まりは、けっして一時的な、すぐに雲散霧消するような現象ではない。それは、「日本人」と「縄文」との関係のあり方における、文化史的スパンで捉えるべき大転換ではないかという考えが、私の中で徐々に確固としたものになってきている。この社会現象を何とよぶべきか。そこで私が選んだのが、「縄文ルネサンス」という耳新しい言葉である。

本書でいう「縄文ルネサンス」とは、「知らなかった縄文文化（のモノ）に、気づかなかった価値を見出し、現代社会で生きる私たちの生活に活かす、多種多様な現象の総称」である。なぜ「ルネサンス」と呼ぶのかについては後述するが、西洋のルネサンスは、遠い昔のギリシャやローマの文化を、十四―十六世紀のヨーロッパの「現代社会」に復興しようとした試みだった。その担い手たちは、キリスト教が真理を独占し教会が君臨する何世紀も続いた時代に辟易し、新しい価値を生み出すことを望んでいた。そして、そのためのモデルを、地理的にも時間的にも隔たった、直接に連綿とつながる祖先の文化でもない「古代ギリシャ・ローマ文化」に求めたのである。実は、縄文時代の文化の場合も、現代の日本社会に生きる私たちにとって、遠く隔たった、見方によっては断絶した文化である。そのように隔たりを越えて大昔の縄文文化を現代社会に活かそうとする試みは、関係の形として、西洋の「ルネサンス」の場合と変わらない。ただし、「縄文ルネサンス」が、そこまでのスケールをもちうるものかどうか、これはまた別問題である。

しかし、「人新世（Anthropocene）」という新語にみられるように、地質学的レベルで人間の行動が地球に与える影響を無視できない時代に突入しているという認識が、日に日に強まりつつある現在、世界全体が長期的なスパンの大きな画期に直面しているという感覚は、けっして誇大妄想ではない。そうした画期にあって、日本においても、弥生時代以来の成長、発展、進歩のプロセスが行き詰まり、それに代わる何かが、縄文文化に求められはじめているのかもしれない。しかし私は預言者でもないし予言者でもないから、現代日本社会が進むべき指針として縄文文化を提唱し、「縄文文化が現代日本を救う」などと主張するつもりなどない。また考古学者でもないから、縄文時代についてのより正確な最新の姿について解説することを意図しているわけでもない。

では文化人類学者としての私が本書で読者に提供したいと思うのは何なのか。一言でいえばそれは、現代日本の社会で縄文文化がどのような意味をもたされて、どのように活用されているのかを解き明かすことだが、本書で「縄文ルネサンス」とよぶ複合的な現象は多岐にわたり多種多様である。それゆえ、その意味も、その活用のされ方も、単一の答えに収斂することはないが、そこに共通する価値観なりパースペクティブを描き出すことは可能ではないかと思う。しかしそのためには、視野を広くもち、スケールを長くとって、人類文化史的見地から「現代社会における縄文」というテーマに目を向けることが必要になる。現代から縄文時代を見るのではなく、現代と縄文時代のどちらからも距離をおいて、両者の絡み合いを視野に収めたとき、そこに、どのような風景が見えてくるだろうか。

本書は七つの章から構成されている。それぞれの内容を簡単に紹介して、あらかじめ全体の見取図を示しておくことにしたい。第一章「土の中から出てきた縄文文化」が扱うのは、時代でいえば、江戸時代から第二次世界大戦中までだが、縄文文化という文化がまだ一般の人々はおろか考古学者にとっても、現在理解されているような意味のものとして存在しなかった時代から始まり、日本人がやって来る前に日本列島に住んでいた先住民族の遺した文化と考えられていた時代を経て、日本人の祖先の文化と考えられるようになるまでの経緯である。縄文文化の中身よりまず、縄文文化という容れ物が形作られるのに、かなりの年月を要したというわけである。しかしいつの時代でも、いまでは縄文時代の遺物とみなされているモノは地中に存在していたわけで、偶然地上に姿を現すモノに、それぞれの時代の人々が、何らかの意味を見出し、場合によっては、それを何かの役に立てただろう。その点に関して、私たち現代人は、けっして特権的な位置にいるわけではない。私たちは、自分たちが生きているという理由だけで、現代を人類の歴史や日本列島の人々の歴史において、特別で例外的な時代だと考えがちであるが、けっしてそうではない。現代は、縄文文化が生きられていた時代から見れば、数多ある後世のひとつにすぎないのである。

第二章「変転する縄文イメージ」で取り上げるのは、敗戦後の日本社会で、高度経済成長期の開発にともなう緊急発掘によって、それまでとは比較にならない量の縄文文化に関するデータが蓄積されてくるなかで、水田稲作の導入以前の「遅れた貧しい社会」と考えられていた縄文時代が、急速にそのイメージを変えて、二十世紀末の三内丸山遺跡の発掘をスプリングボードとして「豊かな社会」へと変貌していく過程である。またそのような考古学的発見と並行して、「縄文の美」そして「縄文vs弥生」という図式が発明されて、一般の人々の縄文イメージに強い影響を与えてきたプロセスについても浮彫りにする。

第三章「縄文ルネサンスの到来」では、二十一世紀に入って、縄文のモノが国内外で多くの人々の目に触れるようになってきた過程を、二〇〇九年のロンドンの大英博物館や二〇〇九年から翌年にかけての東京国立博物館での土偶展などに光を当てて明らかにする。それまでにも縄文のモノを展示する展覧会は開催されてきていたのだが、この時期になって現れてきた新展開が、相乗効果を及ぼし合いながら、「縄文ルネサンス」のためのアリーナを作り出してきたと見ることができる。本章ではまた、つぎつぎに刊行されはじめた一般向けの縄文関係書籍を通じて巷に溢れ出した「縄文イメージ」を解読する。

さてそこから、いよいよ「縄文ルネサンス」という複合的社会現象を多面的に明らかにしてゆくが、第四章「縄文を活かして現代社会を変える」では、縄文時代の文化遺産を活用しての地域づくり、町づくりに注目する。具体的には、縄文文化を代表する三つの地域圏、すなわち「北海道と北東北」、「信濃川流域」、「中部高地」を取り上げて、それぞれ、縄文遺跡群の世界文化遺産登録推進、「火焔型土器のクニ」の再興、茅野市（長野県）の「縄文プロジェクト」を焦点として、自治体を中心とする「縄文ルネサンス」の動きについて、ナショナル（全国的）、リージョナル（地方的）、ローカル（地域的）の重層性に目配りしながら具体的に描き出す。

第五章「縄文と現代アートの交錯」では、縄文文化や縄文遺物と現代アートの邂逅が生み出す新しい動きについて、各地の博物館や美術館における先駆的な展覧会、そしてアーティストの挑戦的な作品づくりや実験的な展覧会の事例にもとづいて紹介し、「縄文ルネサンス」のなかで現代アートが果たしている重要な役割に光を当てる。縄文文化を理解する手がかりを現代アートが提供してくれる一方で、縄文文化や縄文遺物が現代アートを活性化する触媒にもなっているのである。

第六章「ポピュラーカルチャーと海外発信」では、まず「縄文ルネサンス」のポピュラーカルチャーとしての側面に注目し、インターネットが果たしている役割、そして「縄文ルネサンス」の大衆化路線の中心を担う「土偶ブーム」について、現代社会における意味を明らかにし、つづいて、縄文グッズや縄文デザインの開発、雑誌・漫画・映画などビジネスにおける縄文文化の活用の試みを視野に収める。その一方で、土偶や土器を中心に置いての縄文文化の海外発信を焦点に据えて、「縄文ルネサンス」の海外展開の動向にも光を当ててみたい。

第七章「縄文文化の未来へ」では、それまでの章でいわばジャンル別に論じてきた「縄文ルネサンス」について、テーマ別に捉え直すことによって、「縄文ルネサンス」が私たちの未来に向けて、どのような意味をもちうるものなのかについて考察する。別の言い方をすれば、知らなかった縄文文化（のモノ）に、気づかなかったどのような価値を見出し、現代社会で生きる私たちの生活にどのように活かそうとしているのかという点について、五つの柱に拠って、大摑みなスケッチを提示することを試みたい。

「おわりに」では、個々の事象のレベルからズームアウトして、人類史的観点から見て、なぜ二十一世紀初頭のこの時期に縄文ルネサンスが生じているのかという問題を考えてみる。

いま「縄文ルネサンス」のなかで、「縄文」は新しい姿を顕わにしつつあるが、そもそも「縄文」は、万古不変のものとして存在しているのではなく、それぞれの時代でそれぞれの人によって新たに構築されてきたのだともいえる。では、二十一世紀の現代社会の只中で姿を現してきている「二十一世紀の縄文」の姿を見極めるフィールドワークに出発することにしよう。

第一章　土の中から出てきた縄文文化

1　日本に縄文文化がなかった頃

一万数千年前から約一万年間、日本列島では縄文時代という時代があった。その時代には縄文人の縄文文化が栄え、縄文土器という世界でも最古の部類に入る土器が作られた。このことは、いまでは小学校の教科書にも載っている。それなのに、長い年月、縄文土器も縄文文化も縄文時代も、日本列島に住む人々にとって存在しなかった、と言ったら、奇妙に聞こえるだろう。しかし奇を衒っているわけではない。それは事実なのである。縄文時代が日本列島の歴史の中にはっきりと位置づけられたのは、実は戦後になってからであり、縄文時代を研究する考古学者の山田康弘は、『つくられた縄文時代』の中で「縄文時代や弥生時代といった言葉が学界において認知されるのは一九六〇年代の初めであるし、一般的に使用されるようになるのは、それからさらに一〇年ほど経ってからのことである」と述べている（山田　二〇一五：四）。

しかし縄文時代という言葉が教科書にも載るようになり、一般の人々のあいだでも普通に使われはじめたとしても、一九七〇年頃にはまだ、縄文文化の具体像となると、細かいところの解像度は低いままで、粗いデッサンしか描くことができなかった。たしかにそれ以前に比べれば、色々新しい発見は現れつつあったとはいえ、縄文時代の遺跡や遺物についての発掘調査データが、いまからは想像できないほど限られていたからである。考古学者にとってさえ、豊富なデータのおかげで、縄文文化の複雑な様相が明瞭な像を結んでくるのは、二十世紀の最後の四半世紀になってからといっても、けっして過言ではないのである。

例えば、縄文時代の遺物で国宝になっているものは、現在のところ土偶五点と土器群一点で合計六点だが、そのなかで一九九五年に最初に国宝に指定された長野県茅野市の《縄文のビーナス》が出土したのが一九八六年、他の四点の国宝土偶の出土年は、函館市の《中空土偶》が一九七五年、八戸市の《合掌土偶》が一九八九年、舟形町（山形県）の《縄文の女神》が一九九二年、茅野市の《仮面の女神》が二〇〇〇年であること、さらに、縄文土器として唯一国宝になっている新潟県十日町市笹山遺跡の《火焰型土器》一四点を含む深鉢形土器五七点ほかの発掘が一九八二年、縄文時代のイメージを大きく変えた青森市の三内丸山遺跡の大型掘立柱建物跡が発見されたのが一九九四年、三内丸山遺跡とともに現在世界文化遺産登録をめざしている「北海道・北東北の縄文遺跡群」に含まれる伊勢堂岱遺跡（秋田県）の環状列石の全貌が明らかになったのが一九九六年、御所野遺跡（岩手県）の本格的発掘が一九九八年であることを知れば、いま私たちがもっている縄文時代についての知識のうち、思いのほか多くのものが、ごく最近まで知られていなかったことに驚くだろう。一般人が知らなかったというだけではない。考古学者にとっても、縄文時代や縄文文化のイメージは、この数十年間で、つぎつぎに塗り替えられてきたのである。いま私たちの知っている「縄文」は、インターネットほどとはいわないまでも、パソコン程度には新しい現象なのである。

しかし「縄文時代」という言葉がいま理解されているのと同じような意味で使われるようになったのが数十年前だったとしても、それ以前に縄文時代のモノが知られていなかったわけではない。明治時代の初めの一八七七（明治一〇）年にはすでに、縄文土器と名づけられることになる土器が発見されてはいた。しかし、後で見るように、一九二〇年頃つまり大正時代の半ば頃までは、それは現代の日本人の祖先の作ったモノとは認知されていなかった。長いあいだ、縄文土器は日本列島の住民の作ったものではあっても、日本人（の祖先）が作ったものではなかったのである。当時は、その時代を「石器時代」とよんでいた。縄文土器を生み出した社会がいつまで日本列島で存続していたのかについても、長いあいだはっきりしなかった。出土遺物の年代測定の技術が未発達だったこともあるが、一九三〇年代半ばになっても、東北地方より北では縄文土器を使用する石器時代人が中世まで住んでいたと主張する高名な古代史学者さえいたのである。

明治時代に近代的な考古学の研究が開始されるより前、江戸時代以前には、縄文時代という時代は、世間一般のみならず学者にも知られていなかった。のちに縄文土器とよばれるようになるモノは、当たり前のことであるが、地面の下に何千年も前からずっと存在しつづけていたし、なかには偶然地表に現れて人の目に触れることになるものもあった。しかしそれが何であるのかについては、現代の考古学の理解とはまるで違っていた。要するにそのモノはまだ、縄文土器という考古遺物ではなく、何か別のモノだったのである。

土の中から出てくる昔のモノが、それを見た人々によってどのように受け止められていたのかという問題は、あまり考古学者たちの関心をよばない。彼らは、昔の文化の実像を明らかにするために発掘し、記録し、分析する仕事で忙しいのである。珍しく注目される場合でも、日本考古学の前史といった学問の歴史の文脈で捉えられることが多いようだ。文化人類学者である私には、人々がそれぞれの時代にとっての昔にあたる時代に生きていた人々が遺したモノとどのように関わってきたのかという問題は、人類にとって歴史とは何かを理解する上での根本問題であると思える。しかし、そうした理論的詮索は別の機会に譲ることにしよう。ここではまず、いくつかの興味深い研究を参考にして、日本に縄文文化がなかった頃について振り返ってみることにしたい。

桜井準也の『歴史に語られた遺跡・遺物』（二〇一一）、内田好昭の論文「神代石の収集」（二〇〇四）、鈴木廣之の『好古家たちの19世紀』（二〇〇三）は、「昔にとっての大昔」という問題意識を共有している。しかし、それぞれ焦点の置き所が違う。桜井の本は、日本列島を舞台に、先史時代、そして古代、中世、近世にそれ以前の時代の遺物がどのように意識され利用されていたのか、つまり「「過去」の遺物が後世の人々によってどのように使用されてきたか」を検討して「遺跡や遺構が放棄されたのちの状況」に光を当てる「遺跡・遺物の社会史」である（桜井　二〇一一：二七〇）。この着眼点は、本書のテーマである「縄文ルネサンス」という現象にも深く関係している。長い年月を隔てて後世の人々によって、昔の遺物がどのように新たな意味を込められて蘇りつつあるのか。「縄文ルネサンス」は、人類の歴史の中で繰り返されてきたそのようなプロセスの、けっして例外的ではない、ひとつなのである。

桜井の考察は、縄文時代の人々が、彼らよりずっと前に生きていた縄文人の遺したモノを利用した事例から始まる。つまり私たち現代人にとって大昔の人が、彼らにとっての昔である、私たちにとっての「大大昔」の人の遺跡や遺物とどんな関わりをもったのかという、実に興味深い問題が提起される。そこで桜井が取り上げているのは、縄文時代後期の配石墓の石材が、それより数百年から千年くらい後の縄文時代後期中葉から晩期にかけて、環状積石を建造するのに転用された二つの事例であり、過去に作られた墳墓であることを認識した上での利用であろうとの阿部友寿の解釈が紹介されている（桜井　二〇一一：二八）。つまり遠くから運んでくるより楽だからという実用的な理由で、たまたま手近にあった岩石を再利用したというわけではなく、お墓に使われていた石だからこそ、後世の人が環状積石建造のために使用したというのである。

転用されたのは石だけではない。例えば土器についても、縄文時代晩期の遺跡で、縄文時代中期と後期の土器の把手が「磨かれ装飾品として加工され、しかもまとまって出土した」という事例や、「古墳時代の住居址の床面付近から縄文時代中期の土器片錘一五点がまとまって出土した」例などがあり、どちらについても蒐集は意図的に行われたという見方が示されている（桜井　二〇一一：三三、三六）。これらの土器片も、まだ使えるから再利用のために集めたというのではなく、別の目的に転用するために、わざわざ古い土器片を集めたり、手を加えたりしたのである。新規に製作するのではなく、あえて古い土器片を再利用した意図は何なのだろうか。

ここで見たわずかな事例からしても、縄文時代の遺物や遺構に後世の縄文人や古墳時代人が新たな意味を見出して利用していたことがわかる。石や土器片を目の前にして彼らが何を思ったのか、それを遺した人々についてどのような想像をめぐらしたのか、そもそも、私たちと同じような「昔」という観念をもっていたのか、それを知ることはいまとなっては難しい。しかし重要なことは、地上に残っている、あるいは土の中から出てくる縄文のモノを前に、ある特定の目的のために作られたモノであることを意識した上で、もともとそれを作った縄文人が想定しなかった別の意味を付与して蘇らせたことである。そして、以前の時代のモノを再利用・転用するそのような行為は、おそらくその後も繰り返され、そして現代の私たちにまで至っているのである。つまり、縄文時代のモノは、輪廻転生を繰り返してきたのだと言うことができる。別の言い方をすれば、縄文時代のモノも含めて先史遺物には、作られて、使われて、遺棄あるいは放置されるという「第一の生涯（First Life）」が終わった後に、さらに「第二の生涯（Second Life）」、場合によっては第三、第四の生涯があったし、これからもあるという観点をもつことが大事である。そうすることによって、これまで見えなかった色々なものが視野に入ってくる。人間が作り出したモノは、しばしば人間の寿命（そして人間の遺体の「寿命」）とは比較にならないほどの長い年月、物質的な形を保ったままで存在しつづけるが、それは実に驚くべきことではないだろうか。そもそも、何千年も前に作られたモノが、いまここにあって、見ることができる、さわることができるということは、実は奇跡的なことである。何を大袈裟なと言う人がいたら、いまあなたが触れているモノが数千年後に未来の考古学者に発見されるという状況を想像してみてほしい。奇跡的と思わないだろうか。

少し寄り道して、茶道の世界における縄文土器の「第二の生涯」の例を見てみたい。取り上げるのは、大英博物館に所蔵されているひとつの縄文土器である。約七千年前に作られたと推定されるこの土器は、高さは一五センチほどの小さな丸い鉢で、形としては取り立てて珍しいものではない。それを特別なものにしているのは、茶道の水指として使うために、この鉢の内側に「丁寧に金箔が押されて金張りされていること」である。金箔が押された時期についての詳細は不明で、「十七世紀から十九世紀までのいずれかの時期」としかわからない（マクレガー　二〇一二：一〇七）。こうした例は珍しいとはいえ、けっして稀有のことではない。茶道における遺物の転用は奇矯な思いつきではなく、すでに千利休が「須恵器を「破れ笠」と名づけ香炉として使用した」例があることは、よく知られている（桜井　二〇一一：一七一）。

近世になると、出土する縄文土器についての具体的な記録が文献に現れてくる。一六二三（元和九）年の津軽藩の『永禄日記』には、「龜岡」という場所から掘り出された「奇代之瀬戸物」であるる「かめ」についての記述があり、その地名も昔から「かめ」が出土していたことに由来すると注記されている。遮光器土偶で有名な亀ヶ岡遺跡のことである。同じ日記には、青森近在の三内村から出土した「人形」についても記載がある。こちらは青森市郊外の三内丸山遺跡のことであり、「人形」が土偶を指すことは間違いないだろう。それから二百年近く経った一八〇七（文化四）年の菅江真澄の『新古祝甕品類之図』は、実見した遺物の写生図集であるが、そこには亀ヶ岡で掘り出された「小瓶」の図が示されていて、「俚民こは高麗人の来て制作たるといふ。蝦夷州より掘りえたる陶には似たり」との説明がある（桜井　二〇一一：一三一—一三八）。菅江真澄は、東北地方だけでなく蝦夷地も広く探訪した文人旅行家であり、多くの記録を遺したが、遺物を作ったのは自分たち（の祖先）とは無関係の人たち（高麗人）だとの現地の人の証言を記録し、土器の比較によって亀ヶ岡と蝦夷州の先史文化の共通性を示唆していることの学術的価値は高い。「菅江真澄が描いた「縄文土器」と「土偶」という論考で関根達人は、菅江が土偶を埴輪、円筒土器を円筒埴輪とみていた可能性を指摘する一方、亀ヶ岡式土器については「いにしへ蝦夷」の遺したものと考えていたことを報告している（関根　二〇〇六）。

江戸時代になると、出土する遺物に関心をもつ人の存在は、けっして珍しくなかった。古いモノを蒐集し、それについて同好の士と情報を交換しつつ探究する好古家とよばれる人々が現れてきていて、十八世紀後半ともなると、「考古趣味や好事家の台頭によって遺物が文献史料に登場する機会が大幅に増えてくる」（桜井　二〇一一：一三六）。好古家は概して土器片より石器類（そして瓦）への関心が高かったようだが、愛好家の蒐集の対象とされたのは、古い遺物に限らない。この時代になると、特定のジャンルのモノを偏愛する好事家とよばれる蒐集家が生まれ、全国的なネットワークが形成されるようになってきて、なかでも有名なものに、近江国の木内石亭（一七二五―一八〇八）を中心とする弄石家とよばれた珍しい岩石の蒐集家たちのサークルがあった。

内田好昭の論文「神代石の収集」（内田　二〇〇四）が扱うのは、江戸時代の十八世紀後半から十九世紀にかけて弄石家たちが神代石とよんでいたモノの収集である。神代石とは、神武天皇即位以前の「神代」に製作・使用されたと考えられた石製品のことで、石亭は、石についての百科全書ともいうべき『雲根誌』の中で、神代石について「神代のもので天然のものではないが人工のものとも断定できず、かつ利用目的も明らかでない遥か上古の物と考えられる石」で、「はるか遠い古の神々の御代、人力を超えた神様がお作りになったであろう「神の巧」「神物」とでも言うべき物」（木内　二〇一〇：四三七―四三八）と記しているが、考古学の観点から見れば、新石器時代と古墳時代前期の石製品を含む雑多なモノの集合だった。

他方、弄石家の蒐集品には、石鏃も含まれていた。「矢の付け根石」とよばれ、それが鏃（矢尻）であることは理解されていたわけだが、これについて石亭は、しばしば雷雨の後に地表に現れることから、「神軍《かみいくさ》」すなわち天界における神々の戦いで使われた武器であると一般に考えられており、それを身に着けていると悪魔が近寄らず、鉄砲の弾や矢も当たらないと信じられていたと記している。しかし石亭自身は、中国の本草学者の李時珍が『本草綱目』で中国東北部辺境の粛慎国にもこの鏃石が出土すると述べていることや、日本では「粛慎国とは未開の地という意味もあって」蝦夷地を指していたことなどを紹介して、鏃石は「『神軍の時、神が造られ、天から降ってきた』ものと言い切るにはかなり無理がある」と合理的な結論を下している（木内　二〇一〇：三〇〇―三〇四）。

菅江真澄や木内石亭らのこのような考察には、そこから日本生まれの土着の考古学が誕生したかもしれない可能性を垣間見ることができるが、実際には、そうはならなかった。「神代石」という、時代を異にする種々雑多なものを含むカテゴリーは、学問の近代化＝西洋化とともにいずれ消えていく運命にあった。好古家も同様に、最終的にはアカデミックな考古学制度の前に活動領域を狭められていく運命にあった。しかしその好古家の水脈は、アマチュア考古学愛好者の中に途切れることなく潜伏していて、それが一気に表面化している局面として昨今の「縄文ルネサンス」を捉えることができるのではないか。私はそう考えている。

鈴木廣之の『好古家たちの19世紀』(二〇〇三)が扱うのは、まさに好古家の伝統が近代化の高波に遭遇する場面であり、「安政年間の後半から明治一〇年代の後半までの時期、つまり一八五〇年代後半から八〇年代前半に至る三〇年弱」の時期に、日本社会における「古い物をとりまく世界は大きく変貌」したのである(鈴木 二〇〇三:一)。鈴木は、まず一八七一(明治四)年に太政官から出された「古器旧物」の保存の布告に注目する。そこでは保存すべき古器旧物が三一種類挙げられており、古器旧物の在庫目録ともいうべきものだった。布告には、貴重なモノが海外流出している状況への緊急対応という側面はもちろんあった。しかし根底にあったのは、先史遺物も含めて古器旧物について統一的基準の下で掌握する意志つまり体系化だったと考えてよいだろう。とはいえ、古器旧物をどのように価値づけるのか、今風にいえば文化財保護政策に関して、政府方針が首尾一貫していたとは言い難い。その証拠に、いまでは東京国立博物館となっている博物館は、一八八六(明治一九)年に最終的に宮内省の所管になるまでに、大学南校物産局、文部省、内務省、農商務省と所管が変転したが、この逡巡は、「「殖産興業」を旗印にした政府の勧業政策」に古器旧物を組み込む方針から転じて、博物館の展示品が「近代天皇制を装飾する役割と意義を担う」ものへと移行していく模索の過程でもあった(鈴木 二〇〇三:一六―一八)。

鈴木の結論は要するに、一八七〇年代終わりから八〇年代初頭の時期に、古器旧物の世界において、モノの個別性を尊重する志向から見本や標本としての価値をモノに見出す志向への変化が進行し、それと連動してアマチュアの好古家からプロフェッショナルな考古学者への交替が進み、その変化の舞台が、博覧会や博物館や大学という近代的な制度だったということである。言い換えれば、比類のない珍品を蒐集し愛玩すること自体を目的としていた好事家の営みは、私的な趣味の領域への撤退を余儀なくされ、モノを資料として社会にとって有用な研究に役立てる学問の公的な世界から切り離されていくプロセスが、あらゆる種類のモノに関して進行したのがこの時期だった。そして一八七七（明治一〇）年に文部省が設置した東京大学は、一八八六（明治一九）年に帝国大学となり、まさにそのような変化を象徴する特権的な場所として、モノをめぐる知を独占していくことになる。

2　縄文土器の発見と考古学の誕生

「縄文土器」という名称は、よく知られているように、明治時代に来日して大森貝塚を「発見」したエドワード・S・モース（一八三八—一九二五）というアメリカの動物学者に由来する。モースは、明治の初め、日本という近代国家が突貫工事で建設されている最中の一八七七（明治一〇）年に、シャミセンガイなどの腕足類を調査研究する目的で、三年間夏の時期だけ滞在する計画で来日した。日本の先史文化の研究に大きな足跡を遺す意図などもちろんなかった。彼の野心は、日本の海には豊富に棲息していると聞いた腕足類の資料を収集し、その研究を通じて、彼が信奉する新理論すなわち進化論に貢献することだった。日本に到着した数日後、調査の便宜を図ってもらう相談のために東京の文部省に向かう途上、横浜から新橋までの汽車の車中から、線路わきの貝塚に目を止めた。それが日本で一番有名な貝塚となる「大森貝塚」だった。ほどなくして彼の当初の計画は大きく変更されることになった。創立されたばかりの東京大学で、二年の任期で動物学、生理学を教えることになったのである。

大学に着任して数か月経った九月一六日、モースは満を持して大学の助手や学生をともなって貝塚に出向き、大量の土器片のほか三個の骨片と用途不明の土版を発掘した。その後何回かの発掘を経て、一八七九年に刊行した報告書（*Shell Mounds of Omori*）の中で、貝塚で発掘した土器を「縄の模様（cord mark）」が施された土器と記述している。同じ年に刊行された報告書の日本語版では「索紋土器」と訳されたが、最終的に「縄文土器」（縄紋土器）という翻訳が定着して、広く使われるようになったのである。しかしモースは、土器の形式を指す名称、つまり固有名詞として「縄文土器」という語を使ったわけではない。あくまでも世界中で見つかる「縄で模様をつけた土器（cord marked pottery）」という記述的な意味で、そうよんだにすぎない。いまでは縄文土器、それも縄文時代後期の加曾利B2式や晩期の安行3式等に分類されている大森貝塚出土の土器は、当初は「貝塚土器」や「石器時代土器」などとよばれていて、それが「縄文式土器」あるいは「縄文土器」とよばれるようになるのは、まだまだ先のことなのである。

同様に、この貝塚を遺した人々がただちに「縄文人」とよばれ、その人々の文化が「縄文文化」、その文化が栄えた時代が「縄文時代」とよばれるようになったのかというと、話はそう簡単には進まない。そもそも、モースが発見したのは、あくまでも、それまで知られていたものとは違うタイプの土器であり、その素性については、誰にも確たることはわからなかった。しかしアメリカ合衆国における先住民の貝塚遺跡を調査した体験に加えて、デンマークの貝塚の発掘報告など当時の最先端の貝塚研究に通じていたモースには、ある程度の目算があったとみられる。実際、報告書では、世界各地の事例との比較検討が予想以上にふんだんに織り込まれており、ブラジル・アマゾンの「貝塚出土土器の突起には、大森出土の、最もふつうの形式の突起に酷似したものがある」（モース 一九八三：三二）との指摘もある。当時ブラジル人やアメリカ人の博物学者によって研究の始まっていた、アマゾン河口のマラジョー島や中流のタパジョス川流域の先史土器には、たしかに縄文土器と類似した突起をもつものがある。要するに、世界の先史時代という大きな文脈の中に日本列島の先史時代を位置づけようとする明確な意図をモースはもっていたと考えることができる。このことは、その後の日本の考古学が徐々に一国考古学的な状況へと閉塞していくことを知っている私たちとしては、考えさせられる点が多い。

さて、貝塚そして縄文土器を遺した人々が誰であるか。それについて、モース自身は「プレ・アイヌ」つまり、アイヌより前に日本列島に住んでいた先住民であると考えた。その理由は、アイヌが珍重するとされた勾玉が出土しないことや、大森貝塚には大量で多様な土器が遺されているのにアイヌは土器を作らないと考えられていたことなど、いくつかあるが、最も重要な点は、貝塚から出土した人骨に残されていた傷からモースが食人の風習を見て取ったことにある。人骨はイノシシやシカなどの獣骨と同様にすべて割れていて混在しており、「髄を得る目的か、その長さのままで煮るには土器が小さすぎるため、煮るに便利なように割ったのである」（モース 一九八三：四九）と報告書に記している。そして日本人についてもアイヌについても食人の風習をもつという記録はないので、日本人でもアイヌでもない、その前に日本列島に居住していた未知の民族（当時の用語でいえば人種）が大森貝塚を遺した人々であるとモースは結論した。大森貝塚発見の翌年の一八七八（明治一一）年に行った一般向けの講演では、その未知の民族を「前世界人相食みし頃の人種」とよんでいる（モース 一九八三：一三五）。

後年になって、それは食人の証拠と考えるには不十分なものであることが判明するが、このスキャンダラスな「発見」は、様々な波紋を引き起こすことになる。まずモースと宣教師たちの対立である。モースは、たかだか二十年ばかり前に発表された新理論であるチャールズ・ダーウィンの進化論を信奉していた。しかし彼の師匠でアマゾンの淡水魚の研究で有名な動物学者ルイ・アガシーは進化論に強く反対していた。まだそういう時代である。日本にいた宣教師たちは、もちろん進化論に反対しており、進化論者モースは、招かれざる客だった。そこで彼らは、モース自身が大森貝塚を遺した人々について、日本人ではない先住民だと言っていたにもかかわらず、日本列島に大昔に住んでいた人々が食人の風習をもっていたというモースの主張を、日本人を貶めるものとして、進化論攻撃の材料として使った。

モースを攻撃したのは宣教師だけではなかった。明治の初めの日本では、近代化を短時日で進めるために、大学をはじめとして各所で外国人専門家が活躍しており、そのなかには日本の文化や歴史に学問的関心をもつ者も少なくなかった。江戸時代末に長崎出島で医学を教授したフィリップ・フランツ・フォン・シーボルトの次男ハインリッヒ・フランツ・フォン・シーボルト（一八五二―一九〇八）もその一人だった。彼は、在日オーストリア・ハンガリー帝国公使館に勤務しながら、考古学研究を進めていた。大森貝塚にも、モースとは別に独自に目をつけて、採集も試みていたらしい。その彼が、大森貝塚を遺した人々を「プレ・アイヌ」とするモースに反論した。アイヌこそが大森貝塚を遺した人々である。それがシーボルトの意見だった。

ここで注意を喚起しておきたいのは、モースと同様シーボルトにとっても、貝塚を遺した人々は日本人（の祖先）ではなかったことである。要するに、大森貝塚を遺した人々、つまり「縄文土器」とよばれるようになった土器を遺した人々は、現代日本人の祖先とは考えられていなかった。では彼らはいったい何者なのか、学者のあいだでは何十年ものあいだ論争が続くことになった。その論争は、大昔の貝塚や土器をめぐる論争にとどまらなかった。同時に、多くの一般人が関心をもっていた問題、つまり日本人の起源は何かという謎と表裏一体のものでもあった。日本人の前にアイヌが、アイヌの前にさらに別の「人種」が住んでいたとなれば、日本人はどこから来たのかという疑問が湧いてくるのは必然である。それだけでなく、実はモースも含めて当時の学者たちの共通認識として、「日本人種」は「複合人種」つまり、様々な「人種」の混合の所産であると考えられていた。となれば、貝塚の土器を遺した人々が現代日本人の直系の祖先ではなかったとしても、まったくの赤の他人と断言する証拠もまたなかったのである。

モース自身は、一八八三年には日本を離れてアメリカに戻り、日本の石器時代人をめぐるこの論争に関わりつづけることにはならなかった。もし彼自身が論争に参画しつづけていたら、すでに見たようなモースの志向、すなわち、世界各地の新石器時代との比較のなかで日本の先史時代を捉えようという志向が、日本の考古学においてもっと強まることになったかもしれないが、それはあくまで憶測にすぎない。彼の指導の下で大森貝塚発掘に加わった学生たちのなかには、一八七九年のモースの一時帰国中に、茨城県で発見した陸平貝塚を発掘して、一八八三年に大森貝塚の報告書に倣って報告書を刊行した佐々木忠次郎と飯島魁のような者もいたが、結局、学生たちはそれぞれ昆虫学や動物学など考古学以外の道に進んで、その道の権威となり、モース直伝の「科学的考古学」の系譜は途絶えてしまう。

「アイヌ説」に対抗して論陣を張ることになったのは、一八九二年から東京帝国大学（一八九六年までは帝国大学理科大学）の教授として人類学教室を主宰し、日本の人類学の父とも称されることになる坪井正五郎（一八六三―一九一三）であった。坪井の説は、モースの「プレ・アイヌ説」に重なるところがある。しかし坪井は、その件に限らず、日本における人類学の成立とモースの直接のつながりを否定する。坪井は、東京大学理学部の学生だった一八八四年に、同好の友人たちとともに人類学の研究会を始めたが、ほどなく人類学会そして二年後に東京人類学会と名を変えることになるこの研究会こそが、日本における人類学の始まりであるという自負を、坪井は終生もちつづけた。生物学者であるモースは確かに、江戸時代の好古家たちの古物趣味とは違う、貝塚や先史遺物の科学的調査研究の先鞭をつけたかもしれないが、自分たちはその直接の弟子ではないという主張には、自国の研究を御雇外国人の指図の下で行うことを潔しとしない、アジアの新興国の若きエリートたちの気概を見て取ることができる。そこには坂野徹のいう「西欧の研究者による日本を対象とした研究を意識しつつ、人類学研究を立ち上げた日本人研究者が、西欧による観察の眼差しに抗しながら、調査研究の主体として自己を形成していくプロセス」（坂野　二〇〇五：一〇）を見て取ることができるだろうし、そしてそれは、後で見るように、「調査研究の主体としての自己」にとどまらず、「近代国民国家成立以降の日本人における自己認識」という大きな問題と結びついていたのだが、まずは、日本列島の石器時代人に話を戻そう。

坪井は、アイヌより前に日本列島に住んでいた日本人でもアイヌでもない先住民が貝塚土器、つまり縄文土器を遺したと主張し、その人々をコロボックルとよんだ。コロボックル(コロポックル)とは、アイヌの伝承の中に現れる、アイヌより前から住んでいた人々で、その呼称は「蕗の葉の下の人々」を意味する(瀬川 二〇一二)。コロボックルといえば、一九五九年に佐藤さとるが書いた『だれも知らない小さな国』という童話に出てくる身長三センチほどのコロボックルのイメージが広く知られているために、小人とよべるほどに小さな人々という印象が一般に強い。貝塚を遺した人々が蕗の葉の下に入れるような小人だったと坪井が本気で信じていたとは思わないが、一般向けの講演を好んで精力的に行っていた彼が、聴衆向けのサービスとして言わなかったとも断言できない。

問題の焦点は、貝塚土器を遺したのがアイヌより前の先住民なのかアイヌなのかという点にあった。この「アイヌ・コロボックル論争」とよばれることになる論争は、考古学者、人類学者、歴史学者、民族学者など、様々な分野の研究者が入り乱れ、対立点が徐々にずれつつ展開し、一貫した構図を描き出すことが難しい。結局、坪井を一方の論客とする論争は、一九一三(大正二)年の彼の突然の死去によって予期せぬかたちで幕が下りるが、それは最終的には日本人起源論争という色彩をおびて、社会的・政治的な意味をもつ論争へと発展していった。

戦前を通じて、日本人の起源をつきつめて論じようとすると、天皇制国家の理念、つまり皇国史観という大きな制約に阻まれた。記紀（『古事記』と『日本書紀』）に書かれている天孫民族や神武天皇の事跡を事実とする歴史観である。一八七二（明治五）年に定められた皇紀は、天から降臨したニニギノミコトの曾孫が日向国から「東征」し、進路を阻む「先住民」を征服しつつ大和に至り、そこで神武天皇として即位した年に始まるとされ、皇紀元年は西暦では紀元前六六〇年に当たり、明治元年は皇紀二五二八年ということになる。

日本人の起源についての公式見解（あるいは公的な物語）と先史時代についての科学的研究とのあいだの調整という戦前の考古学が直面していた難題は、モースが報告書を書いた段階でもすでに存在していた。そのことを示すエピソードがある。モースの英文の報告書 *Shell Mounds of Omori* は、東京大学理学部紀要（*Memoirs of the Science Department*, University of Tokio）の第一巻第一号として一八七九年に出版され、その翻訳『大森介墟古物編』（理科会粋第一帙上冊）が、矢田部良吉口訳、寺内章明筆記で、同じ年に刊行された。両者を比較すると、英語原文では、日本について「古代の文明と書かれた歴史とは、一五〇〇年前、あるいはおそらく二〇〇〇年前までさかのぼり、その記録は正確であるから、日本の貝塚の年代を測る、いわば「時の物差」は、ずっと長いものになる」（モース　一九八三：一九―二〇）となっている部分が、日本語訳では「二五〇〇年前」となっていた。それについて、「誤訳以上の意味をもった改ざんではないか」という戸沢充則の意見を紹介しつつ、加藤緑は、『日本書紀』の神武天皇即位の記述にもとづいて制定した皇紀にしたがえば「日本の歴史は二五〇〇年以上さかのぼることになり、日本人の祖先より前の人種であるとした大森貝塚が「一五〇〇年ないしそれ以前」では不都合になってしまう」と指摘している（加藤　二〇〇六：六三）。そもそも英文の報告書における、文献に残る日本の歴史が千五百年から二千年前に遡るというモースの記述について、報告書の新訳の解説で翻訳者（近藤義郎、佐原真）は「この数値は何によったかはわからない」（モース　一九八三：二〇二）としているが、三上徹也（二〇一五：九二）は、「記紀に対する、あるいは古くからそうした史書をもった日本に対する敬意の意味をここにこめたのだろう。具体的な数字は措くとして、大森貝塚の年代には、また別の数字を考えていたと思われる」と推測している。したがって、モースは「石器の少ないことが年代の古さを示す」と考えていたので、土器の量に比べて石器が著しく少なく、しかも日本各地で発見される磨製石器がない大森貝塚について、最初からひじょうに古い時代の遺跡であることを確信していたとみられる（加藤　二〇〇六：四九）。

当時、日本人はもとより、モースやシーボルトら外国人研究者も「日本列島には先住民がおり、彼らは後から日本列島にやってきた日本人の直接的な祖先によって北方へ追いやられた」とする見解を共有しており、「先住民が駆逐されたという事実は、『古事記』や『日本書紀』において描かれている「神武天皇の東征」として神話に記録されていると考える点でも一致していた」（山田　二〇一五：三二）。記紀の内容を外国人研究者も歴史事実として受け入れた理由が、どこまで学術研究とは別の思惑による天皇制に配慮するポーズなのかを判断することは難しいが、日本の歴史を論じるゲームに対して記紀が課した制約が、桁違いに古いモノの出土という事態に直面して、早くも矛盾を露呈してしまった、ということなのだろう。ところで、神聖にして侵すべからざる記紀に、すでに「神武東征」という「人種交替」のパラダイムが記されていたことは重要な意味をもつ。つまり、縄文土器が日本人によって駆逐された人々の所産であるという点については、論争の始まりの時点で、すでに暗黙の了解があったということだからである。対立点は、縄文土器を遺した後、日本人によって駆逐されたのが、アイヌなのか、あるいは、アイヌより前の別の先住民なのかという点だった。

「アイヌ・コロボックル論争」は、およそ四十年間にわたり、様々な論客と論点を含む錯綜した論争だった。それは、縄文土器を遺した石器時代の人々が誰なのかをめぐる論争として始まり、日本人起源論をめぐる論争へと拡大していったが、全体として「人種交替パラダイム」、すなわち「先住民族と日本人のあいだの人種交替を想定する歴史観」(坂野　二〇〇五：八四)の支配力が弱まっていき、その一方で、帝国日本が日本民族を「混合民族」として認定していくなかで、石器時代人も日本人の形成に寄与した集団のひとつとして認められるようになり、ついには日本人の直系の祖先ということになったのである。

論争が個々の遺跡や遺物に言及していないわけではない。しかしデータはまだまだ圧倒的に不足していたので、縄文土器を作った人々や彼らの生活の具体的な姿は、論争のなかでむしろ影が薄かった。そして次第に日本人の起源が焦点となっていくにつれて、日本列島の先住民、アイヌや蝦夷という異民族、そして日本民族(当時の用語としては日本人種)それぞれの関係が重要な論点となり、さらに帝国日本が対外拡張を進めていくにしたがい、朝鮮半島や中国といったアジアの隣人との関係が、新しい論点として加わっていった。次節では、三上徹也の坪井正五郎論である『人猿同祖ナリ・坪井正五郎の真実』（二〇一五）や坂野徹の『帝国日本と人類学者』（二〇〇五）等を手がかりに、縄文土器を遺した人々と日本人の関係について注意を払いながら、まずは論争の概要を追ってみよう。

3　縄文土器を遺した人々——先住異民族から日本人へ

「アイヌ・コロボックル論争」は、一八八四（明治一七）年に人類学会のメンバーのひとりである渡瀬荘三郎が札幌近郊の竪穴住居跡をコロボックルの遺したものとする報告を行ったのに対して、白井光太郎が竪穴住居を遺したのはアイヌであると反論したことが発端である（三上　二〇一五：一五二―一五三）。本格的な論争は、一八八八（明治二一）年に坪井とともに東京帝国大学の解剖学の教授である小金井良精が北海道調査を行った後、北海道の石器時代の土器・石器そして竪穴住居を遺したのは誰かという問題について、坪井がコロボックル、小金井がアイヌを主張したことによって幕が切って落とされた。このとき小金井が貝塚人骨とアイヌ人骨の特徴の一致を論拠としたことが注目される。というのも、坪井は終生、医学部や解剖学と縁の深い形質人類学には違和感をもっていて、頭蓋骨をひねくり回して何になる、といった類の発言も残している。しかし、その後の日本人起源論争で存在感を増していくのは、実は、骨を計測する形質人類学的アプローチだった。

この論争は学者間の狭い論戦にとどまっていたのかというと、どうもそうではないらしい。坂野徹（二〇〇五：八八）が「坪井のコロボックル説およびその論敵としてのアイヌ説は学会以外の一般人士に相当程度まで知れわたっていたと考えねばならない」と推測しているように、日本列島に日本人より前に住んでいた先住民とは誰かという問題は、新聞に報道もされ、講演会なども行われて、社会的に大きな関心が寄せられる問題となっていたのである。

論争は、民族学者鳥居龍蔵が参画することで新たな局面を迎える。一八九九（明治三二）年に、当時所属していた人類学教室の「上司」である坪井に命じられて北千島での調査を行った鳥居は、一九〇三（明治三六）年に報告書『北千島のアイヌ』を公表し、その中で、アイヌは土器も作るし、竪穴住居にも住むこと、さらに千島アイヌの間ではコロボックルに類するような先住民についての口碑もないことから、土器を出土する遺跡を遺したのがアイヌであるとする「アイヌ説」を主張する。小金井はさっそく鳥居の報告を自らの「アイヌ説」の証拠として採用する。

さらに別の方面、後に京都帝国大学考古学研究室の初代教授となって土器の型式学的研究を導入した濱田耕作からも、文様の比較検討にもとづいてアイヌが「石器時代人民の後裔」であることが指摘された（三上　二〇一五：一八六）。石器時代人をアイヌと結びつけるそうした主張に対して、坪井は反論するものの、劣勢は明らかだった。そもそも坪井自身が、一八九四年の段階ですでに「コロボックル」の語に代えて「石器時代人民」の語を使用するようになっており、後者はけっしてコロボックルだけでなくアイヌでもありうるし、そこからアイヌが派生してきたともとれるような姿勢へと変化を見せており、別にコロボックルに固執するわけではなく、あくまでも議論のための対立軸として提示しているかのような言い方もするようになっていた。そして一九一三年、坪井はロシアで急逝する。

他方、鳥居は、押しも押されもせぬ民族学の第一人者の地位に登り詰め、彼の日本民族起源論は権威ある定説となっていく。ベストセラーになった鳥居説の集大成『有史以前の日本』（一九一八）で示された日本人形成の構図は、概ねつぎのようなものである。最初に来て日本列島中に住んだのがアイヌであり、縄文土器（アィヌ式土器）を遺したのも彼らである。つづいて渡来したのが、鳥居が「固有日本人」と名づけた、いわば日本人の先発隊で、彼らが遺したのが弥生式土器であり、それ以外にも、南方から「インドネジアン」、大陸から「インドシナ民族」などがやって来て混じり合い、その後に、「天孫民族」とよばれた日本人が金属器を持って大挙して渡来してきて、アイヌを追い払って列島の支配者となり、こうしたプロセスの結果形成されたのが、現代の日本人である。

しかしいったんは定説となった「石器時代人はアイヌであり、日本人とは断絶している」という鳥居の説は、凋落へと向かうことになる。昭和に入って一九三〇年代になると、石器時代人を日本人と考える言説が広く受け入れられるようになり、それとともに、長年にわたり日本人種起源をめぐる議論の暗黙の前提だった「人種交替パラダイム」、すなわち日本列島を舞台に「人種」がつぎつぎに交替したとするパラダイムは否定されるに至った。この大変化が生じるにあたっては、骨を研究する形質人類学の貢献が大きかった。その経緯について、いくつかの研究を参考に見ておきたい。

日本文化における縄文文化の位置づけ、日本の歴史における縄文時代の位置づけは、実は、日本人をどのようなものとして捉えるかということと深く関係している。小熊英二によれば、現在の多くの日本人の思い込みとは裏腹に、戦前の大日本帝国では、日本民族を単一民族ではなく混合民族とみる見方が支配的だった。それを前提として、混合民族としての背景が植民地化に有利に働くがゆえに混血も奨励されるべきだと主張されたり、他方で、優生学的立場から日本人の純粋性を維持しなければならないと主張されたりしていた。しかし、戦前から戦後にかけて「単一民族神話」へと根本的な方向転換が起きる。「単一民族神話」とは、「単一純粋の起源をもつ、共通の文化と血統をもつ日本民族だけで、日本国が構成されてきたし、また現在も構成されている」（小熊 一九九五：七）という神話のことである。

「単一民族神話」の成立にあたっては、二人の帝国大学医学部教授、形質人類学者である長谷部言人と清野謙次が大きな役割を果たした。出土人骨や現代人の形質測定や統計処理にもとづく彼らの大正時代の学説は、一言でいえば、「石器時代人は蝦夷＝アイヌだという、鳥居らの当時の定説の否定」であり、「石器時代人は先住民族ではなく日本民族の直接の祖先で、征服民族による民族交代はない」というものだった（小熊 一九九五：二六〇）。清野と長谷部の説も、まずは、日本人もアイヌもともに石器時代人の子孫であるというものだった。しかし長期的な戦争状態に突入していくなかで、日本人を単一民族とする主張へと飛躍していく。長谷部は、一九三九（昭和一四）年の「太古の日本人」と題したラジオ講演の冒頭で「今年は紀元二六〇〇年になります」と述べ、石器時代人はアイヌではなく日本人であり、日本人はほとんど混血することなく、今日まで日本列島で生きてきたという趣旨の話をした（小熊 一九九五：二六三、坂野 二〇〇五：一四一―一四二）。

戦時中の清野も、「日本人は国初以来日本の住民」であって、石器時代にも日本人だったし、多少の混血を受け入れることはあっても日本人としての同一性を喪失することはなかったと断言するに至った（坂野　二〇〇五：一四五―一五二）。

石器時代から現代に至るまで日本列島に居住していたのは一貫して日本民族であるという彼らの主張は、日本人ではない先住民族によって貝塚遺跡、竪穴住居、そして縄文土器が遺されたという、大森貝塚発見以来の基本的構図をひっくり返すものであり、同時に、南や北や大陸から種々の民族が渡来して混血して日本人が形成されたという、久しく支配的だった混合民族としての日本人像を根本からひっくり返すものでもあった。

かくして成立した「単一民族神話」の下で、大森貝塚の発見以来六十年余りを経て、縄文土器は、日本民族の直系の祖先が遺した土器としての位置をようやく認定されることになったのである。ここで、コロボックルにこだわりつづけた坪井の真意を振り返ってみたい。三上徹也によれば、進化論にもとづく科学的考古学に立脚した坪井にとって、皇国史観との衝突を避けつつ「列島最古の人類」に言及するための仮想として「仮り名としてのコロボックル」があった（三上　二〇一五：三七四）。この解釈にしたがうならば、人食い人種であるというモースの科学的判定と天孫降臨神話を両立させることができないなかで、坪井は、縄文土器の作り手というポジションにコロボックルという「仮り名」を与えたが、そのポジションは、やがてアイヌへと明け渡され、さらに「アイヌ説」を否定して登場した「単一民族神話」の下で、巡りめぐって、日本人の祖先によって占められることになったのである。

つぎに、石器時代人をアイヌとする説から日本人の祖先とする説へのパラダイム転換が生じた同じ時期に、学問上の転機を迎えたひとりの学者について、取り上げたい。日本民俗学をつくり上げた柳田國男である。明治時代末、まだ農政官僚だった柳田は、日本民俗学の誕生を告げる里程標としてあまりにも有名な二冊の本を出版した。宮崎県椎葉村の習俗を扱った一九〇九年の『後狩詞記』と岩手県遠野町の伝承を聞き書きした一九一〇年の『遠野物語』である。そこにも明らかなように、日本列島の山岳地方の山中には、平地の水田で稲を育てている農民と違って、狩猟や木地師など山野の資源を利用して生計を立てている「山人」とよばれる人々が住んでいて、彼らは実はかつては広く住んでいた異人・異民族の末裔なのだという「山人論」が、柳田の研究人生の初期のテーマだった。日本人の歴史より前からの生き残りで、日本社会の周縁で生きる人々が住みついた「ここ」でもなく「いま」でもないスペースは、滅びゆく世界でもあった。それが消えてしまう前に、しっかりと記録しておきたい。それが柳田の初発の関心だったのである。

ところが、ある時期以降、山人論に代わる別の問題系がぐっと前面にせり出してくる。山人に代わって主役に据えられたのは、稲を携えて南方の島々から日本列島に渡来して、北上しつつ水田を切り拓いていった稲作農耕民としての日本人である。このような根底的な方向転換がなぜ起こったのかについては、すでに色々論じられているが、ここで注目したいのは、その時期である。その転機が、石器時代人を日本人の祖先とするパラダイムへの転換の時期とひじょうに近いのである。この符合はけっして偶然ではない。山人に関心を集中させていた時期の柳田にとって、習俗を異にし、日本人の住まない山奥に住む山人とは、日本人以前に日本列島に住んでいた先住民の末裔としてイメージされていた。縄文土器を遺した人々が、コロボックルであれアイヌであれ、異民族であるならば、それは柳田のイメージする山人の祖先でありうる。しかし、それが日本人の祖先ということになれば、もはや山人という異民族の祖先ではありえない。

そしてこの転換は、柳田と考古学との関係にも影を落としていた。柳田は、一般に考古学嫌いだと思われており、実際、日本民俗学を立ち上げようとしていた時期には、一部の資料で歴史を語れるのか、無形遺物を研究しないではないか、上代や起源論ばかり偏重しているではないかという趣旨の明確な考古学批判もしている（設楽・工藤・松田　二〇一六：一一一）。しかし、実は二十世紀初頭の十年間ほど、役人としての出張のついでにではあるが、国内や樺太で考古学遺物を収集していた時期があった。そして興味深いことに、この考古遺物収集期は、山人論構築の時期と重なっているのである（設楽・工藤・松田　二〇一六）。同時期に書かれた『遠野物語』（柳田　二〇〇四）にも考古学的関心をうかがわせる話が収録されている。「蝦夷の跡」や「塚と森」という表題の下、石器や土器を出土する「蝦夷屋敷といふ四角に凹みたる所」が多数ある場所や、技巧の優れた土器や石斧・石刀、さらには（土偶と思われる）「埴輪」などが出土する「ホウリヤウ」という名の場所などの、遺跡や遺物についての話である。様々な時代の出来事を昔語りとして一体化する『遠野物語』の構造は、ここでも明らかで、「昔は六十を超えたる老人はすべて蓮台野へ追いやるの習ひありき」あるいは「ダンノハナは昔館のありし時代に囚人を斬りし場所なるべしといふ」といった叙述が遺跡や遺物についての叙述と隣り合わせに載せられて「昔」の中に混在しているために、石器や土器がほんの幾世代か前の「山人」が遺したものであってもおかしくないような印象が生み出されている。これらすべてのことから推測できるのは、柳田の関心のなかで、考古学＝先史遺跡遺物＝先住民＝山人がセットをなしていたことであり、そしてその後の日本民俗学が体系化されるなかで、単一民族として日本人を構築するプロセスが同時に、先住民である異民族を日本列島の地理と歴史から放逐するプロセスだったことである。

その日本人をまとめ上げるものが稲であることは、早くも一九〇九（明治四二）年の講演「山民の生活」において予告されていた。そこで柳田は「ただ焼畑を作って衣食を営むということが大和民族の特性とはいわれぬばかりです。しからばその新参の我々祖先が生活の痕跡はいずれの点に求めるかと申しますと、自分はそれは稲の栽培耕作だと答えたいのであります」（柳田　二〇一三：八四）と述べている。この段階では「一種の仮定説」とされていたが、やがて柳田の中で常民＝水稲農耕民を日本文化の中心に据える見方が確立されると、縄文土器を遺した人々は「稲作以前」として周辺化され、弥生文化こそが日本人の原点としてクローズアップされていくことになる。そして、日本民俗学における縄文文化という封印されたテーマは、長い時間を経て、「忘れられた東北」や「もうひとつの東北」に見る一九九〇年代以降の赤坂憲雄の試みなど、日本民俗学の稲作中心主義批判のなかにブーメランのように回帰してくることになるのである。

本章では、二千年以上ものあいだ土の中に埋もれていた縄文土器が、少しずつ土の中から出てきて、出てきた後も長いあいだ、日本列島に住んではいたが現代の「私たち日本人」とは縁のない人々が遺した文化と考えられていたが、昭和に入る頃になると、実は「私たち日本人」の祖先が遺したものだということになったプロセスを見てきた。ところで、明治の初めにモースが大森貝塚で発見したのは、縄文の施された土器ではあったが、のちに特定の時代の文化と結びつけられることになった「縄文土器」ではなかったし、土の中から出てきたのは、昔の人々の遺物や痕跡であって、文化が完形の土器のように、まるごと出てきたわけではなかった。そもそも文化というのは、けっしてモノとして出土したり発見されたりはしない。あくまでも、モノや人々の言動に意味を与えている枠組であるにすぎない。そういう意味では、「縄文文化」が土の中から出てきたりはしない。あくまでも、土の中から出てきたモノを素材にして、後世の人々がつくり上げたものなのである。

日本国家は、一九四五年夏に敗戦を迎え、植民地を失い、植民地の帝国臣民を遺棄して、国内に居住する様々なマイノリティのことを忘却し、多民族帝国としての自画像を、戦前に長谷部や清野らの手でつくられた「単一民族」という自画像へと塗り替えはじめる。そのなかで縄文文化は、どのようなものとして構築されてきたのか。それが次章のテーマである。

第二章　変転する縄文イメージ

1　稲作以前の原始時代

　敗戦後、日々の生活であれ、家庭であれ、住居であれ、街であれ、教育であれ、仕事であれ、学問であれ、政治であれ、経済であれ、価値観であれ、人生の目標であれ――破壊されたもの、失われたものを復興し再建することが、ひとりひとりの、そして共通の目標だった時代。天皇は人間であると自ら宣言し、日本列島の先史時代を覆い隠してきた皇国史観や記紀神話のベールは、開け放たれた。しかし日々の暮らしの切実さの前では、日本列島の遠い昔のことは、人々の関心からはまだまだ遠かっただろう。

　そんな時代の日本社会の人々に力を与えてくれたものが色々あった。例えば、フジヤマのトビウオとよばれた水泳の古橋廣之進選手の活躍、湯川秀樹博士のノーベル物理学賞受賞。戦争中の一九四三年に軍需工場建設に際して発見され、戦後、一九四七年から五〇年まで本格的発掘が行われた登呂遺跡（静岡市）も、そうしたもののひとつだったらしい。『弥生集落像の原点を見直す』で岡村渉は、登呂遺跡の発掘調査は「戦前の神話による歴史にかわって、普通の人びとが二〇〇〇年前の大昔からムラをかまえ、みずからの手で水田をつくり、稲を育て収穫して暮らしていた、それが本当の歴史であることを明らかにし、そのことによって戦後の平和な社会を建設しようとする人びとを元気づけた」（岡村渉　二〇一四：二二）と書いている。たしかに市内の生徒たちが「静岡市古代史研究学徒会」を結成し、市民とともに発掘に協力したという様子などを見ると、当時の人たちの並々ならぬ熱気がうかがえる。「普通の人びと」が「稲を育て」て暮らしていた「本当の歴史」、そして「平和な社会を建設しようとする人びと」。そこから浮かび上がるのは、平和な水稲農耕の村という日本社会の原点を復興しようという願望である。登呂遺跡は一九五二年に「初期の稲作文化の実態がはじめて明らかになった遺跡であること、戦後の日本考古学の礎となったこと」が評価されて、モノでいえば国宝にあたる特別史跡に指定された。日本の夜明けとしての稲作文化の原点。では、縄文文化は、まだ夜明け前の闇の中の文化だったということだろうか。

登呂遺跡が発掘されていた同じ頃、日本考古学は、もうひとつの大発見に沸くことになる。一九四六年の群馬県岩宿における旧石器の発見である。アマチュア考古学者の相沢忠洋が、火山活動で人が住めないと思われていた時期の地層である関東ローム層の赤土の中から石器を発見した。それが一九四九年の発掘調査により追認されることによって、日本列島に旧石器時代は存在しないという通念は、完全に覆されることになり、日本列島における人類の歴史の始まりは一気に遡ることになる。当初は考古学者の冷ややかな反応もあったようだが、その後、各地で岩宿時代の遺跡が発見・発掘されるようになり、現在では日本列島内に一万か所以上の岩宿時代の遺跡がある（小菅二〇一四：三五—三九）。その後、三万五千年前や四万年前では満足せず、さらに古い旧石器を求める飽くなき執念に駆り立てられた発掘が続けられる。挙句の果て、二〇〇〇年の「旧石器捏造事件」という破局に至る、旧石器をめぐる半世紀にわたる狂騒については、すでに多くのことが書かれており、付け加えることはない。

注目したいのは、岩宿遺跡の旧石器や登呂遺跡の水田跡をはじめとする新発見の積み重ねによって、ようやく、私たちがいま知っているような「縄文時代」や「弥生時代」という時代区分がつくり出されたことである。山田康弘によれば、戦前には「弥生時代を時代区分として積極的に独立させることは一般的ではなく、むしろ弥生式文化として石器時代の後半に含めるか、もしくは金石併用時代として把握されることが多かった」（山田　二〇一五：四九）。それがいまや、水稲農耕（灌漑水田稲作）を指標とする時代として「弥生時代」が、それとともに水稲農耕より前の時代として「縄文時代」が成立し、それをベースに、「旧石器時代→縄文時代→弥生時代→古墳時代」という変遷が一続きのものとして「発明」されたのである。ともすると私たちは、一八七七（明治一〇）年に大森貝塚で縄文土器が発見され、一八八四（明治一七）年に東京の向ヶ岡弥生町で弥生式土器が発見されたことをもって、即座にそうした時代区分が確立されたかのような印象を抱きがちだが、事実はそれとはずいぶん違うのである。紆余曲折、一進一退を繰り返して、ようやく現代の考古学的常識がつくり上げられてきたということ、そしてそのプロセスはまだまだ継続中であることを忘れないようにしたい。

かくして「旧石器時代→縄文時代→弥生時代→古墳時代」という変遷が姿を現すなかで、スポットライトを浴びた二つの時代にはさまれた縄文時代には、どのような位置が割り振られていたのだろうか。もはや日本の最古の文化でもないし、柳田が日本文化の中心に据えた水稲農耕民の文化でもない。敗戦後の新しい日本において、「縄文」は、どう贔屓目に見ても主役の位置からは程遠かった。

ここで小熊英二の『単一民族神話の起源』に再び目を向けたい。戦前の日本社会では、第一章で見たように、日本人は混合民族であるとの見方が支配的だった。ところが戦後の一九六〇年代つまり高度経済成長期には、日本人を形容する単一民族という言葉が「肯定型で定着して」きて、七〇年代後半ともなると、日本人は明治時代以来、自分たちが純粋な血統をもつ単一民族であると考えつづけてきたといった論調が異論なく世間に受け入れられるような状況が出現してきた。そしてその日本人という単一民族は「隔離された平和な辺境の島国」に住む「異民族との接触がなく、戦争や外交に不慣れな自然児の農業民」（小熊　一九九五：三五七）としてイメージされるようになっていたのである。

この小熊の分析から浮び上がってくる日本人、日本文化、日本歴史のイメージは、すでに登呂遺跡発掘の話の中で触れた、「平和な社会を建設しようとする」「普通の人びと」が「稲を育て」て暮らしていた「本当の歴史」というイメージとぴったりと符合する。欧米列強を模倣して近代化をはかり、欧米列強に対抗して植民地を獲得し、欧米列強に戦争をしかけて敗れた大日本帝国、まるで牛に張り合おうとお腹を膨らませたカエルの母さんを地で行った大日本帝国を清算して、再出発しようとした日本の自己イメージが、日本文化の原点としての平和な水稲農耕民の農村だったのである。

さらに小熊によれば、一九四八年の戦後唯一最後の国定社会科教科書では、「石器時代から金属器時代、そして農耕へと、生産力の発展が進行していくようすが、外部からの民族移動や征服ぬきで記述されて」（小熊　一九九五：三五五）いた。この「生産力の発展」というキーワード、これが経済成長を基本原理とする戦後日本の歴史観の中心をなしていたことも忘れてはならない。狩猟採集民の社会から水稲農耕民の社会への変遷は、階層社会化や軍事社会化というより、生産力の発展として解釈され、賞賛されたのである。このような生産力を指標とする発展段階史観にしたがえば、「食料採集社会の「貧しい縄文時代」が行き詰まり、食糧生産社会の「豊かな弥生時代」へ移行した」（山田　二〇一五：六〇）というのが日本列島の歴史ということになった。

では弥生時代より貧しく遅れた縄文時代は、具体的にどのようにイメージされていたのだろうか。稲作という光を手に入れる前の、停滞した長く暗い原始時代というイメージが浮かんでくる。いずれにせよ、発掘調査にもとづく縄文時代についての知見は、当時もまだひじょうに限られていた。もちろん縄文土器の型式や編年の研究は考古学者によって地道に積み重ねられてきていた。しかし、遅れた貧しいという評価を劇的に変えるような画期的な発見がつぎつぎとなされるのは、まだまだ先のことだったのである。

2　縄文vs弥生という構図の誕生

一九五一年（あるいは一九五二年）は、「縄文の美」発見の年ということになっている。世間に広く流布している神話によれば、一九五一年の秋に東京国立博物館で開催されていた『日本古代文化展』で、前衛芸術家の岡本太郎が縄文土器と衝撃的な遭遇を体験し、「なんだ、コレは！」と叫んで「縄文の美」を発見し、翌年美術雑誌『みづゑ』二月号に「四次元との対話――縄文土器論」を発表するまでは、誰一人として縄文土器の美、縄文遺物の美術としての価値には気づかなかったというのである。

岡本ただ一人をヒーローとして祀り上げる「縄文の美」発見神話では、考古学者は、縄文土器に標本としての価値しか見ることができなかった朴念仁の役回りである。第一章で見たように、アマチュアの好古家からプロの考古学者への交代にともなって、遺物の価値の重点が、モノの唯一無二の個別性から、標本としての学術的価値へと移行したことは確かである。その意味では、縄文土器の美しさといったテーマは、考古学においては長いあいだ真剣な議論の対象とならなかったことは事実であろう。しかし、好古家の流れを継ぐ先史遺物愛好者たちとなれば話は別である。彼らは、縄文時代の土器や土偶に独特な美を見出していた。例えば、柳宗悦らの「民藝運動」は、モノの個別的魅力に光を当てるなかで、先史遺物も含む陶磁器をはじめとする様々なモノに（標本としての科学的価値ではない）美的価値を認めたが、そこで「破形の美、即ち奇数の美」（柳宗悦　二〇〇〇一九五五）といった言葉で表現された価値は、「じかに見る」ことによってモノの美を発見する新しい美意識であった。要するに、「縄文の美」は、様々な人たちによって、様々なかたちで発見されてきたと考えたほうがよいかもしれない。そうしないと、「太郎好み」の縄文の美の呪縛から逃れることが難しくなる。

さて岡本版の縄文の美に戻れば、彼の縄文土器論は、弥生土器を日本の伝統的な美意識の原点とするような当時の言説を批判して、それに対抗する縄文土器の美を謳い上げた。そうした対置を基盤として縄文vs弥生という構図が生まれ、やがて日本文化を語る図式として、様々な場面で活用されていくことになる。岡本は、和やかで優美な日本の伝統としての「弥生」に安住することを拒否する。「この弥生式に於て発生した平面性、シンメトリカルな形式主義は、以後近世に至る封建的農業社会の産物である日本文化を決定的に特色づけて」(岡本 一九五二：八)きたが、その「弥生式から埴輪を通って流れる、平板な、所謂「日本式」伝統」(同書：五)の「『わび』「さび」「渋み」等の封建的な奴隷的諦めの気分を基底とする」(同書：四)「繊弱な平面的な情緒主義、形式主義」(同書：一〇)とはまったく違う特質を、縄文土器に見出すことができると岡本は言う。それは、「アシンメトリー」、「破調」、「鋭敏な空間感覚」であり、さらに「超自然的な世界との激しい現実的な交渉」という「四次元との対話」の上に成り立っていると見なければ理解できない縄文土器の美である。そしてその弥生の美と縄文の美の本質的な違いは、〈定住して反復的リズムのなかに生きている農耕民〉と〈移動しつつ獲物との臨機応変の駆け引きのなかに生きている狩猟民〉という生業様式の違いを反映するものと捉えられている。つまり岡本の主張はこうである。日本人はいつの時代でも水田で稲を育て、それを収穫して暮らしてきたわけではない、もっと長いあいだ狩猟民として暮らしてきたのだ、その経験を現代に蘇らせなければならない。

縄文土器の隆線文のダイナミズムについて分析しているくだりで、それを岡本は「移動する民族のアヴァンチュール」とよんでいるが、四年後には「獲物を追い、闘争する民族のアヴァンチュール」と改訂している。実は一九五二年に美術雑誌に発表された「縄文土器論」は、四年後にかなり改稿されて『日本の伝統』（一九五六）という単行本の一章となった。広く読まれて影響も広範に及んだのは改訂版のほうであるとみられ、その意味でも、タイトルにそれぞれ「四次元との対話」と「民族の生命力」の語を含む二つの論文の異同は興味深い。一言でいえば、前者がアーティスト向けのアジテーションで、文章表現も生硬なのに対して、後者は、一般の人々に向けて、われわれ日本人の祖先がつくり出したもうひとつの伝統を蘇らせようと呼びかける平明な文章となっている。改訂版では明らかに「日本人」という主体が前景に出てきている。

以上に見るように、岡本の縄文土器論では、弥生の農耕と縄文の狩猟がことごとく対照的なものとされ、それに呼応する「弥生の美」と「縄文の美」が、これもことごとく対照的なものとして対置されている。その上で、その縄文の美を呼び覚まして今日に活かすことが必要なのだと岡本は叫ぶ。一九五六年の改訂版から引けば、「縄文土器がどんなにすばらしいものとしても、過去のものです。われわれが今日の現実に直面して、それ以上にはげしくたくましく生き、その表情を芸術のうえに打ちだすのでなければ、なんの意味もないのです」（岡本　一九九九：四二）。

弥生時代の文化を、普通の人々が平和な農村で稲を育てていた「本当の歴史」として尊重するところか、「弱々しくひらったい、あきらめの情緒主義」（同書：四三）として否定し、農耕社会を豊かで安定した生活として高く評価するどころか、単調な繰り返しの生活として低い評価しか与えない。他方、縄文は言葉の限りを尽くして賞賛され、少し前までは遅れた貧しい社会だった縄文時代が、縄文土器の中に発見された狩猟民的な魅力をテコに、一気に、逞しくダイナミックな社会として先頭に躍り出たというわけである。そして、この狩猟民の生き方を礼賛する岡本好みの誇張された縄文イメージが、その後長く影響を及ぼしつづけることになった。

では、この岡本太郎版の縄文は、縄文イメージにどのように影響を与えたのだろうか。戦前の美術史では「日本美の頂点は、皇室中心に洗練された王朝美」だったし、一九四四年に出版された日本美術史の通史のひとつでも、縄文土器は「古き日本の唯一の造形的成果ではあるが、工芸的な低次な範囲を出で得ない」と書かれていた（矢島　二〇〇三）。そこに岡本が一石を投じたわけだが、山下裕二によれば、美術史家からの積極的な反応はあまりなかった。とはいえ、「太郎以前と以後では、〔日本美術史の概説書において〕原始美術に割かれるページ数は格段に違って」きた（山下　二〇〇〇）。

川口幸也は一九五〇年代の「博物館・美術館における古代史ブーム」の存在、つまり、縄文に限るわけでないが、古代の美術を取り上げる美術展がたてつづけに開催されたことを指摘している。大阪市立美術館では、一九五二年の『原始美術展』を皮切りに、『大阪古代文化展』、『はにわの顔展』、『縄文・弥生の時代――私たちの祖先の生活』展が開催され、それ以外にも国立近代美術館（現東京国立近代美術館）では、五四年の縄文土器も展示された『現代の眼――日本美術史から』に始まるシリーズの展覧会などがあり、六四年の東京国立博物館での『オリンピック東京大会日本古美術展』でも縄文土器が展示の導入部に置かれていた（川口　二〇一八）。

このようにして、縄文土器の姿が、考古学者だけでなく、ようやく普通の人々の目にも触れはじめたのだった。山田康弘（二〇一五：五八）によれば、縄文時代や弥生時代という語の普及には、一九六〇年代に出版された『岩波講座　日本歴史』シリーズや河出書房の『日本の考古学』シリーズのような一般向け書籍の果たした役割も大きかったようだ。

辻惟雄は『日本美術の見方』（一九九二）の中で、岡本太郎の縄文の美の発見は、「建築家や美術家に、目の鱗の落ちる思いをさせた。以後しばらくの間、「縄文」という言葉は、伝統のなかに現代の課題への啓示を求める人たちにとって、一種の呪文のような役割を果たした」と振り返っている。「しばらくの間」がどのくらいの長さなのかは明示されていないが、たしかに〈縄文＋現代アート＝岡本太郎〉という時代が、その後数十年続いたのである。一九五六年刊行の『日本の伝統』の講談社現代新書版が一九七三年に出版されたとき、新しい序文で岡本は、「私の発言がきっかけになって、縄文の美を認める人がどんどんふえてきました。私の感動、情熱が、それまで多くの人々の心の奥深くにはひそんではいたが、自覚されなかったものを引き出したのだと思います。縄文は日本の誇るべき原始芸術として定着し、今日では美術史の本などでも、弥生よりずっと鮮やかに扱われるようになったのです。また単に美術の領域だけでなく、それ以外の部門にまで「縄文的」という言葉が通用するようにさえなりました。「縄文」は日本の新しい伝統になったのです」（岡本　二〇〇五：二八五）と振り返っている。

では、縄文と弥生の構図が考古学の外でどのような展開を見せたのか。「縄文」は、どのようにして日本の新しい伝統になったのか。まず、あるアーティストの二〇〇〇年段階での回顧談に耳を傾けてみよう。「模型千円札事件」や「超芸術」で勇名をはせた赤瀬川原平は、美術史家山下裕二との対談（赤瀬川・山下 二〇〇四［二〇〇〇］）で、岡本太郎の縄文土器論を読んで、縄文土器というのは「さぞかし力んで気合を入れて作っているんだろうって思っていたんですけど。でも実際に見たら意外と繊細と言うか、〔……〕随分とやわらかくゆったりと作っているんだなと」、「一種アールヌーボー的な感じもありますね」、「落ち着いたおおらかさと言いますか」という感想をもらしている。この発言が指摘しているのは、山下の「火炎土器イコール縄文というのは太郎さんが植え付けましたね」という合いの手にも明らかなように、岡本太郎の縄文土器論が、ある特定の時期の特定のタイプの縄文土器の特徴を縄文土器一般へと拡張して誇張したものだったことである。具体的には縄文中期の馬高式や勝坂式・藤内式の、柄の大きい作り込んだ凄みのある土器群だった。それらの土器では皮肉なことに、縄を転がして施す縄文は主要な役割を果たしていない。その「太郎好み」の縄文土器は、たしかに「呪文」としては効力をもったかもしれないが、縄文土器と縄文文化の多様性を理解するためには、必ずしもプラスには働かなかった。そのことは、縄文と弥生という対置の構図の及ぼした効果に関しても当てはまる。縄文と弥生がまったく異質なものとして描かれ、縄文から弥生への移行が断絶としてイメージされることになったのである。しかし方法としての「対極主義」を標榜した岡本は、こうした効力や効果に関して確信犯だったと思われる。

つぎに建築に目を転じてみよう。どのような具合に建築家の目の鱗が落ちたのだろうか。建築界における縄文をめぐる議論の舞台は、一九五〇年代後半の『新建築』誌上の「伝統論争」だった。その背景には、一九三三年に来日したドイツの建築家ブルーノ・タウトによる桂離宮礼賛を淵源とする、「弥生的なるもの」を日本の伝統とする流れがあり、その最新版として数寄屋造りを賞揚するような戦後の日本趣味としての「ジャポニカ」があった。この「論争」は、丹下健三の「現代日本において近代建築をいかに理解するか――伝統の創造のために」（一九五五年一月号）での、近代的なものと伝統的なものをどのように統合して建築に形象化するかという問題提起で始まり、丹下はさらに「現代建築の創造と日本建築の伝統」（一九五六年六月号）で桂離宮論を展開する。それに対して白井晟一が「縄文的なるもの　江川氏旧韮山館について」（一九五六年八月号）で「縄文」という一石を投じた。

丹下は「弥生的な文化形成の伝統」と「縄文的文化形成のエネルギー」という二つの系譜が、伝統とその破壊として日本の歴史上桂離宮ではじめて出会い、その「ディアレクティクな統一」として桂を捉えることができると主張する。そしてその「弁証法的」姿勢は、その後の弥生と縄文を統合するような丹下自身の作品（例えば《代々木オリンピックプール》）にも反映されている。他方、白井は、「縄文・弥生の宿命的な反合が民族文化を展開させてきた」という認識の下、「日本文化伝統の断面を縄文と弥生の葛藤の中で捉えてみたい」とする。具体的には、「流行するジャポニカの源泉」または「日本伝統建築の見本」とされてきた「形象性の強い弥生の系譜」への偏りを是正すべく、「縄文的な潜力」あるいは「縄文的な脈搏」を継承した創作に注目する。その実例として示されるのが、白井が「大地」、「野武士」といった言葉で形容する、「茅山が動いてきたような茫漠たる屋根と大地から生え出た大木の柱群」をもつ伊豆韮山の《江川太郎左衛門邸》なのだが、彼の言う「縄文的なるもの」は「縄文のアニマ」という融通無碍なもので、例えば空海、源信、雪舟、利休にもそれは息づいていると言う。白井にとって重要なのは、あくまでも「民族の文化精神をつらぬいてきた無音な縄文のポテンシャル」であって、縄文土器といった具体的な縄文のモノではない。白井は、ある対談（白井　二〇一一）で「縄文的なるもの」を形として誰にでも見える怪奇なものに結びつけるわけにはいきません」と言っているが、「怪奇なもの」とは、岡本太郎が礼賛した類の縄文土器を指すだろう。

磯崎新は、建築における「日本的なもの」についての論考の中で、「弥生的＝アポロ的＝貴族階級的＝高床式住居の洗練された静的な透明性」と「縄文的＝ディオニソス的＝下級階級的＝竪穴式住居の粗野であるがダイナミックな非透明性」を対置する（磯崎　二〇〇三：四八）。しかし実際には、建築家による縄文と弥生を対置する議論は、竪穴式住居と高床式住居についての建築史的議論ではないし、岡本太郎の言う「縄文」ともストレートには結びつかない。そもそも建築家のそれぞれが、具体的な遺跡や遺物とは関わりのない「縄文」イメージにもとづいて議論していたのである。

磯崎はまた、「岡本太郎を経由してヨーロッパ的モダニズムが発見した「縄文的な美」には、占領者の視線に抵抗する民族的な土着のダイナミズムがひそかに託されることになる」という興味深い指摘をしている（磯崎　二〇〇三：四一）。ここで気づかされるのは、連合軍による占領という時代背景が弥生と縄文をめぐる議論に影を落としていたことと、「民衆的」という言葉が当時もっていたポジティブな価値が、「弥生的なるもの」ではなく「縄文的なるもの」と結びつけられはじめていたことである。
ひとまずここで考察をまとめておこう。建築における「伝統論争」が興味深いのは、その内容もさることながら、源氏と平家、歌舞伎と能の場合さながらに、日本文化を構成する二つの異質な伝統として、縄文文化と弥生文化という対立構図が汎用性をもつ図式として普及していく姿をそこに見ることができる点である。しかし、考古学者からすれば驚くべきことに、縄文から弥生へという時間的な継起関係はしだいに重要性を失っていく。縄文vs弥生という構図があちこちへ転移するうちに、たんなる類型的な対照となっていったのである。

丹下と岡本は、実は様々なプロジェクトで協力して仕事をしたのだが、そのハイライトともいうべきものが、「人類の進歩と調和」をテーマとして一九七〇年に開催された大阪万博だった。六千万人の入場者を迎えた会場では、丹下健三が設計した巨大な大屋根をぶち抜いて岡本太郎の《太陽の塔》が屹立していた。岡本が「ベラボーなもの」を作ると宣言し、そして実際に作ってしまって、万博施設のなかで唯一保存されて千里の万博記念公園に立ちつづけている《太陽の塔》については、様々な論考がすでに積み上げられてきている。ここでは、縄文イメージの変遷という文脈の中で、あれをどのように位置づけられるのかという観点から、少し考えてみたい。一九六七年に岡本は、万博のテーマを具体的に会場に反映させるためのテーマプロデューサーに内定する。正式に受託する前、同年に万博を開催したカナダのモントリオール訪問と「新しい世界・岡本太郎の探る中南米大陸」というテレビ番組の取材のための中南米各国歴訪の旅行中に、テーマ館の塔の造形イメージを固めていったらしい。その際に、旅行先のカナダのトーテムポールやメキシコの先史遺物はなにがしかの影響を与えたかもしれないし、それと並んで縄文土偶もアイデアの源泉になったかもしれない。いや、その可能性は大きいであろう。しかしだからといって、《太陽の塔》＝縄文土偶ということになるわけではないのは、もちろんである。

縄文と《太陽の塔》の関係については、考古学者春原史寛の「岡本の縄文に関する思想の集大成としての造形化」（春原　二〇一一）という意見や、建築学者五十嵐太郎の「日本の伝統と闘い、建築と対峙し、その到達点として出現したのが、太陽の塔だった。これは最大の縄文建築かもしれない」（五十嵐　二〇一六：一八四）といった縄文との直接的な結びつきを強調する意見がある。それに対して考古学者の石井匠は、正面がキリストとしての太郎、裏面が地母神、観音、聖母マリアとしての母かの子で、万博という祭りの場で磔刑に処せられて生贄になることで宇宙を更新することが《太陽の塔》の使命だったのだという独自の解釈を示しており（石井　二〇一〇）、そのほかにも様々な解釈が試みられている（椹木　二〇一二：二三五―二三八）。

万博記念公園（吹田市）の《太陽の塔》

岡本太郎が《太陽の塔》に込めた意味は、おいそれとは明らかにならないだろうが、最終的に《太陽の塔》と名づけられたテーマ館の構想プロセスを見るかぎり、縄文土偶の表象であるとか、縄文の狩猟文化の世界観を表現することが彼の意図だったとは思えない。テーマ館で展示されているのは、日本列島の日本文化史ではなくて、生命の歴史の一環としての全人類の歴史の全貌であり、現在、過去、未来に対応する地上、地下、空間の三層への分割が展示の全体をつらぬくコンセプトである。さらに《太陽の塔》についても、『基本計画報告書』を見ると、塔の正面、先端部、背面に設置される「顔」は、「いずれも異なった表情をもち、観衆の胸に現代と未来と根源を語りかける」（平野［編］二〇〇八）とされていて、その素材もコンクリート、アルミの鋳造に金色の電気塗装、陶板が考えられていることからしても、それぞれ現代、未来、過去を表していると解釈するのが自然だろう。縄文イメージの変遷という文脈の中で、《太陽の塔》をどのように位置づけられるのかという問いに対しては、縄文という文脈で作られたわけでも、受け取られたわけでもなかったというのが、とりあえずの答えということになるだろう。むしろ、《太陽の塔》が置かれた文脈は、人類の歴史、生命の歴史だったと考えるのが素直な解釈ではないだろうか。

《太陽の塔》についての岡本自身の言葉として、「日本人一般のただふたつの価値基準である西欧的近代主義と、その裏返しの伝統主義、それの両方を蹴とばし、〈太陽の塔〉を中心にベラボーなスペースを実現した」（岡本 二〇〇八）という証言がある。このレベルにおいて、《太陽の塔》を含めて万博のテーマ展示は、一九五〇年代の縄文土器論と連続性がある。どちらもベラボーなモノであって、「なんだ、コレは！」という叫びをよび起こす。そのことが彼にとって重要だったのである。

大阪万博は、戦後日本の高度経済成長のフィナーレとでもよべるお祭りだった。岡本がプロデューサーを引き受ける前にすでに決まっていて、彼自身は気に入らなかったテーマ、つまり「人類の進歩と調和」が万博全体の基調だった。他方、岡本には、きらびやかでメタリックな万博会場とはかけ離れた、「日本の神秘の調査」とでもよぶべき別のフィールドがあった。彼は前衛芸術家であると同時に、パリでマルセル・モースの薫陶を受けた民族学者でもあったからである。そしてこちらの仕事は、出土現場から切り離されて博物館に安置されてしまっていた縄文土器の検死作業とは違って、人々の生活の現場で「縄文」を探るフィールドワークであった。それは民衆の生活の中に脈々と息づく「縄文」を掘り起こす旅であり、まずは日本列島の中でも特に東北に照準を絞ったことにも、それは見て取れる。その意味で、柳田の山人論につながる志向ともいえる。つまり稲を育てる常民を照らし出す強い光がつくり出してしまった闇に目を凝らして「縄文」を凝視する姿勢である。その民族学者岡本の企てを逆照射するエピソードがある。岡本の死後に、彼が沖縄で撮ったネガを養女の岡本敏子から託されて、プロの写真家の内藤正敏がプリントしたとき、岡本本人のプリントでは窓の闇としか見えないところに、こちらを凝視する二人の人物が浮かび上がってきたのである（赤坂　二〇一五）。ネガの闇の中に潜んでいた見返す眼を、岡本太郎はレンズを通して見ていたのか、見えていたのか。言い返さない見返さない縄文土器を相手にシャッターを切っていたときには遭遇しなかった、また別の難問がここに垣間見えてくる。

3　貧しい縄文から豊かな縄文への大転換

縄文にとって、一九七〇年代において特筆すべきものは、万博よりも、千里丘陵の万博会場の建設も含めて日本中で繰り広げられていた開発であり、それと連動して活況を呈することになった発掘調査だった。日本列島各地で、未曾有の規模で遺跡が発掘され、遺物が掘り出され、記録され、報告されはじめていたのである。ある考古学者が「日本の遺跡は、鉄道沿い、道路沿いにある」と冗談めかして言ったことがあるが、開発によって遺跡が破壊される前の緊急発掘が大半を占める状況では、結果としてそういうことになるだろう。世界文化遺産登録をめざしている「北海道・北東北縄文遺跡群」を構成する遺跡のうち、例えば、青森市の三内丸山遺跡の場合は県営野球場の建設、一戸町の御所野遺跡の場合は農工団地造成、北秋田市の伊勢堂岱遺跡の場合は大館能代空港へのアクセス道路建設が計画されたために、工事に先立って、あるいは並行して発掘が実施され、その結果、学術的価値が高いと判断されて、遺跡が保存されることになったのである。これらの遺跡の場合は幸いにも保存が決定したが、むしろ幸運な例外的ケースであって、大量の遺跡が様々な開発計画の下で（運がよければ発掘調査が行われた後に、運が悪ければ記録されることもなく）破壊されてきたのである。しかし開発が理由で発掘調査が行われたおかげで明るみに出された貴重な事実も数多く、それなしでは、私たちの縄文イメージもずいぶん違っていたであろう。つまり、その時点までに陽の目を見ることになった縄文時代のモノだけにもとづいて形づくられざるをえないという意味では、縄文イメージはつねに暫定的なものであらざるをえないのである。

日本列島における縄文遺跡の発掘調査は、日本社会の経済成長とともに右肩上がりで増加し、その結果、縄文時代の文化と社会についての情報もまた右肩上がりで蓄積されてきた。では縄文時代についての理解はどうだろうか。深まってきたことは確かである。しかし理解というのは、数量的に右肩上がりで深化していくわけではない。発見された遺跡や遺物に応じて、従来の解釈が見直されたり、追認されたり、あるいは新しい解釈が提示されたりして、異なった解釈同士で議論が続いたりしながら、徐々に共通の理解が進んでいくものである。

一九七〇年代から二〇〇〇年代前半までの約四十年間について、縄文時代についての発掘調査と研究がどのように展開してきたのかについて、山田康弘の『つくられた縄文時代』などに拠って、大筋を概観してみたいと思う。山田はまず、一九八四年発行の高校教科書『詳説日本史』（山川出版社）のつぎのような記述を紹介する。「縄文時代は、狩猟・漁撈・採集の段階にとどまり、生産力は低かった。動物や植物資源の獲得は、自然条件に左右されることが多く、人々は不安定できびしい生活をおくっていたと考えられる」、「このような生活のなかでは、個人的な富や権力の発生をうながすような余剰生産物の蓄積は不可能であり、集団の統率者はいても、貧富の差や階級の区別はなかったと思われる」（山田　二〇一五：六五、傍点引用者）。教科書の常として、この記述が依拠していたのは、一九七〇年代以降の研究成果を反映した八〇年代の考古学の知見ではなく、六〇年代の「貧しい縄文時代観」（山田　二〇一五：七五）だった。

しかし実は、一九七〇年代後半から八〇年代にかけて、発掘調査で得られた新知見にもとづいて、

「集落・集団規模、生業、土木技術、航海術、精神文化」など多方面で「貧しい縄文時代」のイメージが塗り替えられ」つつあったのである（山田 二〇一五：九九）。例えば、河川改修工事をきっかけに存在が明るみに出て、一九六二年以来八五年まで一〇次にわたって発掘調査が行われた福井県の鳥浜貝塚（約一万二千年前―五千年前）について、田中祐二の『縄文のタイムカプセル 鳥浜貝塚』に拠って見てみよう。代表的な「低湿地遺跡」である鳥浜貝塚では、通常は腐って残らないが水漬けで酸欠になっていたために遺存した木や堅果や繊維など豊富な有機物の遺物が、およそ七千年にわたり水底に堆積した泥の中から出土した。この「縄文のタイムカプセル」のおかげで、豊かな狩猟採集民の定住生活の実態が明らかになってきて、朱塗りの櫛（一九七二年出土）や長さ六メートルの丸木舟（同、一九八一年）など高度な漆工や木工の技術が縄文時代前期から存在したこともわかった。一言でいえば、暗いモノクロの静止画像が明るいカラーの動画になってきた感じだろうか。「植物二一種、哺乳類一二種、貝類三三種、魚類六種以上、鳥類三種」（田中 二〇一六：五一―五二）を利用する多彩な食生活も目に浮かび、木製の人工遺物が約二千七百点以上出土して「縄文時代は木の文化でもある」（同書：八〇）ことが白日の下に曝され、植物の蔓や茎を材料とした各種の縄や編物も実物が出土して、土器や石器や貝殻や骨や炭だけで縄文時代の生活が成り立っていたわけではないという当たり前のことが物証によって明らかになった。そして一九八〇年代になると、そうした豊富で多様なデータにもとづいて、豊かで平等な「縄文ユートピア」という新しい縄文イメージが現れてくるのである。

ここで少し脇道にそれるが、ユートピアとしての縄文というイメージの背景として一九七〇年から七六年まで続いた国鉄のキャンペーン「ディスカバー・ジャパン（DISCOVER JAPAN）」に触れたい。このキャンペーンは、万博輸送で増量した車両の有効利用のため、「美しい日本と私」というサブコピーの下で、特に若い女性の個人旅行の開拓を目的としていた。一世を風靡した「ディスカバー・ジャパン」のポスターの特徴である、どこかわからないけれど懐かしい風景、現代の都会とは対照的な「ここではないどこか」に自分を探しにいく旅は、懐古、郷愁の対象としての「日本」を探して源泉へ遡る旅としてもイメージされていた（藤岡［編］二〇一〇）。一九八〇年代に現れてくる縄文への憧憬も、その旅の延長線上にあったと言うことも不可能ではないかもしれない。しかし皮肉なことに一九八〇年代に入ると国鉄の累積赤字が社会問題化しはじめ、八七年の分割民営化に至り、その後の東北新幹線開通などにより、縄文遺跡最寄りの路線のなかには第三セクター化されたものも少なくない。新幹線網整備と縄文遺跡との関係は一筋縄では捉えられない複雑なもののようだ。

縄文時代の社会が、移動する狩猟民の小集団より複雑であることは、一九七〇年代から認識されはじめていたが、八〇年代後半になると、山田の言葉でいえば階層差、身分差に注目する「タテ方向」の議論が現れてきて、それが九〇年代から二〇〇〇年代にかけての「縄文階層化社会論」へと結実していく。平等な社会から階層差のある社会へのイメージの変遷の背景には、九〇年代の多くの新しい発見があった。「大規模な土木工事をしないと構築できないような施設の検出や、精巧な造作の耳飾り、漆塗り櫛、ヒスイの大珠といった特別な人物の存在をうかがわせるような資料の出土は、縄文時代の社会が単なる平等社会ではない、また違う側面を持った社会であったことを想像

三内丸山遺跡（青森市）の大型掘立柱建物跡の復元建造物

させた」（山田　二〇一五：一〇四）。

　こうした特筆すべき発見を代表するのが、「大きい、長い、多い」を特徴とする三内丸山遺跡の発掘だった。発掘担当者の岡田康博が執筆した『三内丸山遺跡』（二〇一四）を手引として、遺跡の概要を見てみよう。実は三内丸山は、第一章でも見たように、江戸時代にも土器や土偶が出ることが知られていて、一九五〇年代、六〇年代、七〇年代にも少しずつ発掘調査が行われてはいた。また、県営野球場建設に伴う発掘調査も一九九二年から始まっていた。しかし一九九四年の大型掘立柱建物跡の発見は、マスメディアの大報道、そして遺跡保存を望む県民の声の高まりを経て、県知事による野球場建設の中止と遺跡の永久保存の決定へと遺跡の運命を大きく変える転換点となった。そして一九九七年には国史跡、二〇〇〇年には国特別史跡に指定されたのである。

　では「大きい、多い、長い」とは何を意味するのか。まず「長い」から見ると「縄文時代前期中葉から中期末葉（今から約五五〇〇年—四〇〇〇年前）にかけての円筒土器文化期の拠点的集落跡」（同書：一七）であること、つまり長期間ほぼ同じ場所に集落が継続して存在した。つぎに「大きい」であるが、「中期初頭から拡大傾向を見せ中期中頃には最大規模となり」、「竪穴住居、平地住居、大型竪穴建物、墓、捨て場、盛土、大型掘立柱建物、貯蔵穴、粘土採掘穴、道路など」（同書：三一―三二）から構成される大集落に至る。「多い」のは、遺物や遺構の種類の多さ、量の多さである。クリやクルミをはじめとする植物種子から、里山のように周囲の環境を利用する生活が思い浮かぶ。多種類の魚骨や動物骨などからもわかる豊かな食生活。大量の土器、石器、土偶などが出土した盛土や、埋設土器がたくさん見つかる盛土などで祭祀が行われた可能性。二千点以上の板状土偶。道路の両側に並ぶ土坑墓。環状配石墓とそうでない墓。約三割の墓から出土する土器、石器、装身具などの副葬品。そして直径が約一メートルのクリの巨木六本を用いた大型掘立柱建物は、柱穴の底にかかっていた加重から計算して、高さ一四―二三メートルと推定された。とにかく、そこに現れたのは、それまでの縄文集落のイメージを根底から覆すような社会の姿だったのである（岡田　二〇一四）。

長期的に大規模な定住集落を維持していた豊かな社会。それは「縄文ユートピア」論を裏書きするものであった。しかし他方で、埋葬法や副葬品にも格差が見えはじめる。そこで出てきたのが、豊かさを平等に分かち合っている社会というイメージの再考を促す「縄文階層化社会論」（山田二〇一五：一〇七）だった。

ここまで、縄文イメージのおおまかな変遷を追ってきたが、山田は、そのような変遷が、「世相による影響を受けたもの」としても理解できるという。縄文ユートピアは、二十世紀末の「社会の息苦しさ」からの解放の希求に応えるイメージであり、バブル崩壊後の平成不況の下で現れた「格差社会という世相を強く反映した」縄文階層化社会論が縄文ユートピア論を一掃してしまわなかったのは、階層化された社会は、一般の人々が望む縄文時代像ではなかったからだと考えられるという（山田　二〇一五）。

縄文イメージが経済状況の反映だというのは、流れを大摑みに提示するには便利かもしれないが、きめ細かな論証が必要だろう。しかし、縄文時代のイメージが、現代に生きる人々の「「まなざし」によって、貧しい平等社会、豊かな縄文ユートピア、階層化社会と、多様に変化してきている」（山田　二〇一五：一〇七）という見方、つまり、いま生きる人々にとって縄文とは何か、そこにどのような意味を見出し、それをどのように活かすのか、という論点は重要であり、本書の「縄文ルネサンス」というパースペクティブもそうした認識を共有している。

ところで、勤勉な日々の努力によって皆が均しく豊かになっていくという楽観論で彩られていた一九六〇年代までとは違って、七〇年代から二〇〇〇年代までの日本社会が、乱高下するような転変に翻弄される日々であり、そこでは敗戦後の復興そして経済成長の希望を彩った「稲を育てる平和な農村」のイメージの神通力が効き目を失ってきた。他方、貧しく遅れた社会という縄文社会のイメージは、敗戦後約半世紀を経て、もはや過去のものとなっていた。しかし、いまや豊かな社会としてイメージされるに至った縄文社会であるが、奇妙にもそこに欠如しているものがあった。農耕である。そもそも「新石器文化」、「新石器時代」は、磨製石器や弓矢の出現と発展によって特徴づけられるが、それと同時に、農耕（と牧畜）の開始とそれと結びついた定住生活の開始が、その不可欠の指標であった。このグローバルスタンダードに照らすかぎり、農耕を行わない新石器文化という縄文文化は、あまりに異例である。この異例さを克服すべく、実は縄文時代にすでに農耕が行われていたのだという「縄文農耕論」を主張する人々もいたし、いまでもいるのだが、製作中の土器にたまたま付着した種などの圧痕をシリコンで型取りして顕微鏡で観察する「レプリカ法」によっても、縄文晩期中葉以前の穀物圧痕はいまのところ確認されていない（設楽 二〇一七：一五）。つまり栽培は始まっていても農耕は存在していなかったというのが、大方の考古学者が共有する基本的認識なのである。

他方、むしろ農耕に頼らずに狩猟、漁労、採集によって定住生活を実現したことこそポジティブに評価すべき縄文社会の特色なのだという主張がしだいに現れてくる。農耕ができなかったのではない、「縄文文化は二〇〇〇年以上も穀物栽培に着手しなかった」（設楽 二〇一七：一五）のだとして主体的な選択として捉え直され、停滞としてネガティブに捉えられがちだった縄文時代の長さも、むしろ持続可能な社会だったのだとしてポジティブに評価されるようになる。新石器時代の定住社会は農耕のみによって可能だとするグローバルスタンダード、さらにいえばそうした発展至上主義に収まらない、この「世界の中でもひじょうに独特な誇るべき縄文文化」という言説が、次節の焦点となる。

4 「縄文一万年・世界最古の土器」という言説

一口に「縄文時代は一万年間続いた」あるいは「縄文土器は世界最古の土器である」ということ

が言われる。いまでは教科書にも、一般向けの考古学書にも、博物館の展示にも、そのように書かれている。しかしここまで見てきたように、縄文時代についての知識は、発掘調査を通じて徐々に蓄積されてきたものである。であるならば、縄文時代がどのくらいの期間続いたのかも、縄文土器がいつ頃から作りはじめられたのか、その時期は世界の他の地域と比べて早いのかどうか、そうしたことも、最終回答が出てしまっているわけではない。まだ研究の途中なのである。そこでまず、「縄文一万年・世界最古の土器」という言説の背景について探りを入れてみよう。

一万年間続いたのかどうかを知るためには、いつから縄文時代が始まって、いつまで続いたのかを知る必要がある。これが実はそう簡単ではない。再び、山田康弘の『つくられた縄文時代』のお世話になるが、現在の考古学では、縄文時代の始まりの時期について主として三つの立場があるようだ。それぞれ、何を縄文時代開始の指標とするかが違う。第一の説は土器の出現を指標とするもので、日本列島でこれまでに出土している土器のうち最も古いもの（青森県大平山元遺跡出土の無紋の土器片に付着していた炭化物）は、「放射性炭素年代測定法」によって約一万六千五百年前という計測結果が出ている。第二の説は土器の本格的普及を指標とするもので、氷河時代がはっきりと終わって温暖化が始まった頃、約一万五千年前がそれにあたる。第三の説は、縄文時代的な生業形態、居住形態の確立を指標とするもので、地域によって誤差はあるが、約一万一千五百年前がそれにあたる（山田　二〇一五：一一四―一一五）。以上のように、縄文時代の始まりが、第一と第三の説では五千年もの違いがある。これは些細な差ではない。さらに重要な点は、何を縄文時代開始の指標とするかは、そもそも縄文時代をどのような時代と考えるのか、縄文文化をどのような特徴をもつものと考えるのかとリンクしているということである。つまり、事は縄文時代の文化と社会の根幹に関わる。

いつ終わったのかを定めるのも、縄文時代がどれだけ続いたのかを知るためには必要である。こちらがまた単純ではない。問題は、弥生時代がいつから始まったのかということだが、現行の教科書に載っている定説では紀元前四世紀頃ということになっている。しかし他方で、水田稲作の開始が、現在の定説より五百年くらい早まって約三千年前まで遡るという説が出されていて、現在でも論争が続いている（山田　二〇一五：一一八）。

仮に縄文時代の始まりを約一万一千五百年前として、弥生時代の始まりを約三千年前とすると、縄文時代は微妙に一万年に足りない。しかし現在のところ、縄文時代の始まりについて第一の説をとる考古学者が多いらしい。それなら一万年は確保できる。おそらく「縄文一万年」という言説が広く流通している理由は、表現の簡潔さもさることながら、特定の「〇〇文化」が一万年間続いた例が他にないという点にあることは間違いない。しかし、とまた留保をつけなければならないが、約一万六千五百年前から約二千五百年前（あるいは三千年前）まで日本列島で生活していた人々の文化を「縄文文化」、その社会を「縄文社会」と、全部ひとまとめにしてよんでよいのかという問題がある。つまり単一の縄文文化なるものが存在したといってよい証拠はどこにあるのか。一口に縄文土器といっても、時期や地域によって違いは素人にもわかるほどに大きい。考古学的には「口縁部文様帯をもち続けるバケツ形の深鉢形土器を中心として構成され、器形は当初突底であったが平底へ変化し、二度と戻ることがなかった土器群」（川崎　二〇〇九：一九七）と定義できるらしいが、これはあらかじめ一括されているモノの共通特性を記述しているような感じがする。縄文土器という一種類の土器ではなく、類似してはいるけれど多様な土器を製作する多数の文化が、日本列島各地で交代しつつ花開いたとみていけないこともないだろう。階層化の問題にしても、視点を変えて、平等な縄文時代とは別の時代に移行したとみることもできるのではないか。これはけっして門外漢の妄想ではない。考古学者自身が、はたして単一の縄文文化があったという捉え方が適切なのか、それはむしろ複数の考古学的文化の集合体ではないかという議論を始めているのである(山田・国立歴史民俗博物館[編]二〇一七)。

しかし、そうした厄介な仕事は考古学者に任せるとして、文化人類学者である私は、「いくつもの縄文」へと分断せずに一括して「ひとつの縄文」と呼びつづける人々の営みのほうに光を当てることにしたい。もしかすると、こうした「ひとつの縄文」論とでもよぶべき史観がいまや(戦前の皇国史観に代わる)不可侵の公理となっているということなのだろうか。確かなことは、一括しなければ「一万年続いた縄文文化」にはならないということである。後氷期の環境変動への適応として、農耕を行わない一連の文化が日本列島において一万年のあいだに継起したというのでは、同様のインパクトをもちえないことは容易に想像できる。

つぎに「世界最古の土器」のほうである。勅使河原彰の『縄文時代史』(二〇一六)は、日本列島で土器が出現するのは「約一万六〇〇〇年前の土器をともなわない細石器の段階と、約一万四五〇〇年前以降に本州から四国、九州に広く分布する隆起線文系土器の段階との間」(同書:三〇)と大きく網をかけるが、そもそも勅使河原は、土器の出現より縄文時代的な生活の確立を重視し、定説では六期に分けられている縄文時代の最初の「草創期」(約一万六千年前—一万一千五百年前)を旧石器時代に含め、縄文時代への移行期であるとする(同書:三九)。この説にしたがえば、縄文時代は約九千年間になる。それに対して小林達雄は、「縄文土器が日本列島に登場したのは〔……〕約一万五〇〇〇年前と一番古い。西アジアの土器はせいぜい九〇〇〇年前で、ざっと六〇〇〇年も先駆けています。アマゾン川流域はもっと新しく七〇〇〇年前ぐらい。縄文土器はもう歴然とした古さを持っているのです」(小林　二〇一八:八八—八九)としている。

いずれにせよ、日本列島で出土した土器が世界でも最古の部類に属するものであることは間違いない。しかし「最古のもののひとつ」と「最古」では受ける印象が大きく違うことも確かである。そうした、アカデミックではない理由も与って、「縄文一万年・世界最古の土器」というコピーが定着しているわけだが、それには、さらに色々なイメージが付け加わる。そのなかで最も注目すべきものは「自然との共生」と「持続可能性」である。要するに最新版の縄文文化のコピーは、〈世界最古の土器+自然と共生する狩猟採集文化+一万年間続いた持続可能な文化〉ということになるだろう。

本章では、敗戦後の半世紀の縄文イメージの変遷を振り返ってきた。それは変遷というより変転とよんで差し支えないほどの「毀誉褒貶」の歴史だったといえるかもしれない。敗戦後まもない一九四〇年代後半には、水稲農耕の弥生文化が日本文化の原点に据えられる一方で、「貧しく遅れた」縄文文化は前座か露払いのような地位に甘んじていた。一九五〇年代に入ると岡本太郎による「縄文の美の発見」を契機に、ようやく縄文の復権が始まるが、「激しく俊敏で逞しい動物的な狩猟民文化」あるいは「荒々しい土着の野生の文化」といったかなり紋切型のイメージが、縄文vs弥生の構図とともに普及していくかたわらで、「貧しく遅れた停滞していた文化」という縄文イメージは相変わらずだった。そこでは何千年も続いたことは停滞を意味するものとして否定的に捉えられていたのである。その後、一九七〇年代以降の発掘の量的拡大がもたらした新知見にもとづいて「豊かで平等な社会」というイメージが現れてきて、基本的にその延長線上に、現在のところ優勢な「自然と共生する狩猟採集文化・一万年間続いた持続可能な文化」というイメージがある。しかし、その一方で、一九九〇年代以降の発掘で散見されるようになった階層差が「本当は不平等な縄文社会」という影をちらつかせているというのが現状といえるだろう。

そのような縄文イメージの変遷に対して、弥生時代のイメージのほうは、どのような変遷をたどったのだろうか。それについて本章の最後に見ておきたい。一言でいうと、平和で平等な登呂村の風景から始まった弥生のイメージは、戦さの臭いのする吉野ヶ里へと大きく変化してきたといえるだろう。佐賀県の工業団地造成計画を契機に一九八六年から八九年にかけて発掘された吉野ヶ里遺跡は、古墳時代へとつながる権力と軍事力、言い換えれば国家の萌芽のリアルな証拠、権力者によって文字で記録された歴史のプロローグであった。そして「弥生都市」ともよばれる吉野ヶ里の、壕を二重に巡らした環壕集落が、稲を育てはじめた登呂人の明るい農村のたどり着く先だったということであるならば、弥生時代の全体が、現代人が夢を託すにはやや色褪せて見えるようになったとしても仕方ないのかもしれない。敗戦後の半世紀を経て、日本文化の原点は、弥生から縄文にシフトしたのである。

第三章　縄文ルネサンスの到来

1　縄文ルネサンス——いま縄文を受け継ぐ

縄文時代のモノは人知れず土の中にずっと存在しつづけていた。そうでなければ発掘することもできない。豪雨だったり地滑りだったり開墾だったり、何らかの理由で、縄文時代の遺物が地上に現れて人の目に触れることもあった。土の中から出てきたモノは耕作の邪魔になるので取り除いて捨てられたり、珍しいのでとっておいたり、何かのために活用したりすることもあった。江戸時代の好古家たちのように、それが何であるのか考えをめぐらせる人も出てきた。そして明治時代になると、近代的考古学者によって発掘し研究する対象となった。しかし、それが大昔に日本列島に住んでいた人々の遺したモノであることは比較的早く認知されたが、その人々が日本人の祖先に追い払われた先住民ではなく、現代日本人の祖先にあたる人々であることが考古学の共通了解になるには、およそ半世紀を要したのである。当時、日本列島の先史考古学には、いまでは想像することも難しい制約があった。『古事記』や『日本書紀』に記述されていることを事実として受け入れることを要請する皇国史観の下では、先史時代つまり文字記録のない時代を組み込むための空きスペースがなかったからである。敗戦によってようやく、天孫降臨や神武東征と折り合いをつける必要がなくなって、考古学者の目の前に、縄文時代がありのままの姿を現しはじめた。とはいっても、いま考古学者たちが知っているような事実が手に入るには、まだまだ時間がかかったのである。

戦後の日本社会における縄文イメージの変遷を振り返ってみると、一般の人々にとっては、実は思いのほか存在感が希薄だったようにみえる。耳にはしていても、知っていることはわずかという感じだったのではないだろうか。高度経済成長期以降は各地で発掘調査が行われ、様々な新発見があり、マスメディアも報道した。しかし、地元で驚くような遺跡や遺物が発見されたならともかく、よほど熱心な考古学ファンでないかぎり、遺跡や遺物についてのニュースに一般の人々が関心をもつことは少なかったのではないか。つまり多くの人にとっては、社会科や日本史の教科書の最初の二、三ページに載っている昔話にすぎなかったといっても、それほど言い過ぎではないだろう。

そうした一般的無関心にもかかわらず、縄文vs弥生という構図だけは広く普及して定着したようにみえる。その理由は、前にも述べたように、源氏と平家、歌舞伎と能といったぐあいに、日本社会や日本文化を二分法的に単純化して話題にするのに便利だったからだろう。この構図が普及するきっかけをつくったのは岡本太郎かもしれないが、多くの人は岡本の一九五〇年代の縄文土器論など読んでいないだろうし、八〇年代後半のテレビで「芸術は爆発だ!」とか叫んでいた変わったおじさんとして記憶しているか、たんに全然知らないかだろう。しかし縄文と弥生という単語は、急速に人々の日常的語彙になり、はるか昔からあったと勘違いするくらい普及しているというわけである。しかしそこでは、ひじょうに単純化されたステレオタイプが独り歩きしていたのではないか。つまり、浮遊する記号としての「縄文」が、場当たり的に様々な意味と結びつけられていたといってても過言ではないだろう。

おそらく縄文が、考古学の世界を超えて世間の人々の大きな関心をよんだのは、一九九四年の三内丸山遺跡の大型掘立柱建物跡の出土という事件がはじめてだったのではないか。それは大々的に報道され、その五年前の「吉野ヶ里遺跡フィーバー」の再来だった。『東奥日報』の七月一六日朝刊一面トップの「日本最大の縄文集落発見」という大見出しに始まる「縄文フィーバー」については、発掘担当者だった岡田康博の『三内丸山遺跡』(二〇一四)に詳しいが、三内丸山遺跡は明らかに、一般の人々が教科書などで知っていた「狩りをする毛皮を着た原始人」という縄文イメージを打ち砕く破壊力をもつものだった。しかしそうであっても、「縄文の都」発見の盛り上がりは、考古学ニュースの枠内にとどまっていて、本書で「縄文ルネサンス」とよぶ多面的な社会現象にまでは至っていなかったのではないかと思われる。というのも、人々の好奇心はあくまでも、大昔の日本の社会について知りたいという学術的なもので、それを気ままに楽しむというよりは、考古学者という専門家による解説を望んでいたとみられるからである。いわば発掘現場説明会的ブームだったということができるかもしれない。

ところが、近年、発掘を追いかける考古学ファンの情熱とは別種の、色々な意味で、縄文への新しい関心が出現してきている。もはやそれは考古学という学問の内部にとどまってはいない。考古学者のコントロールが利かない考古学の外の領域へも広がり、以前からの考古学ファンの間だけでなく、それまで縄文などにまるで関心がなかったような人々のあいだでも、「縄文」（縄文時代、縄文文化、縄文土器、縄文土偶など）が関心をよびはじめているのである。そして、それとともに縄文への関心のもち方も著しく多様化している。

これはけっして二〇一八年夏に東京国立博物館で開催された『縄文――1万年の美の鼓動』展とともに降って湧いたように始まったわけではない。日本のマスメディアの常として、そしていまではSNSも共犯者だが、流行りのテーマとみると、イナゴの群のように無節操に群がって貪り尽くす傾向があるために、突発現象といった印象を与えているかもしれないが、それは間違いである。これから詳しく見ていくように、この社会現象は、時期的には、二十一世紀に入る頃から散発的に始まり、二〇一〇年代に入って拡大、加速化、多様化してきた。注意を向けていなかった人からすれば、それは突然始まった一過性の「縄文ブーム」のように見えるかもしれないが、本書では、この社会現象を「縄文ブーム」とはよばない。その理由は、それが移り気な日本社会でつぎつぎに現れては消える、ほぼ半年をサイクルとする底の浅いブームの一種だと誤解されかねないからである。私の見るところ、この現象は、もっと長いスパン、文化史的スパンで捉えるべきものである。それは「日本人」と「縄文」との関係のあり方における大転換であり、「縄文ルネサンス（Jomon Renaissance）」というやや大袈裟な言葉でよぶにふさわしい大転換ではないかと私は考えているのである。

「縄文ルネサンス」とは、一言でいえば「知らなかった縄文文化（のモノ）に、気づかなかった価値を見出し、現代社会で生きる私たちの生活に活かす、多種多様な現象の総称」である。なぜ「ルネサンス」とよぶのか。その理由は、ヨーロッパのルネサンスがそうであったように、過去の文化との関わり方が大きく変わって、いま生きている人々にとってその過去の文化がどのような意味をもつのかに注目し、その過去の文化を現在に活かすことをめざす営みだからである。十四―十六世紀の西ヨーロッパの人々にとって、古代ギリシャ・ローマの文化は連綿と受け継がれてきた文化ではなかった。つまりそれは途切れることなく系譜を辿れるような祖先の文化ではなかった。それでも当時の「現代人」たちは、はるか昔の文化に価値を認め、その後継者たらんとする強い意志をもって、ギリシャ・ローマの古代文化を「現代」に蘇らせることに力を注いだのである。蘇らせるといっても、遠い昔の文化であり、モノや文書の中に遺された限られたもののなかから、自分たちの目的に合わせて掬い上げたものを、彼らの流儀で蘇らせたにすぎない。だから、もし古代ギリシャや古代ローマの人を連れてきて十五世紀の「文芸復興」を見せたら、眉を顰《ひそ》めたり、顔を顰《しか》めたりした可能性は大いにある。そもそも、ギリシャ文化とローマ文化は本来別物であり、ギリシャがローマの領土の一部になっただけで、ローマ人の祖先がギリシャ人だというわけでもない。そこにも断絶はあった。ローマ帝国の人々が古代ギリシャの文化を受け継いだのも、時間的隔たりは短いとはいえ、後世のルネサンスと構造としては同じなのである。ギリシャ彫刻にしても、現代まで伝わっているモノのなかには、素人の私たちが知らないだけで、「ローマンコピー」つまりギリシャのブロンズ像などのローマ時代に作られた大理石製レプリカが多数含まれている。周知のように、アリストテレスやプトレマイオスのようなギリシャやローマの哲学や科学も、アラビア語に翻訳されて、イスラム教徒の手によって何世紀もの間保存されていたものが、十字軍遠征やオスマントルコによるコンスタンチノープル陥落といった背景の下、イタリアをはじめとするキリスト教世界に輸入されたのであった。

このような断絶を含んだ連続を一言でいえば、「文化の断続」とよぶのがよいだろう。この点に関して、「縄文ルネサンス」の場合も同じである。もし縄文人を現代の日本に連れてきて、私が「縄文ルネサンス」とよぶ社会現象を見せることができたとしたら、自分たちと何の関係があるのかわからないかもしれない。いや確実にわからないであろう。土偶のレプリカまではまだわかるかもしれないが、土偶をキャラクター化した「土偶キャラ」のフィギュアや、それを模したクッキーなど、理解しろと言うほうが無理である。しかし、わからないということでいえば、第一章で紹介した縄文時代晩期の環状積石に縄文時代後期の配石墓の石材が転用されていた事例も同じである。自分たちが配石墓に使った石材を勝手に別の用途に転用されてしまった縄文時代後期の人たちからすれば、晩期の人たちがどうしてそんなことをするのか理解に苦しむだろう。「墓泥棒！」と怒るかもしれない。

しかしヨーロッパのルネサンスのケースでも、古代ローマ人のケースでも、縄文晩期のケースでも、「後世の人たち」には、それを何らかのかたちで受け継ごうという明確な意思が存在したのであり、重要なのはこの点である。すでに述べたように、人類の長い歴史を見れば、「縄文ルネサンス」は、けっして例外的な現象ではない。長い年月を隔てた後に後世の人々が昔の遺物に新たな意味を込めて蘇らせるという、人類の歴史の中で繰り返されてきたプロセスの一例なのである。

本章ではまず、「縄文ルネサンス」がどのようにして出現したのかを辿ってみることにするが、基本的なことを二つ確認しておきたい。第一点は、「縄文ルネサンス」が進行している舞台は、予想以上に広くて多様だということである。例えば、「土偶キャラ」（特定の土偶を元にしたキャラクター）のコンクールをインターネット上で実施することも、土偶や土器片の形のクッキーを作ることも、縄文文化からインスピレーションを得たアート作品を制作することも、縄文遺物と現代アートを組み合わせた展覧会を開催することも、縄文火祭りを催してコンサートをすることも、ワークショップで土偶や土器のレプリカを野焼きすることも、小中学校での縄文学習の導入も、縄文文化についての知識を試す縄文検定の実施も、縄文デザインを使っての新商品の開発も、縄文遺跡を目玉とする観光キャンペーンの展開も、縄文で町興しや地域経済の活性化を図ることも、縄文遺跡群の世界文化遺産認定をめざす運動も、オリンピックを舞台とする縄文文化の発信も、海外への文化使節の役目を縄文土器や縄文土偶に託すことも、どれも「縄文ルネサンス」とよぶ現象の一例なのである。

第二点は、「縄文ルネサンス」は、考古学と無関係に、素人やアマチュアが勝手にやっている、考古学者にとっては理解不能で迷惑千万な現象ではないということである。考古学という学問や考古学者の調査研究も、「縄文ルネサンス」の一部である。しかし、あくまでも「その一部」であって、考古学者だからといって専門家として特権をもつわけではない。縄文土器の編年や型式の知識もないような一般人と同じように「その一部」をなしているのである。この二つの点を確認するならば、「縄文ルネサンス」が、考古学者と考古学ファンだけが参加している「オタク的」な考古学の世界の現象というわけではないし、あるいは考古学の世界の外で「トンデモ縄文」が暴走している珍現象ということでもないことをわかっていただけるだろうと思う。

2 国宝になった縄文遺物

第一章の冒頭で、縄文時代の遺物で国宝になっているモノが発見された年、つまり出土年を話題にしたが、ここでは、それが国宝に指定された年（と重要文化財に指定された年）に注目してみよう。茅野市棚畑遺跡出土の縄文中期の《縄文のビーナス》は、一九九五（一九八九）年、十日町市笹山遺跡出土の縄文中期の《深鉢形土器》五七点ほか（火焰型土器一四点と王冠型土器三点を含む）は一九九九（一九九二）年、函館市著保内野遺跡出土の縄文後期の《中空土偶》は二〇〇七（一九七九）年、八戸市風張1遺跡出土の縄文後期の《合掌土偶》は二〇〇九（一九九七）年、舟形町西ノ前遺跡出土の縄文中期の《縄文の女神》は二〇一二（一九九八）年、茅野市中ッ原遺跡出土の縄文後期の《仮面の女神》は二〇一四（二〇〇六）年である。とっくの昔から国宝だったのかと思ったのに、国宝指定が意外に最近であることに驚くのではないだろうか。

まずそもそも国宝とか重要文化財とは、何を指すものなのだろうか。法隆寺金堂壁画の焼失がきっかけとなって一九五〇年に制定された「文化財保護法」（現行の改定法は二〇一九年四月施行）によれば、「文化財」は有形文化財、無形文化財、民俗文化財、記念物、伝統的建造物群を含む。そのうち「有形文化財」とは、「建造物、絵画、彫刻、工芸品、書跡、典籍、古文書その他の有形の文化的所産で我が国にとって歴史上又は芸術上価値の高いもの（これらのものと一体をなしてその価値を形成している土地その他の物件を含む。）並びに考古資料及びその他の学術上価値の高い歴史資料」（傍点引用者）を指す。その「有形文化財のうち重要なもの」が重要文化財であり、「重要文化財」のうち「世界文化の見地から価値の高いもので、たぐいない国民の宝たるもの」が「国宝」ということになっている。

縄文時代のモノとしては国宝第一号の《縄文のビーナス》は、一九八六年に出土し、三年後に重文、そして九年後の一九九五年に国宝指定とかなり早いスピードで「たぐいない国民の宝」へと昇進したわけだが、三内丸山遺跡の大型掘立柱建物跡の発掘をめぐるマスメディアの報道が一九九四年だったことを考え合わせると、一九九〇年代にはそれまでの縄文イメージを書き換えるような発見が目白押しだっただけでなく、九〇年代の半ばには、日本の文化や歴史の中での縄文の位置づけに関して大変化の兆しが現れはじめていたことがわかる。弥生時代のモノとしてはじめて一九五一年に国宝指定されたのは《袈裟襷文銅鐸／伝讃岐国出土》だったが、それに遅れること四四年、ようやく縄文時代の考古資料に国家が国宝としてのお墨つきを与えたというわけである。先に見たように、国宝や重文として認定されるための条件は、歴史上、芸術上、学術上の価値とされているが、おそらく先史遺物が国宝となるには、芸術作品としての完成度が隠れた条件なのではないだろうか。というのも、国宝になった縄文遺物のうち五点が大型の完形の土偶であり、国宝になった笹山遺跡の火焰型土器を中心とする縄文土器群が実用性からかけ離れた外見をしていて、どちらもオブジェとしての完成度が高いと考えられるからである。つまるところ国宝は、標本や資料ではなく、宝物《ほうもつ》だということなのであろう。

さて、以上のように一九九〇年代に大きな変化の兆しが現れはじめていたとはいえ、二〇〇一年の東京国立博物館の展覧会『土器の造形——縄文の動・弥生の静』では、依然として一九五〇年代の縄文と弥生を対置する紋切型の図式が前面に出ていた。図録所収の解説は「移動を主とする生活を背景として作られている縄文土器の造形を「動」にたとえるならば、農耕による定着生活を基盤として作られている弥生土器は「静」の造形と表現できよう。いうならば、縄文の造形力、弥生の造形美と言換えることができよう」と書いている。移動と定住という生活スタイルが土器の造形にストレートに反映されているという解釈にも違和感があるが、そもそもこの時期になってなお「縄文時代＝移動生活」という定型句が残存していたことに驚かされる。図録の記述は、基本的に作品の造形の特徴を論ずる美術史的なものであるが、一九九〇年代の発掘の新知見が何ら反映されていないのは、どうしてだろうか。要するに、色々な点で、この展覧会は「縄文ルネサンス」以前に位置づけられる催しであり、同じ東京国立博物館を会場とする二〇〇九年から翌年にかけての『国宝土偶展』そして二〇一八年の『縄文——1万年の美の鼓動』展との距離を測る起点として役に立つ。

『土器の造形』展の時点で国宝だったのは、《縄文のビーナス》と笹山遺跡の土器群だけだったが、その後、二〇〇七、二〇〇九、二〇一二、二〇一四年とたてつづけに縄文時代の文化財が国宝に指定されていく。そしてまさにこの時期に「縄文ルネサンス」という社会現象が姿を現してくるのだが、そこで「引き金」として決定的な役割を果たしたのが、海外での展覧会であった。

3　縄文文化を「発見」した海外の展覧会

《縄文のビーナス》がはじめて海外に出たのは、一九九〇年暮から翌年にかけてのニューヨークのＩＢＭギャラリーでの『日本陶磁の源流展』（文化庁、ジャパン・ソサエティー共催）であり、国宝指定後、一九九八年九―一一月パリ日本文化会館を会場とした『縄文（JÔMON: l'art du Japon des origines)』展（国際交流基金、東京国立博物館、文化庁主催）にも出品された。どちらの展覧会も現地ではそれなりの反響はあったが、その反響が日本国内に還流することにはならなかった。それ以外にも、縄文時代のモノが海外で展示された例として、一九九二年に火焔型土器二点がワシントンのアーサー・M・サックラー美術館の『古代日本展』に出品され、一九九七年にはマレーシア国立博物館で『日本の原始美術――縄文土器』展が開かれた。二〇〇四年から翌年にかけてドイツのマンハイムとベルリンで開催された『日本の考古――曙光の時代』展の場合は、帰国後の二〇〇五年に『曙光の時代――ドイツで開催した日本考古展』が奈良国立博物館で開催されたが、国内で広く一般の関心をよぶには至らなかった。

その点で画期となったのはやはり、二〇〇九年九―一一月にロンドンの大英博物館で開催された『The Power of Dogu: Ceramic figures from ancient Japan』展（以下『土偶の力』展）だった（Kaner, ed. 2009）。この展覧会は、いくつかの点において前例がないものだった。第一に、それまでイギリスではほとんどまったく知られていなかった土偶に焦点を絞った点で画期的だった。第二に、《縄

『The Power of Dogu』展（大英博物館、2009）図録表紙

文のビーナス》、《中空土偶》、《合掌土偶》という三点の国宝に加えて、この段階ではまだ重要文化財だったが後に国宝指定を受けた《縄文の女神》と《仮面の女神》も出品されていた。つまり縄文土偶のナショナルチームが渡英したのである。第三に、九月一〇日から一一月二二日の会期を終えて帰国した後、ただちに解散せずに、一二月から翌年の二月まで「文化庁海外展　大英博物館帰国記念」として『国宝土偶展』が東京国立博物館で開催された。この凱旋公演がもった意味は計り知れないほど大きかった。ロンドンの観客にとって「土偶初体験」が第一級のものだったのと同様に、日本の観客にとっても、国宝級の土偶五体に同時に遭遇するという稀有の体験だったからである。

　まずは大英博物館の展覧会に目を向けてみよう。二〇〇九年の秋のロンドンで、三点の国宝をはじめとする六七点の土偶をこぢんまりとした二部屋に展示した展覧会に、二か月半の会期中に七万五千人の来場者があった。この展覧会の来場者についてインタビューや観察などによって実施した調査の報告書（MORRIS HARGREAVES MCINTYRE 2009）によれば、展覧会は大成功で、アートや陶芸や考古学などに専門的関心をもっていた人々を惹きつけただけでなく、予備知識なく来場した人たちのなかにも日本の古代文化への関心を生み出し、多くの観客に「情緒的で精神的」な満足をもたらすものだったとしている。一言でいえば、日本でそんなに昔にこんなに高い技術の素晴らしいモノが作られていたなんて驚きだった、日本の文化そして人類の歴史についての見方が変わったというのが一般的な反応だった。成功の背景には、展示方法の工夫等も指摘されているが、何よりもそれまで海外に出ることがなかったような一級品がまとめて展示されたことが決定打だった。土偶の用途等について不明な点は不明としているキャプションが概ね好意的に受け取られた一方で、アートとしての土偶を前景化した展覧会であるために、土偶を製作、使用していた社会についての説明が不足していて、それに不満をもらす声もあったようだ。また来場者がこの展覧会をアートの展覧会と考古学の展覧会のどちらと受け取ったのかに大英博物館側は関心をもっていたが、実は多くの観客は截然とした区別をしていなかったという興味深い結果も出ている。

この報告書から読み取れるのは、先史時代のアートの展覧会として大成功で、土偶を通じて日本の文化や歴史についての評価もさらに高まったが、縄文時代の人々の暮らしや社会についての理解という面では、来場者が得たものは必ずしも多くはなかったということである。それは展覧会のテーマが土器ではなく土偶に焦点を絞られた時点ですでに予測可能なことだっただろう。土偶は用途が不明であるがゆえに実用的な道具に比べて日常生活からの隔たりが大きく、他方で、そのオブジェとしての完結性ゆえに美術品として受け入れられやすいからである。

この展覧会は、また別の点でも、先史時代を対象とする考古学の展覧会と違っていた。それは、〈後世の人の眼に映る先史遺物〉や〈現代という文脈における先史遺物〉という視点である。実はこの特色は、翌年の夏にイギリスのノリッチのセインズベリー視覚芸術センター（イーストアングリア大学）で開催された『Unearthed』展（以下『出土したもの』展）の場合には、よりいっそう明瞭だった。しかしこの特色は、どちらの場合も、展覧会自体よりむしろカタログのほうにはっきり出ていたようである。広範な公衆を相手にする展覧会の場合は制約があって、書籍のほうが革新的実験が可能だということであろうか。

『出土したもの』展では、縄文土偶と西南ヨーロッパのバルカン地方の新石器時代（紀元前六千五百―紀元前三千五百年）の「土偶（figurine）」を、ミニチュアのフィギュアなど人形や人形めいた現代のモノと並べて展示することで、考古学の通常の展示では提起されないような問いを提起することが試みられていた。観客は地理的にも時間的にもかけ離れた展示物を比較して見ることを奨励されていた。つまり考古学者の御高説を拝聴するかわりに、自分で考古学者のように考えてみようという趣向だった。全体として、考古学という学術的文脈を離れて、人類にとって土偶的なモノがもつ意味についての省察を誘うという点で、この展覧会はひじょうに画期的だった。しかし他方で物議をかもしたことも事実のようである。というのも、展示された現代のモノのなかには、セクシュアルな人形やフェティシズムを連想させるようなモノも含まれていて、注意深く敬意をもって扱うべき先史時代の土偶を不適切なモノと混在させて展示すべきではないというクレームを綴ったメールも寄せられた。多様なモノの写真や文章をコラージュしているカタログ（Bailey et al. eds. 2010）は、むしろ問題提起を狙って、そのクレーム・メールも再録している。仮にセックスとかフェティッシュの問題が絡まなくても、考古学遺物とそれとは無関係な現代のモノを同じ展覧会で並置することに対する異論や抵抗は珍しいことではない。実際、この展覧会は、『土偶の力』展とは違って、日本に巡回しなかっただけでなく、日本で報道されることも、広く話題になることもなかった。それはある意味では残念なことだったが、日本のメインストリームの考古学にとってはあまりに実験的すぎて、扱いに困ったというのが実情なのだろう。

他方、ロンドンの『土偶の力』展では、〈後世の人の眼〉や〈現代という文脈〉という着眼は、展示ではあまり目立たないものとなっていたが、カタログ所収のニコル・クーリッジ・ルマニエールの「近現代《モダン》日本で土偶を再発見する」という論文（Rousmaniere 2009）に明瞭に示されている。そこでは、幕末明治を生きた蓑虫山人（一八三六―一九〇〇）という好古家が土偶を愛蔵していたことや、戦前のパリでモースの下で学んだ中谷治宇二郎がバタイユの『ドキュマン』というアバンギャルド雑誌に掲載した縄文土偶についての論考、それに岡本太郎、民藝運動の芹沢銈介や川端康成が愛蔵していた土偶、さらに諸星大二郎、星野之宣、西川伸司といった現代の漫画家の手になる土偶が登場する作品などを取り上げて、縄文時代から時代を隔てた後世における土偶の再発見、いわば縄文土偶の「第二の生涯」について詳しく論じている。

こうした論点は、縄文時代における土偶の意味と機能を明らかにするという考古学の目的からすれば副次的なことであり、前述の二〇〇一年の『土器の造形――縄文の動・弥生の静』の展示では考えもつかないことであろうし、実は『国宝土偶展』でも見られない。そうした〈後世の人の眼〉や〈現代という文脈〉というパースペクティブが国立博物館を舞台にわずかながらも表面化するのは、二〇一八年の『縄文――1万年の美の鼓動』展を俟たなければならない。他方、それを先取りするような注目すべき展覧会が二〇一二年に日本国内で開催された。滋賀県の山中のミホミュージアム（MIHO MUSEUM）で開催された『土偶・コスモス』展がそれであり、カタログには、ルマニエールが「現代の土偶現象」という文章を寄稿している。同展には「縄文に魅せられた現代文化人」というセクションもあり、民藝運動の柳宗悦、芹沢銈介、濱田庄司や、岡本太郎や宗左近や川端康成、そして星野之宣の愛蔵品や作品を取り上げている。

国内の展覧会については次節で扱うが、その前に、海外で開催された土偶展の意義について、しばし立ち止まって考えてみたい。国内各地の博物館で、「大英博物館出展品」といったキャプションがつけられた展示物を見ることがある。例えば新潟県長岡市の馬高縄文館に、「大英博物館特別展示二〇一二年一〇月四日―二〇一三年一月二〇日出展資料」というキャプションの添えられた岩野原遺跡出土の火焔型土器と王冠型土器が展示されていた。火焔型土器の名前の由来となった《火焔土器》が出土した馬高遺跡にある博物館なので、火焔型も王冠型もたくさん展示されているなかで、「大英博物館帰り」は突出した優品とも見えないのだが、このキャプションが添えられることで特別感が醸し出されている。「オリンピック出場」に似た意味合いで、「お墨つき」として機能しているのである。大英博物館を会場とする『土偶の力』展が、そのような認知の場だったことは明らかであろう。もちろんそこに出展されていた土偶は、比類のない個性をもつ超一級品なので、西洋で箔をつけてもらう必要はさらさらなかった。とはいえ、東京国立博物館での『国宝土偶展』に麗々しく銘打たれた「文化庁海外展　大英博物館帰国記念」という肩書の効果は否定できない。『土偶の力』展と『出土したもの』展の双方に関わった考古学者サイモン・ケイナー（セインズベリー日本藝術研究所現所長）は、「日本では、国外で関心をもたれ高く評価されると、特定のモノの範疇の文化的価値が大いに高まる。土偶の場合もそうで、特別にあつらえた東京国立博物館での里帰り展覧会において縄文スーパースターになったのである」（Kaner 2018）と書いているが、まさにその通りである。

欧米での評価が国内での評価を高める「ブーメラン効果」がたんなる「お墨つき」にとどまらず、グローバルなパースペクティブの下での縄文時代、縄文文化の再認識という積極的な意味をもつことにも注目したい。同じ文章のなかでケイナーは、二〇〇九年の『土偶の力』展のために、いまでは国宝になった二つの土偶を擁する長野県茅野市の市長が渡英した際に、彼自身や多くの茅野市民にとって「親近感のもてない大昔の妙なモノでしかないものに地球の反対側の人々がなぜ関心をもつのか」知りたいという理由で（セインズベリー日本藝術研究所のある）地方都市ノリッチ訪問を希望したことに驚いたと記している。茅野市は後述するように、この市長の下で二〇一〇年に「縄文プロジェクト構想」を

大英博物館で展示された馬高縄文館（長岡市）の火焔型土器

発表し、一四年から「縄文プロジェクト」として本腰を入れて、縄文文化を活かした町づくりに熱心に取り組んでいる。そうした現状と渡英前の認識との隔たりを考えると、海外（特に欧米）の目を経由することで地元の文化財の価値が格上げされたことがわかる。前掲の文章につづけてケイナーは、「自分たちの考古学的遺産が国際的な場においてもちうるインパクトへの地方の自治体上層部の関心は、自らの利益を追求し、ローカルそしてナショナルなアイデンティティを蘇らせるために文化を活用する「ソフトな」あるいは「文化的な」外交としばしばよばれるものに関与しようとする日本でみられる広汎な動きの一部をなしている」とまとめている。この指摘も核心を突いている。後で見るように、地方自治体が（たまたま管轄地域内に立地あるいは出土した）縄文文化の遺産を活用する具体的な方法は様々だが、それを現在の住民のアイデンティティへと接続しようとする関心が「日本でみられる広汎な動き」であることは間違いない。

4　国内の展覧会で縄文遺物と遭遇する

すでに触れたように、大英博物館の『土偶の力』展の凱旋公演として、「文化庁海外展　大英博物館帰国記念」という肩書の下、二〇〇九年の一二月から一〇年の二月にかけて東京国立博物館で『国宝土偶展』が開催された。同年度に開催された『国宝阿修羅』展、『皇室の名宝』展、『長谷川等伯』展には及ばなかったものの、予想を超える総数十二万人の来場者があった。ナショナルチー

『国宝土偶展』(東京国立博物館、2009-10)

ム解団前の帰朝記念公演も、大成功だったのである。

カタログ表紙の中空土偶の写真にかぶせてDOGUの文字があり、裏表紙にはTHE POWER OF DOGUの文字があるように、この二つの展覧会は一体のものである。しかし日本では、イギリスでは強調されていなかった「国宝」の文字が付加されていることも注目される。大英博物館のカタログ(Kaner,ed. 2009. 以下「赤本」)の赤い表紙に載っているのが当時はまだ国宝ではなかった茅野市中ッ原遺跡の《仮面の女神》であるのに対して、東京国立博物館のカタログ(以下「白本」)の白い表紙では国宝の《中空土偶》であるのも、「国宝展」ゆえの配慮であろう。

二つの展覧会のカタログの構成は大きく違うわけではないが、担当キュレーターをはじめとして執筆者も違い、その結果、微妙な力点やニュアンスの違いがある。図版部分は、主要展示品が同一であることを反映して、基本的に「国宝」と「多様性」と「土偶以外」という三部構成になっている。赤本の章構成は、「土偶に出会う」（サイモン・ケイナー）、「土偶――縄文列島で身体を表す」（土肥孝）、「壊され祀られた土偶――縄文世界観の痕跡」（原田正幸）、「著保内野土偶：函館の後期土偶を理解する」（ダグラス・ベイリー）、「近現代《モダン》日本で土偶を再発見する」（ニコル・クーリッジ・ルマニエール）、そして作品図版部分が「土偶――国宝」、「土偶の進化」、「縄文変形」の三部に分けられている。それに対して白本は、「土偶の造形表現と祭祀の〝かたち〟」（原田正幸）が巻頭に置かれ、図版が三つの章に分かれ、それぞれにコラムが二つずつ掲載されている。第1章「土偶のかたち」には、「大英博物館と坪井正五郎――土偶研究の黎明期」（原田正幸）と「切手や駅になった土偶たち」（同）、第2章「土偶芸術のきわみ」には、「土偶研究最前線　CTスキャン」（阿部千春）と「いろいろな文様」（品川欣也）、第3章「土偶の仲間たち」には、「縄文時代の仮面」（品川欣也）と「縄文時代の動物形土製品」（同）、そして最後に「土偶の出土状態からみたその役割と縄文人の精神世界」（井上洋一）となっている。全体として、赤本が縄文文化という文脈と同時に近現代からの眼差しという「文脈化」にも重きを置いているのに対して、白本は基本的に土偶の考古学的研究へと絞り込まれているという印象である。

展示方法に関しては、カタログ以上に違いが大きい。私は大英博物館の展示を実見してはいないので、写真も含めて各種資料から推測するしかないのだが、こぢんまりしたスペースで穏やかな照明の下で見通しのよい展示がなされている。それに対して東京国立博物館では、天井の高い広い展示室で、しかも暗い中で展示品を照明でシャープに浮かび上がらせる手法が取られていた。後者は、いわゆる「ブティック的」とよばれる美術品の展示の照明法のひとつだが、縄文遺物に関しては、一九九八年にパリの日本文化会館で開催された『縄文』展で使用されたものであり、展示品を展示全体の文脈に位置づけるというよりは、単品としてのオブジェへと見る人の注意を絞り込む。

ここで大英博物館との対比を離れて、『国宝土偶展』を同じ東京国立博物館の二〇〇一年の『土器の造形』展と比較してみると、その対照性は驚くべきものである。後者のカタログの図版部分は、「I　縄文土器の造形」、「II　縄文の偶像――土偶・土製品」、「III　弥生土器の造形」、「IV　縄文土器の精華」の四部で構成され、縄文土器も土偶も基本的に時系列順に配置されている。類似した土偶はまとめられていて、国宝《縄文のビーナス》さえも標本としてそのなかに埋没している。この展覧会は縄文だけでなく弥生も対象としており、土偶よりも土器が主役なので、結果として違った展示になるのは当然なのだが、そのことを考慮した上でなお感じられるのは、『土器の造形』展が考古学に関心のある人に向けて遺物の多様性や変遷を示すことを意図していることである。それに対して『国宝土偶展』は、海外展の余勢をかって、土偶それぞれの個性を際立たせる方向へと舵を切ったとはいえ、まだ「国宝であるがゆえの際立つ個性」の強調にとどまっていた。それが二〇一八年『縄文――1万年の美の鼓動』展となると、標本としての代表性から作品としての個別性の方向へとさらに加速したということができるが、それについては、また後で触れることになる。

つぎに目を向けるのは、二〇一二年の九月から一二月まで滋賀県甲賀市信楽町にあるミホミュージアムで開催された『土偶・コスモス』展である。「奇想の系譜」の発見で有名な日本美術史家辻惟雄館長の下、縄文研究重鎮の小林達雄の協力を得て実現したもので、展示品の陣容としては、けっして東京国立博物館のそれに引けを取らない。開催趣旨を述べたカタログの「ごあいさつ」では、『土偶の力』展と『国宝土偶展』に言及した上で「今や土偶は、他に類を見ないその表現の独自性と造形の多様さで、世界の考古学者や芸術愛好家の注目を集めつつあります」、そして同展は「こうした土偶のもつ不思議な魅力と迫力を、より幅広く考古・美術愛好者の双方に伝えようとするものです」とあるが、この前口上より、それにつづく「近年、当館に近い滋賀県琵琶湖東方の遺跡から、日本最古と推定される紀元前一〇〇〇〇年をさらに遡る土偶が発見されたことも、展覧会開催の契機となりました」という追記のほうが、実はこの展覧会のメインテーマを表している。このひじょうに古い、四肢も頭もなく胸だけの、掌にすっぽりと収まるような小さな土偶が順路の起点あたりに展示され、最初の部屋には完形の土器群にまじって、大きく壊れた遮光器土偶の断片が展示されていた。大きくて完形の国宝土偶ではない、小さかったり欠損したりしているその他大勢の土偶の声に耳を傾けようという意図が、展示からは感じ取ることができ、その意味では「入門篇」というよりは「中級篇」という感じだった。実際、コアな縄文ファンは交通の便がよくない山中の（宗教の総本山のような）美術館に「巡礼」したが、首都の国立博物館の凱旋公演とは違って、広く一般の人々のあいだで評判になるというわけにはいかなかった。

「縄文ルネサンス」の始まりという点では、実は、国宝土偶が展示されたりすることはなくても、縄文への関心が考古学以外の領域へと徐々に浸み出していったという意味で注目に値する展覧会が、二十一世紀に入って各地で開催されていたことについても触れておくべきだろう。その嚆矢が、二〇〇〇年の新潟県立歴史博物館（長岡市）の柿落としの展覧会『「火焔土器的こころ」ジョウモネスク・ジャパン』だった。二〇〇一年には千葉県船橋市飛ノ台史跡公園博物館で『縄文コンテンポラリーアート展』が開催され、これは現在でも『縄文コンテンポラリー展』と名を変えて継続している。二〇〇六年には三内丸山遺跡に隣接して建設された青森県立美術館（青森市）で、開館第二弾の展覧会として『縄文と現代――二つの時代をつなぐ「かたち」と「こころ」』が開催された。前二者は考古学の博物館、後者は美術館を会場とするものだが、縄文遺物を現代アートと出会わせる試みという点で共通していた。実は現在でも、博物館の考古学者と現代アートの制作者とのあいだには、容易には越えがたい溝が横たわっているのだが、二十一世紀初頭のこの時期にこのような野心的な展覧会が構想された理由は何なのか。経緯はそれぞれだが、それまでになかったような領域横断的な交流が徐々に始まりつつあったのである。その背景として、岡本太郎の呪縛が、「縄文土器論」から半世紀を経て、ようやく解けはじめつつあったことを指摘できるだろう。つまり縄文と現代アートといえば紋切型のように岡本太郎の名が口にされる状況から離脱しはじめて、もっと色々なかたちで縄文のモノが現代アートと出会いはじめた、その移行を印づける事例として、これらの展覧会を位置づけてみることができるのではないだろうか。

とはいえ実は、岡本太郎は忘れ去られたわけではなかった。それどころか、一九九六年の没後、太郎巫女を自称した養女の岡本敏子の奮闘もあって、華々しい復活を遂げたのである。絶版の本が何冊も復刊され、民俗学や美術史学の論客たちが競うように「太郎論」を出版した。二〇〇三―二〇〇八年にはメキシコで行方不明になっていた壁画《明日の神話》が発見されて修復され、二〇〇八年に渋谷マークシティの連絡通路に恒久設置された。二〇〇九年には国立科学博物館で特別展『一九七〇年大阪万博の軌跡二〇〇九in東京』が、一一年には東京国立近代美術館で『生誕一〇〇年　岡本太郎展』が開催され、一六年には縄文土器と岡本の作品を同じスペースに展示する『生きる尊厳――岡本太郎の縄文』展が岡本太郎記念館で開催され、一八年には、修復を経て、太陽の塔の内部公開が始まり、『太陽の塔』という映画も公開された。

しかし「縄文ルネサンス」という社会現象は、ひとりのアーティストの影響下に収まるようなものではない。岡本太郎のようなマルチ人間であっても例外ではない。「縄文ルネサンス」のなかでは、〈縄文と現代アートといえば岡本太郎〉という神話は、二十世紀後半にもっていたような神通力をもはや喪失したのであり、またぞろ岡本太郎を担ぎ出そうとする輩がいるとするならば、それは彼を「伝統」として崇拝するアナクロニズムというしかない。

5　溢れ出す縄文文化論

「縄文ルネサンス」の出現形態のひとつとして出版物の増加がある。いまや本は売れない、出版業は先細りと言われても、少なくともあと数十年はモノとしての本の重要性は失われることはないだろう。書籍の将来についての考察は別の機会に譲るとして、ここで強調したいのは、つい二十年ほど前の縄文関連本の出版状況、つまり考古学の専門出版社から専門家やコアなファンを対象とした地味な装丁の本が出るだけだった状況と比較したとき、信じられないような数の一般読者向けの縄文本が出版されはじめたことである。出版状況の網羅的分析は難しいが、ここで、二〇〇四年に刊行された写真家の小川忠博の『土の中からでてきたよ』（小川　二〇〇四）をひとつの目印、そして同じ著者が一三年に出した『縄文美術館』（小川　二〇一三a）をもうひとつの目印として検討してみよう。前者の帯には「五〇〇〇年前の豊かな暮らし　大人も子どもも考古学へいざなうユニークな写真絵本」とあるが、タイトルからも推測できるように、基本的に児童生徒向けの写真絵本という体裁の本である。それが九年後の『縄文美術館』の「あとがき」では、「この一〇年は、博物館、資料館などで、ひっそり眠っている縄文人の生活関連資料を〔……〕撮影し、「縄文人の生活と美」を集成する本書を作ることが出来ました」そして「本書の製作は、専門用語をさけ一般書に近い編集」をしたと書いている。「一般書に近い」という言い回しに、一般読者向けの縄文本出版への躊躇いのようなものがまだ感じられる。しかし、それから五年経った二〇一八年には、同書の改訂新版（小川　二〇一八）が刊行された。二〇〇四年から一四年を経て、タイトルに美術という言葉が入っている縄文本が一般書として本屋に複数冊置かれ、ときには平積みにされたりしている。こうした変化こそ、出版という領域における「縄文ルネサンス」の表れだった。『縄文美術館』が刊行された二〇一三年には、「別冊太陽　日本のこころ」二一二号として『縄文の力』が発行され、その前年には『芸術新潮』一一月号で「縄文の歩き方」を大特集した。前者では「自然との共生を一万年続けた縄文コスモロジーの英知」、後者では「豊かな縄文ライフを知るとっておきガイド」のキャプションが表紙を飾っている。ここにすでに「自然との共生」、「一万年続けた」、「豊かな縄文ライフ」というキーワードが出揃っていることに気づく。一般向け縄文本の出版状況をざっと見ただけでも、縄文本が商品価値をもつようになってきていることがわかる。従来の意味での「考古学ファン」とはとうてい呼べないような一般読者が縄文本を買うようになってきたのである。ではそうした縄文本に載っている縄文のイメージはどのようなものであろうか。

縄文時代を専門に調査研究してきた考古学者の目には「縄文ルネサンス」は、どのように映っているのだろうか。ブラジルでフィールドワークをしてきた私のような文化人類学者からすれば、日本国内で発掘調査をしている考古学者の場合、考古学ファンの関心も高いし、マスメディアも報道してくれるし、はるかに恵まれているだろうと想像する。しかし必ずしもそうとはいえず、あくまでもそれは「世紀の大発見」の場合だけのようだ。発掘しても保存されない遺跡の報告書を作成している地道な日常に明け暮れていた身からすれば、一般人が考古学しかも縄文考古学に関心をもちはじめている千載一遇のチャンスに見えるかもしれない。しかしその一方で、英語でいえば「ミックスト・ブレッシング（mixed blessing）」つまり、嬉しさと困惑がないまぜになっているみたいなところもあるのではないか。自分たちが限られたデータにもとづいて堅実に研究を積み重ねているのに、素人の皆さんが言いたい放題の勝手な解釈を垂れ流して迷惑千万、こんな妙な状態は早く終わってくれないだろうかと思っている考古学者もいるかもしれない。

ここでは「縄文ルネサンス」が縄文考古学者それぞれの生活をどのように変えたかという興味深いが調べようのないことを詮索する代わりに、堰を切ったように出版されているようにみえる縄文本のうち専門家が書いた一般向けの書籍で、どのような縄文イメージが提示されているのかについて考察を試みたい。練達の考古学者たちが出版した縄文文化論について、縄文には素人の文化人類学者が彼らの逆鱗に触れずに論ずるというのは、至難の業である。そのことを肝に銘じつつ、偏りを覚悟で、どのような縄文文化像が、専門家から一般人に向けて発信されているのか、その風景を見てみよう。網羅的に取り上げるのは不可能なので、新書など一般向けの書籍を複数刊行している何人かに考古学コミュニティを代表してご登場願うことにする。まず小林達雄の『縄文の思考』(二〇〇八)と『縄文文化が日本人の未来を拓く』(二〇一八)、つぎに岡村道雄の『縄文人からの伝言』(二〇一四)と『縄文の列島文化』(二〇一八)、瀬川拓郎の『アイヌと縄文』(二〇一六)と『縄文の思想』(二〇一七)、そして大島直行の『月と蛇と縄文人』(二〇一四)と『縄文人の世界観』(二〇一六)を順次取り上げることにする。最初に断っておくが、相違点、対立点を浮彫りにすることを意図しているわけではない。縄文ルネサンスのなかで、縄文を専門とする考古学者たちが全体として、社会に対してどのような縄文イメージを発信しているのかを大摑みに捉えることが、ここでの目的である。

小林達雄は、季節に応じた生業のパターンを示した「縄文カレンダー」、縄文土器の「器放れ」、儀礼や祭祀で使われる「第二の道具」といった新語や、土偶は人間ではなく「ナニモノカ(精霊)」の表象であるとか、土偶はあらかじめ壊すことを前提に「チョコレート板」のように作っているといった印象的な用語をたくさん生み出しているが、ここでは「自然との共存共生(さらには共感共鳴)」、それと結びついた「ムラ・ノラ・ハラ」という区分に光を当ててみる。定住してムラは作ったが、農耕をはじめてノラを作ることはしなかった縄文人が、ムラを取り囲むハラを利用しつつ営んでいた生活スタイル、小林の言葉では「縄文姿勢方針」つまり「自然界の多種多様なものを利用することによって生活の安定を確保する」（小林 二〇一八：二〇八）スタイルは、旧石器時代の移動する狩猟採集民とも、定住して水稲栽培をする弥生人とも違う、自然との関係のあり方であり、それが一万年に及ぶ安定した生活を可能にし、その根底にあるのが「縄文の思考」だというのが小林の縄文文化観の基本であり、さらにそれが「文化遺伝子」（同書：五）あるいは「日本人的心の基盤」（同書：一三八）として現代にまで受け継がれており、「縄文文化から、今の時代の私たちの生き方をもう一度照らし出していく必要がある」（同書：二〇九）と言う。

岡村道雄は、縄文時代には、私たちの祖先が各地の自然環境に合わせて築いた安定した社会が一万年以上も維持されていたとし、それをユートピアとよぶ。なんと、その「縄文的生活文化」は、「昭和三〇年代からの高度経済成長、列島改造などまでは色濃く保たれていた」（岡村道雄 二〇一八：七）という。その「縄文的生活文化」の顕著な現れとして里海、里山という人間が手入れして利用しつづける生態系、つまり各地の特色ある地域文化が他地域との物資の交換を行いつつも半世紀ほど前まで長期にわたって継続してきたというのが岡本の基本認識のようだ。それを未来に伝え、今日に活かすために岡村は「縄文ユートピア論」を唱える（同書：一）。

瀬川拓郎は『アイヌと縄文』で、「北海道の縄文人は、弥生化をうけいれて農民となる道ではなく、縄文伝統の上に立って交易のための狩猟に特化していく道を選択した」のであり、その意味で「弥生文化を選択した縄文人の末裔つまり私たちにとって、アイヌの歴史はありえたかもしれない、もうひとつの歴史といえるのではないか」と問題提起し、アイヌが「最後まで守ってきた縄文思想、つまり私たちの原郷の思想とは何だったのか」を考えたいと言う（瀬川 二〇一六：一二）。それを承けて『縄文の思想』では、縄文思想は北海道のアイヌのなかだけに残ってきたのではなく、弥生時代以降も、アイヌだけでなく、本州の海民や南島の人々も主体的にそれを選び取って受け継いできていて、お互いに海を通じて活発な交流を継続してきており、その意味で「縄文は失われた過去ではなく、周縁の人びとの生を律する思想として、かれらのなかに生き残ってきた」のであり、「その生の様式をとおしてもうひとつの日本列島人の歴史を描くこと」を目的としたいと書く（瀬川 二〇一七：九）。その「縄文の思想」とは端的にいえば、自然と共存し、動物と濃密な関係を保ち、移動性に富み、呪力や霊力を司り、贈与の関係に執着し、自由、自治、平和、平等を重視する思想のことである。

大島直行は、ドイツの日本学者ネリー・ナウマンの『生の緒』（二〇〇五）に全面的に依拠しつつ、縄文人の世界観のもつ神話的思考に目を向けることで明らかになるのは、縄文人の生をつらぬく「再生の思想」であり、それが月を取り巻くシンボリズムを通して様々なかたちで表現されていると説く。土器も土偶も石器も竪穴住居も墓穴も貝塚も盛土もストーンサークルも、再生のシンボルである月の水を蛇が子宮にもたらして再生が実現するという思想を表現しているのだと言う。縄文文化を生きた人々にとって「再生信仰と深く結びついた月のシンボリズム」（大島 二〇一四：一〇一）が仮に重要であったとしても、縄文時代の文化には、それだけでは説明し尽くせない豊穣な多様性があることも確かであろう。大島は大胆にも「農耕文化や文明の影響をまったく受けずに、「人間の根源的なものの考え方」がこれほどしっかりと一つの文化として残されているのは、おそらく世界の中でこの縄文文化だけではないでしょうか」と言い切る（同書：二六七）。

以上に縄文文化を専門とする考古学の重鎮たちの近著を概観してみたが、それぞれの特色ある持論にはここでは深入りしない。全体を見渡してみれば、縄文の思考や思想や世界観が実は弥生時代における水稲耕作の導入以降もけっして消滅してしまったわけではないという認識が、いわば通奏低音として響いている。そしてその脈々と生きている「縄文」が肯定的に捉えられ、それは現代（日本）社会が患っている病を治す処方箋としてイメージされているのである。それはあたかも自らの内にある縄文を活性化させて癌を撲滅する免疫療法のようなぐあいであり、それを説く考古学者は、「縄文の伝道師、施術師」のように見えてくる。「縄文文化が日本の未来を拓く」、「縄文人からの伝言」という書名や、「縄文は生きている」、「縄文ユートピア論」、「われわれはどこから生まれ、どこに向かおうとしているのか？」といった帯の宣伝文に改めて目をやれば、遠い昔の縄文時代についての解説だけでなく、現代人に向けてのメッセージを期待する読者の姿を出版社が想定していることがわかる。

第四章　縄文を活かして現代社会を変える

1　縄文文化を代表する三つの地域圏

それぞれの地域の縄文文化

すでに見たように「縄文文化」の始まりと終わりの時期については、専門の考古学者のあいだでも議論がある。土器を作りはじめたのが旧石器時代となれば、それはまだ縄文土器ではない。弥生時代の開始をもって縄文時代が終了するという図式も、「植物栽培」とよんで差し支えないかもしれない管理がそれ以前から始まっていて、水稲農耕の各地への普及にはかなりの時間差があったとなると、境目がぼんやりしてくる。つまり、研究の進展につれて、旧石器時代から縄文時代そして弥生時代への移行が、非連続的というよりは漸次的な推移のように見えてきている。終わりの頃の縄文文化は意外なほど弥生的で、初めの頃の弥生文化は思いのほか縄文的なのである。

縄文文化の空間的境界については、現在の国境が、縄文時代においても現在と同じ意味で文化的・社会的に重要な境界だったと考えることはできない、というのが考古学者の共通認識であろう。「日本の縄文文化」という何の気なしに使われている言い方も、「縄文時代の日本国」というものが存在していなかった以上、誤解を招きかねない言い方である。そうした後世に成立した日本という国家の枠組に囚われることなく虚心に考えれば、縄文文化とよばれるものは、東アジアの新石器文化という大きな枠組の中で、他の隣接文化と交流しつつ日本列島を舞台として発展した地域的な文化ということになる。

さらにより根本的な問題だが、単一の同質的な「縄文文化」という実体が一万年ものあいだ存在しつづけていたと考えてよいのか、あるいは類似した多数の文化が各地で前後して花開いたと見ることもできるのではないか。しかしこの「縄文文化の多数性」という問いは、「一万年間続いた縄文文化」を寿ぐ縄文ルネサンスの祝賀ムードのなかでは、表立って取り上げられることは、ほとんどない。しかし考古学者たちのあいだでは、実は縄文文化を十把一絡げで論ずるような議論は行われていない。実際、最新の研究成果にもとづく『縄文時代の歴史』(山田　二〇一九)では「縄文文化とは、日本列島域の各地で展開した多様な文化の総称と言うことができる」(傍点引用者)と書かれているのである。また、日本列島の各地域の現状に目を凝らしてみても、住民が愛着を感じているのは、教科書の中に書かれている茫漠とした「縄文文化一般」というよりもむしろ「私たちの郷土の縄文遺跡・遺物」であるのが普通であり、「私たちの郷土の縄文文化」が他の地域・地方の縄文文化と比べて自慢の種でもあり大切にされている。このように現代の人々と縄文文化との関わりにおいては、「ナショナル(全国的)な縄文」と「リージョナル(地方的)な縄文」と「ローカル

（地域的）な縄文」が錯綜していることをまず認識する必要がある。そうした重層性に目配りをしながら、本章ではまず、縄文時代を代表する三つの地域圏における縄文ルネサンスについて、それぞれトピックを絞って見ていくことにしたいと思う。

縄文時代の遺跡、つまり生活の痕跡として確認された場所の分布は、日本列島を俯瞰すると、西日本に比べて東日本に偏在している。「中期の東日本（含む東海地方まで）における推定人口は二万七二〇〇人で、西日本（近畿以西、九三〇〇人）よりもおよそ二・四倍も多く、そのような東多西少の状況は縄文時代の早期以降変わらない」（山田 二〇一九：一四八）。人口分布については、確認された遺跡数にもとづいて推定されているわけだが、その背景に照葉樹林と落葉広葉樹林の違いなど自然環境やそれにともなう生態環境の違いなども指摘されていて、さらに気温の変動などと連動した時期的な変化も無視できないが、ここでは偏りの理由についての考古学的議論そのものには深入りしない。

東日本に対象を絞ってみると、さらにそこに、土器型式にもとづいて一定数の地域的かたまりを抽出することができる。そうした「様々な縄文文化」のなかで、本書では、三つの地域的な文化圏に特に光を当てて詳しく見ていくことにしたい。それは、「北東北・北海道南部地方」、「信濃川流域地方」、「中部高地地方」である。現在の行政区分の上でいえば、それぞれ北海道・青森県・秋田県・岩手県、新潟県、長野県・山梨県を想定してもらえればよいだろう。もちろん、それ以外の地域が重要でないというわけではなく、考古学的な価値という意味では第一級の遺跡や遺物が日本列島各地から出土している。しかし、ここ十年余の縄文ルネサンスという社会現象の観点から見ると、東京という特殊な場所を除けば、その密度、強度、継続性という点で、この三つの地域圏が、色々な意味で他を凌いでいる。一言でいえば、目立つのである。これには資料的な裏づけもあって、二〇一四年頃からグーグルアラートを利用して縄文文化関係の報道を日々フォローしてきたが、量的にもこれらの三つの地域圏は抜きん出ている。

それぞれの地域の縄文ルネサンス

縄文時代の文化と同様、現代日本における「縄文ルネサンス」という社会現象についても、おおまかにいって、ナショナル（全国的）なレベル、リージョナル（地方的）なレベル、ローカル（地域的）なレベルを区別することができる。ナショナルには、日本列島全体という空間的な面と、「日本人というネイション」という人々の帰属意識の面の両面がある。そうした二面性は、他の二つのレベルにもいえることだが、リージョナルは県もしくは複数の県にまたがる広域のレベル、ローカルは市町村もしくは複数の市町村を含むレベルに、ほぼ相当すると考えてもらってよい。そして当然のことながら、それぞれのレベルで参照点となっている特定の遺跡や遺物がある。例えば三内丸山遺跡や《縄文のビーナス》など、国の特別史跡に認定された遺跡や、国宝や重要文化財（重文）になっている遺物は、同時にナショナル、リージョナル、ローカルなレベルで参照点となっていることが多い。それに対して、全国的にはあまり有名でなくても、地元住民にとっては「私たちの縄文遺跡」、「私たちの縄文土器」、「私たちの縄文土偶」として掛け替えのない価値をもつモノも少なくない。他方、縄文ルネサンスのなかでも、特定の遺跡や遺物と深く結びついていない活動は、日本中の遺跡や遺物のなかからかなり恣意的に選んで参照点としていることが多い。つまり地域も時代もバラバラなものが一括りにされている。その場合、特色ある「地元の縄文」と密着した「ご当地ソング」のような強みや、「ご当地ゆるキャラ」のような親しみには欠けることになるが、その代わり著しく奔放で、ときには妄想的な「縄文イメージ」を羽ばたかせる余地が広がる。想像がつくように、後者のような「縄文ルネサンス」は、全国流通の出版物や、それ以上にインターネットと相性がよい。前にも述べたように好事家のネットワークは江戸時代にも見られたが、インターネットによって大々的飛躍《クワンタム・リープ》を成し遂げ、規模と速度と頻度を増している。

「縄文まつり」とワークショップ

それぞれの地域圏の縄文ルネサンスの実態に足を踏み入れる前に、全国に共通する草の根レベルの「縄文ルネサンス」の風景ともいえるものについて触れておきたい。遺跡が破壊を免れて、その上や近くに公園が整備されていて、復元住居や資料館なども併設されているような場合に、あちこちで開催されている「縄文まつり」とワークショップがそれである。「縄文まつり」は、たいていは年に一度か二度、夏か秋（月見）、ときには春や冬に開催され、夜祭りや火祭りとして行われることも珍しくなく、野外コンサートをプログラムに含むことも多い。ワークショップは、「縄文まつり」の一環をなすこともあるが、日常的に実施されていることもある。ワークショップの定番には「土器づくり」があり、状況が許せば「野焼き」が行われ、土器づくり体験に野趣を添える。このようなローカルなレベルの参加型の催しは、都会の大展覧会やインターネット上のイベントなどの対極にあって、後で見るように、現住民同士の親睦の機会になると同時に、現住民と遺跡を遺した縄文人との一体感が醸成される機会になりうる。縄文人が眺めた同じ山野に抱かれて暮らすという地縁が、「血のつながり」でないまでも「心のつながり」を生み出す。縄文ルネサンスが、マスメディアの上だけの一過性のものに終わらない理由は、このような「われらの内なる縄文人」体験という草の根に支えられているからである。

いまや休日や祝日ともなれば、全国各地で縄文に関わるイベントが開かれている。これまで数年にわたってモニターしてきた報道資料やウェブサイトを頼りに、日本列島を北から南へと駆け足でたどってみよう。青森県では、弘前市の大森勝山遺跡で二〇一六年八月に第三回の『大森勝山じょうもん祭り』が開催され、二〇一八年八月には、つがる市で、一〇回目になる『JOMON亀ヶ岡遺跡まつり二〇一八』が開かれた。二〇一八年一二月には、八戸市の八戸まちなか広場マチニワで『はちのへ縄文フェス』がはじめて開催された。秋田県では、二〇一八年四月には伊勢堂岱遺跡近くの湯車川で『カムバック縄文サーモン』と銘打ったサケの稚魚放流が行われた。岩手県に抜けると、二〇一五年八月に一関市藤沢町の「特設縄文村」で第四〇回の『縄文の炎　藤沢野焼祭』が開催され、約千点の陶芸を焼いた。福島県では、二〇一五年に全面開園した宮畑遺跡史跡公園「じょーもぴあ宮畑」で九月に秋まつりが開かれ、縄文時代をテーマにしたスポーツ大会『縄リンピック』が開かれた。群馬県では、東吾妻町の道の駅「あがつま峡」で二〇一八年一〇月に、同町で発掘されたハート形土偶のPRを目的に『土偶フェス二〇一八』が開かれ、栃木県の小山市にある寺野東遺跡を復元した「おやま縄文まつりの広場」では、二〇一六年八月に第一二回の縄文まつりが開かれ、茨城県美浦村の「陸平貝塚公園」では、二〇一七年一〇月に第二〇回『陸平縄文ムラまつり』が開かれた。特別史跡に指定された千葉市の加曾利貝塚では二〇一七年一一月に『縄文秋まつり』が催された。町田市で二〇一五年二月に『東京町田・縄文アートフェス』として縄文土器の野焼きや市内の縄文遺跡を巡るツアーなどが挙行され、新東名高速道路建設にともなって菩提横手遺跡（秦野市）で出土した中空土偶が二〇一八年八月に桜土手古墳展示館で特別展示された。山梨県では、二〇一六年一〇月に甲府市で『Jomon FES――山梨縄文まつり』が開催され、二〇一六年一一月に笛吹市の釈迦堂遺跡博物館で『しゃかどう縄文まつり二〇一六』が開催された。長野県では、二〇一五年一〇月には下諏訪町で黒曜石採掘地である星ヶ塔遺跡の現地見学会を開催。富士見町では、二〇一七年から同町坂上遺跡から出土して井戸尻考古館に展示されている重文の土偶のレプリカを活用して縄文文化を学ぶ小学校の授業が始まり、同町の富士見中学校は二〇一八年度から「体験を通して郷土愛を育む宿泊学習」のコースのひとつとして「縄文体験と土器づくり」を開始した。富山県の小矢部市の桜町JOMONパークで、二〇一五年一一月に古代の環状木柱列を再現した『縄文火占いまつり』が開催され、二〇一五年九月には福井県の若狭町鳥浜の縄文ロマンパークで『第一九回若狭縄文まつり』が開かれて丸木舟競漕などが開催され、石川県では、二〇一八年四月に能登町の真脇遺跡縄文館で復元石器を使って丸木舟をつくるワークショップが行われた。二〇一六年一一月には愛知県の田原市の吉胡貝塚史跡公園（シェルマよしご）で『縄文まつり』が催され、二〇一七年三月から愛媛県西予市の県歴史文化博物館で、上黒岩岩陰遺跡（久万高原町）の発掘の歴史をまとめたテーマ展が開催され、二〇一八年四月には岡山県新見市の猪風来美術館前広場で『第二六回春の縄文野焼き祭り』を開催。二〇一七年七月に佐賀市で『第七回東名遺跡縄文まつり』が開催され、二〇一八年七月には同市の東名縄文館で小学生向けの「縄文の貝アクセサリーづくり」が開かれた。

ここに挙げたものは、実際に開催されているイベントのごく一部にすぎないが、これだけでも「縄文まつり」の盛況を知ることができるだろう。いまや史跡指定を受けている遺跡で「縄文まつり」を催さない所を探すのが難しいほどで、地元以外にも情報が発信され、交流も始まっている。このことは縄文ルネサンスの裾野の広がりを如実に表すものだが、けっして国を挙げてのナショナルな行事ではないことも銘記しておきたい。

2　世界文化遺産をめざして——北海道・北東北の縄文ルネサンス

「北海道・北東北の縄文遺跡群」を世界文化遺産に

二〇一八年七月一九日、文化庁文化審議会は、二〇二〇年の世界文化遺産の登録にむけてユネスコに推薦をめざす候補として、北海道、青森県、秋田県、岩手県の四自治体が共同で推薦していた「北海道・北東北の縄文遺跡群」を選出することを発表した。同時に、世界自然遺産への登録にむけて鹿児島県と沖縄県が提案している「奄美大島、徳之島、沖縄島北部及び西表島」も推薦をめざす候補として選出された。二〇二〇年登録分からは文化遺産と自然遺産を合わせて一国一件に限定されるため、同じ年にユネスコに推薦できるのは一件に限定されており、さらに調整が必要だったので、「推薦候補」として選定されたとはいえ、推薦が決定したわけではなかった。また、各国政府が推薦しさえすれば、それで一件落着で登録が確定するわけではない。文化遺産の場合なら、さらに「イコモス」（国際記念物遺跡会議）に付託され、専門家による調査、審査、評価を経て、上首尾に運べば、それを受けて条約加盟国のうち二一か国でつくる「世界遺産委員会」で最終的に決定される。まだ道のりは半ばであり、実際、関係者の願いもむなしく、一一月二日に政府は「甲乙つけがたい」としながらも、今回は自然遺産を推薦することを発表した。

「北海道・北東北の縄文遺跡群」は、四道県が二〇一三年に文化審議会に正式に提案したもので、過去五年間国内推薦を見送られてきて、二〇一八年は六度目の挑戦だった。ライバルが強力だったことも確かだが、不足点を指摘されてきたことも事実で、二〇一七年に文化審議会は「北海道・北東北にある縄文時代の資産の優位性や特異性を十分に説明し、日本列島の縄文文化を代表している点を示す」ことを課題として示した。この五年のあいだ、推薦書原案の改訂を重ねてきただけではない。遺跡のある市町村と道県、さらに道県同士をつなぐ推進体制を整え、保存状態に問題のある二つの遺跡を断腸の思いで「構成資産」から外し、遺跡や周辺施設などインフラを整備し、ウェブサイトやリーフレットやテレビ報道など広報や宣伝を充実し、「縄文検定」を実施するなど普及に努め、登録推進フォーラムや国際シンポジウムや研究会や講演会や「縄文まつり」など様々なイベントを開催し、県や国レベルで議員連盟を立ち上げ、文科省に陳情するなど、多くのエネルギーそして資金を投入して「官民一体」の登録推進運動を続けてきた。地元自治体をはじめとする広範な関係者にとって文字通り悲願となっているのである。ではそこまで人々の熱意を掻き立てる「北海道・北東北の縄文遺跡群」とはどのようなものなのか、そして、そもそも世界文化遺産とは何なのか。

「世界文化遺産（World Cultural Heritage）」とは、「顕著な普遍的価値を有する記念物、建造物群、遺跡、文化的景観など」のことで、一九七二年に採択されたユネスコの「世界の文化遺産及び自然遺産の保護に関する条約」（世界遺産条約）にもとづいて認定される。まず各国政府の申請により「世界遺産暫定一覧表」に掲載され、その中で登録の準備ができたものを各国政府がユネスコに推薦し、世界遺産条約履行のための作業指針で定められている全一〇項目からなる登録基準（評価基準）の少なくともひとつに合致していることを審査したのち、最終的に条約加盟国のうち二一か国で構成される世界遺産委員会で登録の可否を決定する。

日本が一九九二年になって遅れ馳せに批准したこの条約は、エジプトのアスワンハイダム建設によって水没する遺跡を移転保存しようとの国際協力に端を発し、人類全体にとって「顕著な普遍的価値（Outstanding Universal Value）」をもつ建造物、記念物、遺跡などを損傷や破壊から保護することを目的としたもので、その理念について反対する人はいないだろう。しかし、どのような基準でどの物件が認定されるのかという点になれば、色々と議論があることもまた事実なのである。そもそも文化の差異を超えて「普遍的価値」をどのように判定できるのか。しかし認定を望むのであれば、ゲームの規則にしたがう以外に選択肢はない。そして指導や助言に応じて改訂を繰り返すうちには、当の建造物や記念物や遺跡が、条約の推奨する方向で「あるべき文化遺産」として構築されていくことになる。「北海道・北東北の縄文遺跡群」の場合も、縄文文化とは何なのか、それは人類にとって何なのか、日本列島の縄文文化にとって北海道や北東北の縄文文化とは何なのか、それにとって特定の遺跡がもつ価値は何なのか、といった根幹に関わる事柄が、ユネスコへの推薦をめざして文化庁等を相手にやりとりをするなかで構築されてきたのである。

世界文化遺産をめざす道のりは、二〇〇六年に青森県と県内四市町が「青森県の縄文遺跡群」を、そして秋田県と県内二市が「ストーンサークル」を、「世界遺産暫定一覧表」に記載するよう文化庁に提案したことから始まった。その二提案が文化審議会文化財分科会において継続審議となったのを受けて、二〇〇七年に前記の四道県が共同で「北海道・北東北の縄文遺跡群」として提案書を提出し直し、二〇〇九年に首尾よく「北海道・北東北を中心とした縄文遺跡群」として「一覧表」に記載された。その後、文化庁との協議を経て、二〇一三年の「世界遺産登録推薦書原案」提出の際には「北海道・北東北の縄文遺跡群」（仮称）となり、二〇一八年に世界文化遺産推薦候補として選定されるにあたって仮称がとれた。

では最終的な姿はどのようなものか。二〇一八年七月一九日に発表された文化審議会の概要説明では「東北アジアの多様な地理的・自然的環境において、狩猟・採集・漁労を基盤に一万年以上前から定住が開始、発展、成熟し、長期間継続した先史文化の生活や祭祀・儀礼のあり方を示す一七の考古学的遺跡からなる資産」とされている。二〇一八年提出の『世界遺産暫定一覧表記載資産準備状況報告書』にも冒頭にほぼ同一の文章が載っており、そうした先史文化の物証として当該遺跡群が「顕著な普遍的価値を持つ」とされている。

含まれている一七の構成資産は、北海道では垣ノ島遺跡（函館市）、北黄金貝塚（伊達市）、大船遺跡（函館市）、入江貝塚（洞爺湖町）、高砂貝塚（洞爺湖町）、キウス周堤墓群（千歳市）の六件、青森県では大平山元遺跡（外ヶ浜町）、田小屋野貝塚（つがる市）、三内丸山遺跡（青森市）、二ツ森貝塚（七戸町）、小牧野遺跡（青森市）、大森勝山遺跡（弘前市）、亀ヶ岡石器時代遺跡（つがる市）、是川石器時代遺跡（八戸市）の八件、秋田県では伊勢堂岱遺跡（北秋田市）、大湯環状列石（鹿角市）の二件、岩手県では御所野遺跡（一戸町）であり、このうち三内丸山遺跡と大湯環状列石が国指定特別史跡で、残りはすべて国指定史跡である。それ以外に当初の構成遺産のうち二件が関連資産とされている。全体を見渡してみると、日本最古の土器が出土した草創期の大平山元から遮光器土偶で有名な晩期を代表する亀ヶ岡まで、海岸や河岸段丘から台地や丘陵まで多様な地理的・自然的環境、キウスの周堤墓や大湯や伊勢堂岱や小牧野の環状列石のような共同墓地や祭祀場、三内丸山や御所野のような長期間続いた大規模拠点集落など、それぞれの強みを生かして補い合いつつ、（二〇一八年四月一六日付の文化庁記念物課作成の「世界遺産暫定一覧表記載物件の準備状況と課題等について」という文書の表現を借りれば）「安定的な生活を可能とする集落環境」と「定住のあり方を示す集落構造と祭祀・儀礼空間」という二つの属性を軸として、まとまりのある姿が描き出されている。推薦書としての完成度はかなり高くなっている、と書いているうちに、二〇一九年一月二三日に文化庁文化審議会は「平成三一年度における世界文化遺産推薦候補の選定の基本的な考え方について」として「来年度、「北海道・北東北の縄文遺跡群」について、世界文化遺産部会において進捗状況等について確認を行い、最終的に平成三一年度の推薦候補を決定することとする」と発表した。

小牧野遺跡（青森市）の環状列石

そしてその既定方針通り、七月三〇日に文化審議会（世界文化遺産部会）において世界文化遺産の推薦候補として選定されたことを文化庁が公表し、地元各地では「悲願達成」の喜びの声が湧き起こった。しかし、七度目の挑戦でようやく正式なスタートラインに立ったといえるわけで、「推薦書の提出までにさらなる充実を図る必要がある」とされており、まだ先は長い。とはいえ、二〇二一年に晴れて世界文化遺産に登録され、十数年にわたる悲願が達成される可能性がきわめて高くなった。そしてこれまで国内で世界遺産に登録された場所でそうであったように、効率よく遺跡を回るツアーが計画され、しばらくのあいだ想定を超える数の観光客が押し寄せるだろう。そうなれば、以前にはひとりで佇んでボーッと眺めていることもできた小牧野遺跡の環状列石を長蛇の列に並んで見学することになるのだろう。しかし、それを嘆くのは余所者の勝手な感傷にすぎない。

世界遺産登録運動の光と影

縄文ルネサンスという全体構図の中で「北海道・北東北の縄文遺跡群」の世界文化遺産認定推進運動を見ると、浮かび上がるいくつかの特徴がある。第一に、外部機関しかも国際機関による認定という成果の白黒がはっきりしている。認定基準に合わせての調整が、地域社会の実態に相応しいかどうかは、実は一概にはいえない。そもそも、「世界文化遺産」としての認定とは、何を認定するのか。世界遺産条約履行のための作業指針で定められている全一〇項目からなる登録基準（評価基準）のうち、縄文遺跡群の場合に適用されることになるのはⅲとⅴ、つまり「現存するか消滅しているかにかかわらず、ある文化的伝統又は文明の存在を伝承する物証として無二の存在（少なくとも希有な存在）」であることと「あるひとつの文化（または複数の文化）を特徴づけるような伝統的居住形態若しくは陸上・海上の土地利用形態を代表する顕著な見本である。又は、人類と環境とのふれあいを代表する顕著な見本である（特に不可逆的な変化によりその存続が危ぶまれているもの）」(https://jomon-japan.jp) という認定基準であり、「定住のあり方を示す集落構造と祭祀・儀礼空間の顕著な実例」であることが前者の基準を、「安定的な生活を可能にした集落環境の顕著な実例」であることが後者の基準を充足するとされている（『世界遺産暫定一覧表記載資産　準備状況報告書』二〇一八）。要するに、環境との共存による安定した定住の顕著な実例であることが、縄文遺跡群が普遍的価値をもつことの理由とされている。

第二に、ひじょうに広い区域をカバーし、多数の遺跡と多数の自治体を含む大規模な運動であり、世界遺産の条件を満たすべく多様な取組みがなされてきた。推進本部長が青森県知事であることや構成資産の数にも明らかなように、運動を主導するのが青森県であることは明白だが、代表とも言える三内丸山遺跡の「大きい、長い、多い」というキャッチフレーズは、そのまま世界遺産認定推進運動にも当てはまる。二〇〇九年の暫定リスト掲載に先立つこと一五年、三内丸山遺跡では、保存が決まった一九九〇年代半ばから総合的な遺跡活用の取組みが始まっていた。発掘調査や研究の成果を広く市民に公開する「遺跡報告会」、「縄文フォーラム」、「縄文シンポジウム」。「縄文フェスタ」など遺跡を舞台とするイベントの開催。「三内丸山縄文発信の会」(一九九五年発足)が開催する『縄文塾』や、同会が刊行しインターネット上でも公開する広報誌『縄文ファイル』。遺跡でのボランティアガイドなどを務める「三内丸山応援隊」など、県と市町村と市民が参画する活動の長い歴史がある。二〇〇〇年に縄文時代遺跡として三件目の国特別遺跡に指定された後、二〇〇二年に展示施設「縄文時遊館」がオープンした。四道県の連携としても、二〇〇四—〇七年度に「縄文文化を核にした地域間交流や情報発信を行う『北の縄文文化回廊づくり事業』」が実施された。世界遺産に照準を合わせてからは、二〇一〇年に新展示室「さんまるミュージアム」がオープンし、四季ごとの「縄文祭り」に加えて『縄文大祭典』、『縄文アートフェスティバル Feel the Roots』(二〇〇九年—)など盛沢山なプログラムを含む『さんまる JOMON の日』など、さらに多彩な活動が展開されてきた。二〇一五年からITガイドシステムが導入されて、見学者が遺跡でタブレットを使って縄文時代の風景や発掘時の状況などを「見る」ことができるようになった。二〇一八年秋からは「縄文時遊館」に「縄文ビッグウォール」という土器片を埋め込んだ壁面など新しい施設が増設され、一九年四月から「三内丸山遺跡センター」として再開館し、それと同時に有料化された。

第三に、ローカルとリージョナルとナショナルが重層的に入子状になっている。遺跡の規模や性質に応じて取組みにおける温度差はあるとはいえ、一七の遺跡のそれぞれを核としてローカルなレベル(市町村、県)の運動があり、それを包括するかたちで「北海道・北東北」というリージョナルな運動があり、その上に「日本を代表する縄文遺跡群」としてナショナルな意味づけが重ねられている。関係者の数や関係機関の数、そして関係予算の種類からしても、とてつもなく大きな構造物になっていることは確かであり、首尾よく世界遺産に認定されたら、さらに多くて大きいプロジェクトやイベントが今後長きにわたって続くことになるだろう。後述するように、甲信越地方でも、それなりの規模の地域連携は進められているが、それらが実質的には県内もしくは隣接二県に収まっているのと比べると、「世界遺産」の幟を掲げた国威発揚型プロジェクトは、かなり趣を異にする。

プロジェクトの全体を人工衛星から見下ろすように俯瞰する代わりに、「北海道・北東北の縄文遺跡群」を構成する各地の遺跡の現地を訪れれば、それぞれの地域に根差した遺跡の重みを実感することができる。私が福岡から遠路はるばる直接訪問して話をうかがったのは、訪問順でいえば、青森市の三内丸山と小牧野、一戸町の御所野、八戸市の是川、函館市縄文文化交流センター、北秋田市の伊勢堂岱、鹿角市の大湯だが、二〇一四年の私の訪問時にはまだ小さなプレハブがあるだけだった小牧野は別として、すでにどこでも立派な展示施設ができていた。「こんな鄙にこんな現代的な建物が！」と言いたくなるような展示館に入ると、瀟洒な展示空間に目を瞠るような品々が並んでいて時の経つのを忘れさせてくれる。

二〇一五年秋には、岩手県北部の内陸を北に向かって流れる馬淵川の河岸段丘上に位置する一戸町の御所野遺跡を訪ねた。御所野縄文博物館の高田和徳館長の話では「周囲の環境を活かす」ために遺跡区域に倍する面積を購入したとのことで、周囲の森も含めて広大な公園全体が縄文時代を彷彿とさせる風景の中にあり、屋根つきの木製吊り橋によるアプローチは、さながら時間を遡る旅である。一九八九年に農工団地建設に先立つ事前調査によって縄文時代の配石遺構をもつ大規模集落の存在が明らかになり、マスコミ報道や町民の請願の結果、翌々年には保存が決定し、三内丸山遺跡を含むその後の東北の遺跡の保存運動のモデルケースとなった。二〇〇二年には「御所野縄文公園」が開園し、入場者数は、二〇〇二年度の公園と博物館がそれぞれ五万四九九二人と三万五〇六一人、二〇〇六年度あたりからはやや減少して二〇一二年度（二万七三二五人と五六五七人）と似たような数で推移してきた。来場者へ

御所野縄文博物館（岩手県一戸町）内の掲示
「縄文文化を世界の JOMON へ」

御所野縄文公園（岩手県一戸町）の復元住居

のアンケートの回答のなかに、かなり遠方の居住者もいて目を引くが、近在の住民や帰省した一戸町出身者の「来客を連れて来ることができる場所ができてうれしい」という回答が一定数あったことが印象的だった（『一戸町文化財年報』二〇〇二―一三）。

ちなみに一戸町の人口は約二万六千人だった一九五五年のピークに比べ、二〇一七年には約一万千人で、毎年二百―三百人程度ずつ人口が減少している。その少しずつ小さくなっている町に、いわば「縄文ムラ」という故郷が生まれているのである。高田館長いわく「見たかったら見にきて、というのでは遺跡は忘れられてしまう」ので、御所野遺跡のPRに努めている。例えば小中学校生徒は、修学旅行先の仙台や東京でパンフレットを配布しているのだという。

ひきつづいて是川遺跡（八戸市）を訪ね

た。ここは前期から晩期までの遺跡を含むが、国宝の《合掌土偶》もさることながら、特筆すべきものとして晩期の漆文化がある。是川縄文館学芸員の小久保拓也さんの話では、漆器をテーマとする「縄文の美」という常設展示室では、説明を最小限に抑え、照明を工夫して「美術品のように見ていただく」ことを狙っているが、概ね好意的に受け取られているとのことだった。当然のことであるが、それぞれの遺跡で何を展示の焦点とするかは異なり、それに応じて展示の方法も違ってくる。御所野が環境ならば、是川は漆器なのだろう。人口二十三万人（二〇一八年）の八戸市では、様々な産業があり、安土桃山時代の「根城」など縄文以外に目玉となる史跡もあり、縄文一本やりというわけにはいかないが、埋蔵文化財の発掘調査に力を注いできたという地域の伝統もあり、遺跡公園の建設も構想中である。

北海道は、青森県に比べると目立たないように見えるが、六件の遺跡が構成遺産に入っており、「北海道・北東北の縄文遺跡群の世界遺産登録をめざす道民会議」（略称「北の縄文道民会議」）が二〇一二年に結成されている。二〇一六年の一一月に訪れた函館市縄文文化交流センターは、昆布の里として有名な南茅部にあり、「道の駅　縄文ロマン　南かやべ」を併設しており、年間三万人弱の入館者がある。看板となる展示品は、いうまでもなく茅空《カックウ》という愛称をもつ《中空土偶》だが、二〇〇七年に北海道初の国宝に指定された後も、センターが二〇一一年にできるまでは常設の展示場所がなかった。しかしいまでは、是川縄文館の《合掌土偶》と同様、国宝土偶の通例に違わず、暗い特別展示室でスポットライトを浴びていた。センターの管理運営を請け負っている道南歴史文化振興財団の平野千枝さんによると、縄文文化が長く続いた理由としての、自然との共生や、大規

《中空土偶》のどぐキャラ「どぐう館長」もPR
（函館市縄文文化交流センター）

模な土地をめぐる争いをしていなかったスローな生き方、それを知ることが現代人にとってもプラスになると思うが、市民の認知度はまだまだこれからという面もあるということだった。市の中心部からの交通アクセスがよくないことがネックだが、新しい展示場の展示はひじょうに洗練されており、そのなかでも、現地の遺跡から出土した、漆工製品として現在確認されているところでは最古（九千年前）の装身具もさることながら、土坑墓に副葬されていた幼児の足形、手形のついた二十点余の土版が印象的だった。この種の副葬品は、早期末から前期初頭の函館、千歳、苫小牧地域に限られたもので、遺跡の個性、ひいては地域の縄文文化の個性をアピールしているようだった。縄文文化と一口にいうが、それはけっして一様ではないのである。

　その後、新幹線で津軽海峡の海底トンネルをぬけて、北秋田市の伊勢堂岱遺跡と鹿角市の大湯環状列石まで足を延ばした。東北地方の広域地図を眺めてはじめて気がつくが、伊勢堂岱と大湯は、御所野とほとんど同緯度で並んでいる。そして是川（八戸市）は、御所野から遠くない。つまり県庁所在地（秋田市、盛岡市、青森市）間の距離に惑わされて遺跡間の隔たりを想像してしまうと大き

伊勢堂岱遺跡（北秋田市）の環状列石

く間違う。現代の常識は縄文時代の非常識というわけである。ついでにいえば、江戸時代には、秋田県北部は岩手県と同様に南部藩の領地だった。秋田県教育委員会は二〇一五年から県内の縄文関係展示のある施設の紹介冊子『ＪＯＳＰＡ（ジョスパ）』を作成していて、全一二施設を訪問してシールを集めて応募すると「縄文マイスター認定証」がもらえる。また小四から高校生の志願者が春と夏の一定期間遺跡ガイドを務める「ジュニアボランティアガイド」も二〇一五年に始まった。完成したばかりの伊勢堂岱縄文館では、土偶をはじめ、小さな土製品や石製品や土器片が、まるでジクソーパズルのピースのようで、それが集まって作っていた全体図の豊饒さを暗示していた。四八体の土偶、岩偶が勢揃いしたコーナーでは一人一票の「土偶人気投票」パネルが設置されていて、私が訪れた日の集計では、一位は向様田D遺跡の遮光器土偶で、ご当地出土の板状土偶は惜しくも二位、三位は白坂遺跡の「笑う岩偶」だった。しかし展示されているのは同じ地方の後期と晩期の土偶なのに、この動物園のような多様性は何なのだろうか。伊勢堂岱遺跡の目玉である四つの環状列石も、縄文館完成に合わせて四年ぶりに一般公開が再開されていたが、なんと冬に備えて養生を始めかけたところで、数日後だったらすべてが青いビニールシートに覆われてしまうところだった。北国の遺跡は長い冬のあいだは公開しないという常識に疎かった私の不覚である。遺跡の脇道には「クマ出没につき立入禁止」という札がかかっていたが、実際二〇一七年に市職員がクマに遭遇して負傷して、しばらく遺跡公開が中止されたことがあった。

　翌日は、晴天だった伊勢堂岱とは打って変わって、吹雪のなか大湯環状列石の中をうろつきまわるという得難い経験をすることになった。二〇〇二年度に開館した大湯ストーンサークル館の展示品のなかには、前日に見た伊勢堂岱のものとよく似たものがたくさんあって、同じ文化が共有されていたことが素人目にも明らかだった。乗客のほとんどいない一日六本の路線バスで鹿角花輪駅まで戻り、盛岡行きの電車を待っていた駅の待合室には、「日本三大ばやし」のひとつだという「花輪ばやし」の写真がたくさん飾ってあって、そこはすでに縄文の引力圏から外れつつある雰囲気だった。同様のことを、青森駅前の「ねぶたの家　ワ・ラッセ」の中でも感じた。展示してある山車のなかには、三内丸山に題材をとったものもあったとはいえ、やはり青森は縄文よりもまず「ねぶたの世界」だというのが、そこで受けた印象だった。青森市では、私たちの知っているあの三内丸山は、ねぶたに比べれば、まだとても新しいのである。

雪の舞う大湯環状列石（鹿角市）

しかし世界遺産をめざす遺跡や展示館ともなれば、どこでも、そこここに「縄文遺跡群を世界遺産に」という同じ幟がはためき、ポスターが貼られ、共通のロゴが目に入ってきて、縄文時代に遠く離れた集落同士が交流していた様子を彷彿とさせる。かつて「しょっぱい川」と言われていた津軽海峡は、南の大地と北の大地を分断するのではなく、つないでいたのである。二〇一六年三月の北海道新幹線開通も、青函連絡船の時代には実感するのが難しくなっていたかもしれない、北海道と北東北という広い地域にひろがる「円筒土器文化圏」の実在を、もう一度実感させてくれる機会だったにちがいない。

遺跡を実際に訪ね、あたりの空気を肌で感じ、展示されている遺物のひとつひとつに目を奪われるうちに感じることがある。

「北海道・北東北の縄文遺跡群」世界文化遺産登録推進ポスターとロゴ

その価値をユネスコに認定してもらう必要などないのではないか。国際機関のお墨つきなどなくても、遺跡も遺物もそれ自体として十分に価値がある。認定はもちろん慶賀すべきことであるが、同時に、その強い光のもとで生じる影の部分にも目を凝らしてみる必要があるだろう。影の部分とは、一方で、ユネスコのお眼鏡には適わずに認定候補リストから漏れてしまった数多の遺跡の運命であり、それによってかえって保護が疎かになってしまう危惧である。また他方で、認定された遺跡が今後直面する台風のような観光地化をどのように適切に管理するのかという試練である。しかし、そうした副作用はあるにせよ、湯舟沢環状列石のある滝沢市（岩手県）埋蔵文化財センターの桐生正一さんが口にした「東北では光は西からと言いますが、〔縄文時代は〕そうではなかった」という言葉に込められた、日本の縄文文化を代表して世界遺産となって輝きたいという気持ちもよくわかる。これまでの雌伏の年月の長さを思うと、東北では「ルネサンス」という言葉がとりわけ含蓄を増すような気がするのである。

「まつろわぬ」縄文の民の復権

暫定一覧表に記載されたときの「北海道・北東北を中心とした縄文遺跡群」（傍点引用者）という名称の裏には、全国の遺跡から選抜した「ナショナルチーム」で世界に挑戦するという目論見もあったのだろう。しかし最終的には地域を限定した。そのことの意味について考えるときに頭に浮かぶのは「東北と縄文と蝦夷」の重なりである。都から遠く離れた「みちのく」には、古来様々なものが仮託されてきた。「まつろわぬ民」としての蝦夷や奥州藤原氏もそうであったし、柳田國男の山人もそうであった。哲学者梅原猛は『日本の深層』で、「原日本文化」を、東北なかでも津軽の地が「千数百年のあいだ日本最高の文化を誇った場所であった」時代に求め、「縄魂弥才」という新語を提案した（梅原　一九九四［一九八三］）。つまり日本文化の魂は弥生ではなく東北の縄文にありとの主張である。東北学を提唱する民俗学者赤坂憲雄も、本州の最北までも稲作常民文化で覆い尽くそうとする『雪国の春』に見られる柳田の「瑞穂の国の民俗学」の姿勢を批判した。しかし同時に、かつて繰り返し行われてきた「縄文という古層の文化の掘り起こしと復権の企て」に同調することを留保する。東北学はそのような「辺境へのロマン主義」ではないと（赤坂　二〇〇九［一九九六］、二〇一四［一九九八］）。

中央に自らを位置づけた上で東北の縄文に肩入れする学者や文化人たちの「辺境へのロマン主義」については、ここでは問わない。考えてみたいのは、東北の現住民にとっての「縄文」の意味である。三内丸山遺跡の発見とその後のブームがもたらした変化として、一貫して発掘調査の中心にいた岡田康博は「地域住民の意識を改革し、歴史的地理的にも遠隔・後進のイメージがあった青森から脱却できた」と記している（岡田　二〇〇〇）。しかし、東北に住む人々が東北の過去に輝かしい縄文文化を見出すとき、それが自動的に日本の縄文文化である必然性はない。世界文化遺産の推薦書原案がいうように、一七の遺跡群が「津軽海峡文化圏」という確固とした単位、つまりひとつの世界を縄文時代に長期にわたって連続して形づくっていたとすれば、それは端的に「津軽海峡文化」とよんで差し支えないものだろうし、それと日本列島の他の地域の同時代の文化との関係は、系統関係であれ、影響関係であれ、問いとして開かれたままなのではないか。要するに、縄文遺跡群の世界文化遺産登録をめざす取組みのなかには、縄文文化を「縄文時代の日本文化」とみなす暗黙の前提、一言でいえばナショナルな前提が潜んでいる。しかし、その一方で、縄文文化を具体的に詳細に追究すればするほど、そのナショナルな前提がはからずも揺らぎはじめる契機も垣間見えるのである。このことを頭の片隅におきつつ、「縄文ルネサンス」のさらに別の現場へと目を転じてみよう。

3　「火焔型土器のクニ」の復活——信濃川流域の縄文ルネサンス

「縄文力」の伝道師『ジョーモネスクジャパン』

縄文時代には国道も県道も、ましてや高速道路などなかったし、もちろん鉄道もない。私が長く調査をしてきたアマゾン地方では、河川こそが地域を繋ぐ幹線経路だが、縄文時代の日本列島でも、遠く離れた地域を結ぶ川や海の役割がいまでは想像もできないほど大きかったことは間違いない。となれば、様々なものがひとつの河川の流域で往き来し、共有されることになっただろう。

縄文時代中期に信濃川流域を中心に作られた火焔型土器というものがある。この名称があまりに広まってしまったために、このタイプの深鉢の口縁部に盛り上がる派手な突起が火焔を表していると信じている人も少なくないようだ。しかし縄文人が火焔を表現した造形だと証明されているわけではない。もちろんそうでなかったという証拠もない。名称の由来は、一九三六年の暮に現在の長岡市関原町で、現地の素封家の一員で在野の考古学研究家である近藤篤三郎が発掘した土器が、「口縁の大きな突起部分が真っ赤に燃えあがる炎を思わせることから」やがて「火焔土器」という名でよばれるようになり、その後、各地でつぎつぎに出土した同様の特徴をもつ土器が「火焔型土器」とよばれるようになったのである（新潟県立歴史博物館［編］二〇〇九）。縄文土器のなかで、限られた時期に限られた地方でのみ作られたという意味では、多数派でも典型的でもないのだが、控えめな弥生土器と並んで教科書に載っている火焔型土器の写真の印象が強烈であるために、縄文土器といえば、あのタイプのものだと多くの人が思

JR長岡駅前の火焔土器のモニュメント

笹山遺跡出土の国宝の火焔型土器（十日町市博物館）

い込むのも無理はない。ある意味では多数派でも典型的でもなく突出しているがゆえに代表的なのだと言うこともできるかもしれない。実際、縄文遺物で国宝になっているもののうち、土器は新潟県十日町市笹山遺跡出土の深鉢形土器五七点と浅鉢型土器五点だけで、そのうち一四点が火焔型土器であり、海外の展覧会への出展でも、他の器形の土器を凌駕している。例えば二〇一二年の一〇月から三か月半、来場者総数が十二万人に達した大英博物館の特別展示室でも長岡市出土の火焔型土器と王冠型土器が展示された。

実は縄文土器の造形や装飾というのは思いのほか多様で、火焔型土器をはじめとして縄文が施されていないものも珍しくなく、ひとまとめに縄文土器とよんでよいのかとさえ思えるほどなのである。そうしたなかで、火焔型土器は素人にも識別できる数少ない形式のひとつだろう。その理由は、意匠の文法の共通性、つまりブランドイメージが確固としているためである。それに加えて、火焔型土器の知名度が高い理由として、伝道師とよびうるような人たちの役割を忘れることはできない。一人目は第二章で触れた岡本太郎であるが、実は、彼と火焔型土器の関係は微妙である。一九五二年の『みづゑ』に彼が執筆した「縄文土器論」の冒頭のページには、たしかに火焔土器の図が載っているが、その図の出典が不明であるだけでなく、添えられたキャプションには「鉢形土器」とある。美術史家の鈴木希帆によれば、「岡本が縄文の美の発見の興奮を初めて語っている雑誌『草月』の対談ページ」に載っている火焔型土器の写真と同一のものが、岡本が見た一九五一年の東京国立博物館の『日本古代文化展』のパンフレットに、弥生時代の壺型土器の写真と対比的に掲載されていた（鈴木 二〇一六）。さらに考古学者の石井匠は、一九五一年暮の東京国立博物館の展覧会に火焔型土器は出品されていなかったので、そこで岡本太郎が火焔型土器の実物を見たはずはなく、「縄文土器論を執筆するうえで、火焔土器を特段意識していた形跡はない」と指摘した上で、その後岡本が火焔型土器を前面に出して縄文土器論を展開するようになったのは戦術的なものだったという趣旨の岡本敏子の発言を紹介している（石井 二〇一七）。要するに、『日本古代文化展』のパンフレットに火焔型土器の写真は載っていたが、展示はされていなかったので、少なくとも会場で「なんだ、コレは！」と言って岡本が瞠目した縄文土器は火焔型土器ではなかったというのが事実のようなのである。岡本太郎による「縄文の美」発見は、様々な神話に取り囲まれているらしい。しかし鈴木が指摘するように、ほどなく岡本の縄文土器論において火焔型土器が代表を務めるようになっていく。二人目は、火焔型土器とそれを生み出した「火焔型土器のクニ」新潟の縄文文化を先頭に、世界に「縄文力」を発信せよと檄を飛ばす考古学者の小林達雄であるが、新潟が郷里だということも相俟って、本気度が違う。以下に見るように、縄文ルネサンスのなかで火焔型土器が主役を務める場面となれば、そこには必ず彼の姿がある。

つづいて、火焔型土器を核とする新潟の信濃川流域の縄文文化をめぐる縄文ルネサンスの様相について見ていくことにするが、縄文三大文化圏の他の二つ、つまり「北東北・北海道南部地方」と「中部高地地方」との対照で、「信濃川流域地方」を特徴づける点がある。第一に、その範囲がほぼ新潟県内に収まることである。日本一長い信濃川は実は上流の長野県内では千曲川と名を変える。だからというわけではないが、長野県域は「火焔型土器のクニ」の版図には含まれるとは考えられていないようで、二〇一六年に長野県最北端の栄村の「ひんご遺跡」で火焔型土器が長野県内で初めて出土したことがニュースになったくらいなのである（『中日新聞』二〇一六年一〇月一九日）。第二に、突出した中心地はなくて、津南町、十日町市、長岡市、新潟市、三条市といった自治体の河岸段丘上の遺跡が信濃川に沿って数珠つなぎに並んでいる点である。これらの自治体は同じ新潟県内に収まるという誼もあってか、いくつもの連携組織や共同プロジェクトを立ち上げてきたが、その強い仲間意識から浮かび上がるのは、縄文時代に火焔型土器によって結ばれて繁栄した均質な文化圏、つまり「火焔型土器のクニ」を現代に蘇らせたいという願いである。

「火焔型土器のクニ」復興運動の起点をどこに置くかは難しいところだが、長岡市に新潟県立歴史博物館が開館した二〇〇〇年が、信濃川流域の縄文ルネサンス元年の有力候補であることは確かであろう。学芸員の宮尾亨さんによれば、同館は最終的には歴史民俗なども含む博物館となったが、当初は「縄文文化館」として構想されていた。また展示に関しては、初めから「過去の人の暮らしぶりを現代に活かす」というコンセプトが基本にあったという。そして開館の年には、柿落としとして、縄文遺物と現代作品を同一空間に展示するという点で画期的な特別展『ジョウモネスク・ジャパン』が開催されたのである。この展覧会については、後に再び触れることになるが、アートもまた縄文文化を現代に活かすアプローチのひとつと位置づけられていたわけである。特別展カタログ記載の当時の小林達雄館長の「ジョウモネスク・ジャパン——縄文脳がつくるカタチ」という文章によれば、めざしたのは、「縄文脳がつくるカタチ」である「縄文土器デザインの復権」による「日本デザインの創造」であり、それを「世界に発信してゆく」ことだったが、「縄文脳のつくるカタチ」を代表するのが火焰型土器であることは、信濃川流域ではいうまでもなかった。

二〇〇二年には「火焰型土器のクニ」復活のための組織づくりが始まる。長岡市、十日町市、津南町、中里村を構成員として発足し、合併や新加入を経て現在では長岡市、十日町市、津南町、新潟市、三条市、魚沼市で構成される「信濃川火焰街道連携協議会」がそれであるが、その目的は「「火焰型土器」に代表される〝縄文〟をキーワードに、信濃川流域の市町村が交流・連携をはかり、地域振興や広域観光を推進すること」である。

二〇〇三年には、それが教育の分野にも展開される。「縄文」を総合的な学習の時間のテーマとしている小学校が、地域の博物館（新潟県立歴史博物館、長岡市立科学博物館、十日町市博物館、津南町農と縄文の体験実習館「なじょもん」）と密接に連携しながら、体験、研究、交流、成果の発表などを行う『火焰街道博学連携プロジェクト』の開始である。一〇年を経た二〇一三年に刊行された『津南町農と縄文の体験実習館　体験実習活動報告書』によれば、参加校生徒が非参加校生徒に比べて、縄文人についてプラスのイメージで捉えるようになっているなど、大きな成果がもたらされており、歴史教育だけでなく地域教育、環境教育としての意義ももち、さらには「持続可能な開発のための教育」（ＥＳＤ）としても効果があった。このように縄文人の生き方について学ぶことが、たんに郷土愛を育むといった地域限定の学習にとどまらず、現代社会そして自己を見直す機会となっていることが特に注目される。

そして二〇〇九年になると、広く市民からも賛同者を募る運動へと脱皮を遂げ、「NPO法人ジョーモネスクジャパン」が設立された。その目的は「自然と共生した縄文文化の知恵とエナジーを学び伝え、それを現代社会の生活に生かすことにより、豊かな文化の発展と青少年の健全育成に資すること」である。会員募集の趣意書で小林達雄理事長は、つぎのように書いている。一万年に及ぶ縄文時代に培われた文化は「文化的遺伝子」として「脈々として私たちに受け継がれて」きており、その「自然と共生して生きる縄文の知恵」たる「縄文文化の力」すなわち「縄文力」を現代に活かし、「縄文力」を中核とする日本文化を世界に発信していくのだと。

日本遺産『「なんだ、コレは!」信濃川流域の火焔型土器と雪国の文化』

世界文化遺産の目的というのは、顕著な普遍的価値をもつ文化遺産を認定して保護することで、いわば想像上の世界博物館に展示する文化遺産を選定する作業のようなものである。世界遺産認定が結果として地域振興につながったりすることはありえても、それを目的とするというわけではない。あくまでも保存・保護が目的である。

それに対して、日本政府が二〇一五年度から始め、二〇二〇年までに百件程度の認定を予定している「日本遺産(Japan Heritage)」は、現代社会に活かすことを目的としている。文化庁のウェブサイトでは、「地域の歴史的魅力や特色を通じて我が国の文化・伝統を語るストーリー」を認定するもので、「既存の文化財の価値付けや保全のための新たな規制を図ることを目的としたものではなく、地域に点在する遺産を「面」として活用し、発信することで、地域活性化を図ることを目的としている点」で世界遺産登録や文化財指定と違うと説明し、認定による効果として「地域住民のアイデンティティの再確認や地域のブランド化等にも貢献し、ひいては地方創生に大いに資する」ことを挙げている（傍点引用者）。実際、世界遺産の場合のように、「顕著な普遍的価値」（ＯＵＶ）や「真実性（Authenticity）」や「完全性（Integrity）」が問われているわけではない。また世界遺産に関しては、有形的価値と無形的価値との統合や自然と文化の協働の不足が指摘されているが（西村・本中 二〇一七：二八一）、それに対して日本遺産の場合は、選定する対象も、モノそのものというよりストーリーであって、自然環境や有形のモノや無形のものは、そのストーリーを上演する大道具、小道具という位置づけである。地元を元気にし、観光客が楽しんでくれるストーリー。一言でいえば、日本遺産とは、自然と歴史がつくりあげたテーマパークといえるだろうか。

二〇一六年四月に、三条市、新潟市、長岡市、十日町市、津南町が共同で提案した新潟県初の日本遺産『「なんだ、コレは！」信濃川流域の火焔型土器と雪国の文化』が認定された。ストーリーの概要は、一万三千年以上前に世界に先駆けて土器作りをはじめ、八千年前の気候変動以来「世界有数の雪国」となった信濃川流域では、火焔型土器を生んだ縄文時代に起源をもち自然と共生する文化が五千年前と変わらぬ景観の中で息づいているというものである。要するに、〈縄文時代から受け継ぐ地域文化〉を〈雪国という自然環境〉と結びつけていることが、このストーリーの要である。この自然と文化の結びつきについて、前述の『火焔街道博学連携プロジェクト』に参画している、二〇〇四年に津南町（中魚沼郡）で設立された「農と縄文の体験実習館「なじょもん」」を手がかりに詳しく見てみよう。

「なじょもん」という名前は津南方言で「ぜひ何々して」をさらに丁寧にした言葉で、それと「縄文」を組み合わせたものだが、常設展示品の鑑賞を主たる目的とする博物館というよりは、「農業・縄文・民俗の体験学習施設」、つまり体験して学ぶことを主眼とした施設である。津南町のHPの文章には「土器作り・アンギン編み・勾玉作り・わら細工・和紙作り・草木染め・陶芸などの体験実習が楽しめます。施設内には津南町で出土した土器や石器も展示しており、直に触れることもできます。また、竪穴式住居七軒を復元した「縄文ムラ」、広大なひまわり畑やブナ林、そば畑などが広がり、自然を満喫しながらさまざまな体験ができます」とある。『なじょもん体験ガイド』というパンフレットで補うと、縄文体験、民俗体験、自然体験、農業体験、食体験、クラフト体験に分かれ、前述のものに加えて、雑穀の栽培や収穫、草花や昆虫の自然観察、郷土食「あんぼ」や「おやき」作り、そば打ち、木の皮で編むポシェットなど、実に多様な体験学習が用意されている。

しかしメニューが豊富なだけではない。二〇一三年に担当者の佐藤雅一さんと佐藤信之さんから聞いた地元の状況を重ね合わせれば、他には見られない個性が浮かび上がってくる。まず忘れてはならないのは、津南町が一年のうち五か月近くも雪に埋もれ三メートル以上の積雪のある豪雪地帯であり、さらに過疎高齢化地域であり限界集落も少なくないという現状で、二〇一八年の総人口九八〇七人は一九五五年の半分以下、うち六五歳以上が三八八四人であるということだ。そうした条件の下での「五感を通して縄文を伝える郷土学」や「縄文人が自然とどう向き合ってきたかを伝える学習」は、たんに遠い昔についての座学だけでなく、現代において厳しく豊かな自然と人間がどう共生していけるのかを体験する機会として構想されており、しかも地元のお年寄りなどに竪穴住居の復元など体験学習の講師になってもらい、子供たちの世代への伝承の場となることも期待されている。つまりそれは観光客誘致とは違うレベルでの、縄文を活かした人づくりを通じての地域づくりなのである。

そうした取組みと連動するものとして、二〇一四年には新潟県最南端の津南町と長野県最北端の栄村を舞台に「苗場山麓ジオパーク」が認定され、それにともなって様々な野外活動のプログラムが組まれている。ジオパークとは「地球の成り立ちを観察できる地形や地質、そこに育まれた生態系と私たち祖先の歴史文化を守りながら体感して楽しく学ぶ場所」、一言でいえば、大地《ジオ》と生態《エコ》と文化《カルチャー》を一体のものとして体験する場であると同ジオパークのウェブサイトで説明されている。学芸員の佐藤雅一さんの言う「津南町まるごと博物館構想」もそれと共鳴している。ナショナルで華やかな表舞台で喧伝される「自然との共生」とは質を異にする、雪に埋もれて春の芽吹きを待つようなローカルな「自然との共生」と結びついた営み。そこにあるのは、奥深い雪国にある、もうひとつの「縄文ルネサンス」の姿である。

火焔型土器を東京オリンピックの聖火台に

新国立競技場建設にあたっては、当初案がマスメディアで報道されたような経緯で白紙撤回され、仕切り直しのコンペが行われることになった。その結果が二〇一五年一二月に発表され、縄文遺跡の巨木の列柱などをイメージしたカラマツの柱七二本がスタンドを取り巻く案が、法隆寺五重塔の垂木構造をイメージした数層の庇がめぐる案に僅差で負けた。二案とも木を使い日本の伝統に配慮していたのは、「日本の伝統的文化を現代の技術によって新しい形として表現する方策」と「日本の気候・風土、伝統を踏まえた木材利用の方策」を提案することがコンペの条件に織り込まれていたからである。

「縄文案」は実施に至らなかったが、東京オリンピック・パラリンピックと縄文との関係は、これで終わったわけではなかった。「火焔型土器を聖火台に」という運動を中心として、オリンピック・パラリンピックを舞台に縄文文化を世界にアピールしようという動きが始まったのである。前例がないわけではなく、一九六四年の新潟国体で火焔型土器デザインの聖火台が採用された実績がある。その「火焔型土器を聖火台に」という運動の推進母体は、前述の「信濃川火焔街道連携協議会」とNPO法人「ジョーモネスクジャパン」であるが、二〇一六年七月には、特に東京オリンピック・パラリンピック大会に合わせて縄文文化の価値を世界に発信することを目的に、七五市町村や文化人などを会員とする「縄文文化発信サポーターズ」が設立された。ちなみに事務局は長岡市政策企画課内に置かれている。ウェブサイト記載の設立趣意書によれば「縄文文化は、約一万五〇〇〇年前から世界に先駆けて土器を製作使用し、約二九〇〇年前までの長期にわたって、狩猟・漁労・採集の三本柱を基盤として定住的なムラを営み、自然と真に共存しながら注目すべき文化を形成した、世界に誇る日本固有の文化」であり、「この世界史的にも貴重な文化を、東京オリンピック・パラリンピックの期間中に世界に広く発信するために」設立されるもので、今後「文化人、経済人、地方公共団体の首長等が協力して、開会式での縄文文化発信の提案のほか、火焔型土器や縄文文様の聖火台等のデザインへの採用など、様々な情報発信活動」に取り組んでいくとされている。実際、「縄文文化発信サポーターズ」は、二〇一七年一一月には五輪組織委員会に「縄文文化のさらなる普及と啓発、開会式等を通じた縄文文化の発信、聖火台デザインへの火焔型土器の採用」を要望し、その後も、新潟県知事や市町村長が五輪担当大臣、スポーツ庁長官、文科大臣等への要望を繰り返してきた。

しかし縄文文化とオリンピック・パラリンピックがどうしてつながるのだろうか。信濃川火焔街道連携協議会の『第一三回縄文サミット』(二〇一四年)で決議されたアピール宣言によれば、「縄文土器を代表する火焔型土器は、日本文化の源流であり、浮世絵や歌舞伎とならぶ厳然たる存在である。火焔型土器を二〇二〇年東京オリンピック・パラリンピックの聖火台の造形に昇華するという提案は、日本文化の意志を国際舞台に発信することに他ならない」と説明されている(傍点引用者)。前回の東京オリンピック(一九六四年)は、敗戦からの復興と高度経済成長を世界に発信する機会となり、オリンピック愛唱歌「海をこえて友よきたれ」の歌詞にある「より速く、より高く、より強く」の精神は、東海道新幹線や首都高速道路など、オリンピックを取り巻くすべてのものに共通していたが、それと今回のオリンピックを舞台に「縄文文化を世界に発信する」という提案とのあいだには大きな落差があるようにみえる。しかし、日本社会が一九六〇年代のように一つにまとまることが二〇二〇年にも期待され、その日本社会の原点に縄文文化が位置づけられているというのであれば、意外な共通点があるのかもしれない。少なくとも大会期間中は、現代日本社会と縄文文化が合体して「オールジャパン」がホログラムのように浮かび上がるというのが、おそらく推進者たちの願望なのだろう。

しかし熱心な推進運動にもかかわらず、二〇一九年七月二四日に共同通信が伝えたところによると、聖火台のデザインは、「太陽」をコンセプトに球体とする方向で大会組織委員会などが検討を進めているらしい。水素を燃料とする五色の聖火が検討されているという情報もあり、最終的にどうなるのか、残り一年を切った現段階でも未確定だが、日本列島の現代人の心のなかで、縄文文化、ましてや火焔型土器への思い入れの温度差は大きいのだろう。皆が皆、信濃川流域の人々の熱情を共有しているわけではない。ここでも「リージョナルな縄文」を「ナショナルな縄文」へと格上げするのは、思いのほか難しいことなのかもしれない。「火焔型土器のクニ」は、縄文時代の日本国ではなかったのである。

4　縄文文化を活かす町づくり——中部高地の縄文ルネサンス

茅野市の『縄文プロジェクト』

日本列島のあちこちで現代の私たちのアイデンティティを縄文時代の文化とつなぎ合わせる試みが始まっている。その「私たち」には、すでに見てきたように様々なレベルがある。ナショナルなレベルの「私たち」ということであれば「現代日本人」ということになり、「日本列島の縄文文化」

がそれに対応する。リージョナルなレベルの「私たち」とは、例えばすでに見てきた「北海道・北東北の現住民」や「信濃川流域の現住民」ということになり、それに対応するのは、「津軽海峡圏の縄文文化」や「信濃川流域の縄文文化」で、その別の名が「円筒土器文化圏」と「火焔型土器文化圏」ということになるだろう。さらに狭いローカルなレベルとなると、例えば、これから見ていく「長野県民や茅野市民」という「私たち」、それに対応するのが「八ヶ岳西南山麓の縄文文化」ということになる。

ここで「現住民の私たち」と「私たちが住む土地の縄文時代の文化を担った人々」との関係について、しばし立ち止まって考えてみる必要がある。ナショナルなレベルであれば、おそらく日本列島に現在住んでいる人々の多くは、量の多寡はあれ、縄文時代の日本列島の住民の遺伝子を受け継いでいるのだろうが、その一方で、水稲耕作の技術などを携えて大陸から渡来した人々、さらに帰化人などとよばれた渡来人の時代からごく最近の海外からの移住者まで、縄文人以外の人々の遺伝子を受け継いでいる人々も多数いるにちがいない。それでも、日本列島の縄文時代の住民の大多数の子孫は、日本列島に現在住んでいる人々であると大雑把にいうことは許されるだろう。第一章で見たように、戦前はともかく現在では、縄文時代から現代までのあいだで人間集団の大規模な交替があったという説は受け入れられていないからである。しかし、これがリージョナル、それ以上にローカルとなると、縄文時代の住民と現代の住民との遺伝的つながりは不確かなものになってくる。現住民の祖先が縄文時代から何千年ものあいだ、同じ土地に住みつづけてきたと考えるのは現実味を欠くからである。このことは、各々が自分のケースを振り返ってみれば明白だろう。私自身、東京で生まれ育ったが、福岡に移住して三十年経つ。つまり現住民を「地元の縄文人」と遺伝的に直結するのは基本的に無理がある。だからといって、地元の遺跡の出土人骨が自分の祖先であるとDNA鑑定で判明しないかぎり、地元の縄文人は自分とは関係ないから関心もないと言い張る人は、ごくごく少数派だろう。科学的証明などなくても、DNAでつながっていなくても、いま住んでいる場所（日本列島レベルから市町村レベルまで）の縄文遺跡や縄文文化とつながっているという感覚、妙な言い方だが、子供を養子にするように祖先を養取したいという願望が、現代の私たちのアイデンティティを縄文時代の文化とつなぎ合わせる企てとしての「縄文ルネサンス」の根底にある。だからこそ縄文学習で学ぶのは、私たちの祖先の生活ということになるのである。

現在の茅野市（長野県）が位置する八ヶ岳の西南山麓地帯は、縄文中期には、鏃の材料となる良質な黒曜石の一大生産地で、各地に黒曜石を供給し、それは北海道にまで及んでいた。当時は他の地方と比べて人口も密集しており、日本列島の中心地のひとつだったことは間違いない。「縄文時代のシリコンバレー」だったと言うことができるかもしれない。弓矢という当時の先端的テクノロジーを支える基幹部品の供給基地だったからである。その茅野市では、二〇一〇年に縄文文化を活かしたまちづくりをめざして『縄文プロジェクト』を構想し、二〇一四年に本格的に始動した。自治体の将来構想の中核にここまで本腰を入れて「縄文」を据える例は珍しい。たしかに日本列島の他の市町村以上に、縄文文化に肩入れする理由が茅野市にはある。国宝になっている縄文遺物は六件しかないが、そのうちの二件、《縄文のビーナス》と《仮面の女神》を擁するのが、実はほかでもない茅野市なのである。しかし二点の国宝土偶だけが理由で、縄文文化を活かしたまちづくりを構想したというのは当たらない。では『縄文プロジェクト』の根底にあるのは、どのような思想なのか。それについて詳しく見てみることにしたい。

『縄文プロジェクト』という構想のひとつの起点は、尖石縄文考古館が新築された二〇〇〇年の『茅野市五〇〇〇年祭』に際してタイムカプセルに収められた「「縄文王国」茅野五〇二〇年へのメッセージ」だろう。そこには「今から五〇〇〇年前、〔……〕この地に縄文文化が花開きました。縄文時代中期、八ヶ岳西南麓一帯では多くの人々が、豊かで活力に満ちた生活を営んでいました。〔……〕近年、豊かな森の文化として発達した縄文文化の復権と見直しが進んでいます。人と自然との共生が大きな課題である現代において、森や川を大切にし、大地の恵みに感謝して暮らした縄文人に学ぶことは、私たちの将来にとって極めて大事なことだと思います。〔……〕茅野市は今、長期一〇か年計画のなかで、将来像を「八ヶ岳の自然と共生し、躍動する交流拠点都市」として、まちづくりを進めています」とある。このとき始まった『茅野市五〇〇〇年祭』は、『茅野市五〇〇〇年尖石縄文まつり』として（諏訪神社の「御柱祭」に重なった二〇一六年を除き）毎年秋に開催されてきて、いまに至っている。

JR茅野駅前の国宝土偶《縄文のビーナス》と《仮面の女神》の像

しかし縄文との関わりは二〇〇〇年に急に始ま

ったわけではない。その前にすでに、一九三〇年の尖石遺跡の発掘や一九五五年の尖石考古館の開館を淵源とする、在野の考古学者宮坂英弌を中心とする地元社会による遺跡の調査研究と保存の長い歴史があった。ついでながら同様の歴史は、他の地方にも見出すことができる。新潟県の馬高遺跡で一九三六年に火焔土器を発掘した近藤篤三郎ほか関原町（現長岡市）の近藤家三代の場合も、一九二〇年から青森県八戸市の是川遺跡で発掘を続けた泉山岩次郎・斐次郎兄弟の場合も、地元の在野の考古学者の献身的な調査研究活動という土壌の上に、地域住民が「私たちの郷土の大昔の文化」として縄文文化を大切にする現在がある。こうした（ときには）江戸時代の好古家から続く各地の水脈が、大学のアカデミズムと関係をもちながらも、一般の人々の縄文文化への関心をよび起こし、下支えしてきたことが、特にローカルなレベルの「縄文ルネサンス」を一過性のブームに終わらせない大きな力となっているのであり、このことについては、いくら強調しても強調しすぎることはない。

さてそのような長い前史を経て、現在に直接つながる動きが始まったのが、二〇一〇年における茅野市による『縄文プロジェクト構想』の発表であり、縄文文化を活かした町づくりの方針が提示された背景には、二〇〇九年の大英博物館における『土偶の力』展への二つの土偶の出品があった。前述のように、その折に当時の柳平千代一市長（二〇〇七―一九在任）が渡英し、海外でも注目される「縄文」のもつ普遍的価値に気づかされることになったのである。その後、縄文文化大使の選出、縄文文化についての副読本の編纂、縄文時代の生活や文化を学んで生きる力を育む小中学校の総合的学習としての「縄文科」（二〇一四年―）の開始、市職員総学芸員化など数々の取組みが始まり、そうした試みを承けて、二〇一三年に設置された「縄文プロジェクト推進市民会議」（二〇一五年に「縄文プロジェクト実行市民会議」に改編）と二〇一四年に市の企画総務部内に新設された「まちづくり戦略室」をエンジンとして、《仮面の女神》の国宝指定を追い風に、二〇一四年に『縄文プロジェクト改定版』（以下『改定版』）が作成され、構想はいよいよ『縄文プロジェクト』として本格始動することになった。

では「縄文プロジェクト」とは何をめざすのか？『改定版』の「推進計画のめざす姿」という項目には、まず「優れた縄文文化の精神を取り入れ、いかし、継承するまちづくり」とある。それにつづいて「市民の一人一人がまちづくりに対する喜びと、郷土に対する誇りと愛着をもつ」、「世界が注目する縄文文化を育てた茅野市の個性」、「地球にやさしく、世界の平和につながる精神を持つ縄文文化の現代的意義」、「地球環境の回復や人類繁栄への課題解決」、「日本の縄文文化に未来の人類社会の可能性を見出そうとする今日の世界」などの表現が並ぶ。あえて要約すれば、〈わが郷土の育んだ縄文文化のもつ自然との共生と平和主義という普遍的価値は人類の現代そして未来にとって大きな貢献をなしうる〉、だから〈それを受け継いでいく使命が茅野市民にはある〉というわけである。

さらに推進計画は、「ひとが輝く縄文」、「みどりが輝く縄文」、「まちが輝く縄文」という三つの柱を立て、つぎの五つの視点を設定している。「識る」（縄文人の生き方を識り、現代社会の課題の解決につなげる）、「広める」（縄文の価値を国内外に向けて強力に発信する）、「産み出す」（縄文時代から育まれた自然環境や縄文文化遺産、縄文人が選んだ豊かな土地を産業に活かす）、「楽しむ」（縄文を通じた芸術やお祭りなどにより、人々が集い、楽しみ、親しみ、地域への愛着心を醸成する）、「守る」（縄文時代の遺跡や縄文時代からの八ヶ岳を中心とする豊かな自然・風景を後世に継承し、茅野市の宝を守る）。実に多面的かつ網羅的だが、以下に見るように、これは作文に終わっていない。それ以上に注目すべき『縄文プロジェクト』の特色は、各「視点」にもとづく具体的な取組みを実質的に担っているのが二〇一五年に設置された「縄文プロジェクト実行市民会議」（以下「実行市民会議」）だという点、つまり市民参加が実質化している点である。すでに「推進市民会議」の段階でも「構想の市民化」の重要性が謳われていたが、実は「みんなでつくるみんなの茅野市」というのが二十年以上使われている合言葉であると、市役所の縄文プロジェクト推進室の木川未沙希さんから教わった。二〇一五年の市長選では、「縄文プロジェクトに見られるロマンや夢を先導するのは二の次」と訴えた対抗馬を斥けて現職が三選を果たしたが、『縄文プロジェクト』が一定以上の市民の支持を得ている背景には、行政先行・市役所先導ではなく、市民が主体となって具体的な取組みが進んでいるという実態があるのだと思われる。部外者の勝手な推測だが、きっと文化祭的ノリで楽しいのだろう。

二〇一四年からは、すでに八回目を迎えていた（考古館をスタートとゴール地点とする）「八ヶ岳縄文の里マラソン大会」や「縄文ゼミナール」そして「尖石縄文まつり」などの催しを含んだ『縄文文化月間』が九月から一一月にかけて催されるようになった。茅野市の魅力を発信する「縄文ふるさと応援団」の募集も始まった。二〇一五年には商工会議所の手で『「縄文八ヶ岳」ブランドブック（土器文様活用ガイド）』も刊行された。二〇一六年には、子供たち自身による縄文科学学習の合同発表会の開催が始まり、市民の総学芸員化をめざして、読み札の言葉を市民から募って子供向けの「縄文かるた」が製作され、中学生から大人までを対象にした『茅野市縄文ガイドブック』の増補改訂版も刊行された。このように実行市民会議のそれぞれの部会による多様な取組みが実を結んできた。そのなかで二〇一五年に「楽しむ」部会の発議で「縄文総合芸術祭」（仮称）として準備が始まり、二〇一七年に第0回が開催された『八ヶ岳JOMONライフフェスティバル』について、つぎに光を当てたい。同時にそこでは、「茅野市民館」（二〇〇五年設立）が、二〇一五年の『縄文アートプロジェクト』を転機に縄文との関係を本格的に深めはじめたプロセスについても視野に収めたい。

「生きる」はもっと素直でいい『八ヶ岳JOMONライフフェスティバル』

二〇一五年一一月に茅野市民館で開催された一〇周年記念事業『縄文アートプロジェクト』は、二〇一三年夏の茅野市民館いどばた会議「ちのばた」での話し合いからスタートした。市民館のウェブサイトによれば、「茅野といえばなんだろう」という要素を出し合うなかで「縄文」と「八ヶ岳」という二つのテーマが浮かび上がり、それを土台として、参加者が専門家のサポートの下、ワークショップで「市民発信型の創作劇」をともに創り上げ、その『となりの縄文人』の上演が『縄文アートプロジェクト』のひとつの柱になった。八ヶ岳登山中の若い男女が転落して辿り着いた縄文時代の環状集落での体験を描いた作品で、「八ヶ岳のふもとに位置するこの地に暮らす、ひとり一人のかけがえのない「いま」と「縄文」をつないで」、「ともに生きる」が作品の核をなすコンセプトだった。そのほか、縄文をテーマとする公募作品やワークショップの共同制作作品を屋内外で展示した『アート・インスタレーション』、地元の食品や農産物やクラフトが集う『縄文マルシェ』が彩りを添えていた。

市民館では、開館以来、縄文を中心に据えた企画は特段実施してこなかった。二〇一四年三月に市民館ディレクター（茅野市美術館長）の辻野隆之さんから聞いた話によれば、「最初の頃は、市民にとって縄文というものが空気のように当たり前で表層に出てこなかったのが、自分たちの地域力を掘り下げるなかで、縄文が自ずから見えてきた」とのことだった。学芸員の前田忠史さんの説明では、市民提案をもとにした事業を中心に据えるというのが市民館の基本方針だとのことだったが、市民が議論し制作するプロセス自体をプロジェクトの核心に置くという思想は『縄文アートプロジェクト』でもつらぬかれていた。そうした市民参加の積重ねの上に、満を持して実現したのが『となりの縄文人』だったのである。

「ちのばた」での話し合いを通じて「縄文」というテーマが徐々に浮かび上がってきたプロセスにも、「二つの国宝土偶のある町」という看板から出発するのではない柔軟性が感じられる。実は国宝土偶を所蔵し展示している尖石縄文考古館は、国特別史跡である尖石遺跡に隣接していて、茅野駅前にある市民館とは物理的にもひじょうに離れているのだが、そうした理由だけでなく、本質的な面で、やはり志向の違いがある。そうした違いがあるからこそ、考古館と市民館が両輪となって開催された二〇一七年の『八ヶ岳JOMONライフフェスティバル』がどのようなものだったのか、今後どのようになってゆくのか注目されるのである。

二〇一四年の『改定版』にすでに載っていた「縄文総合芸術祭」（仮称）を、トリエンナーレ方

『第0回八ヶ岳JOMONライフフェスティバル』（尖石縄文考古館、2017）

式で実施すること、その第一回を二〇二〇年の東京オリンピック・パラリンピックに合わせて開催することが、二〇一五年七月の「実行市民会議」で決定され、その試行版として、第0回が二〇一七年秋に『縄文文化月間』を核として開催されることになった。同年二月には、「縄文プロジェクト」ウェブサイト上に、「〝縄文〟から〝JOMON〟へ。縄文のみやこ、八ヶ岳を拠点に、縄文を識り、現代にプロデュース、そして縄文の想いを未来に引き継ぐトリエンナーレ開催決定！」と予告が載った。そして九月九日―一〇月二二日の四四日間、「「生きる」はもっと素直でいい」をコンセプトとして『八ヶ岳JOMONライフフェスティバル#0』が予定通り開催され、私も一〇月六日―一〇日にフィールドワークのため馳せ参じた。

『八ヶ岳JOMONライフフェスティバル』（以下『ライフフェス』）のプログラム冊子には「画一的な基準で大量に生産されたものを消費する時代から、ひとつひとつのものの美しさ、こだわりに触れる喜びが時代の潮流になりつつあります。それは、食べるものであったり、住むところであったり、着るものであったり、今までの価値観では測れないものに、人は何かを見つけようとしています。私たちの暮らしの原点は縄文時代にあると言われています。また、そのライフスタイルや縄文文化を築いた人たちの心のありようは、現代の人が求める答えに通じていると私たちは考えます。その答えの一つとして、縄文から続くこの五〇〇〇年の地で〝生きる〟をテーマとしたライフフェスティバルを開催します」（傍点引用者）とある。

期間が長く、三十余りの多様な企画で構成されていて、しかも会場が町中に散在しているために『ライフフェス』の全体像を捉えるのは難しいが、大別すると考古館を中心とするものと市民館を中心とするものがある。前者は「尖石縄文まつり」、「宮坂英弌記念尖石縄文文化賞授賞式および記念講演」、「縄文文化大学講座」をはじめとする従来からの『縄文文化月間』の催事を核としており、後者は「縄文アートプロジェクト二〇一七」として、「縄文のうつわ展」（公募）、アート作品を木箱に入れて街路樹に吊るす「ギャラリー・バードハウス」（公募）、「縄文食」を提供する「JOMONフードスケープ」などが含まれる。例年とは違う『ライフフェス』の眼玉企画としては、前者には「夜の火祭り」のほかに「縄文かるた大会」や「土偶の日記念対談」など、後者には、オープニングの講演「生きるぼくら：茅野に暮らすしあわせ」（作家原田マハ）と二週目の講演「縄文人の心――生命と再生をめぐる精神性と世界観」（考古学者大島直行）、最終日のライブ（平原綾香＋平原

『第０回八ヶ岳 JOMON ライフフェスティバル』での国宝土偶レプリカの野焼き風景

まこと）、そして市民参加のワークショップで建てられた藤森照信の新作の竪穴式茶室《低過庵》の公開が含まれていた。

この盛沢山の催しについて簡単にまとめることはできないし、第０回は第一回に向けての試行版だったので、『ライフフェス』の狙いに絞って、考古館の山科哲さん、市民館の前田さんと後町有美さん、そして市役所（縄文プロジェクト推進室）の木川さんに伺った話も参考にしつつ、性格を浮彫りにしてみたい。第一の特徴は、縄文文化を対象とする考古学者の考古学にとどまらず、アーティストの制作・作品という意味での現代アートにもとどまらず、その両者に架橋し包含するコンセプトとして「ライフ」あるいは「生きる」というテーマを設定したことだった。つまり縄文人の生き方をアートとして捉え、それが現代そして未来の私たちの「生きる」にとって大きな示唆を提供してくれるという展望を共有して、そこから何が生まれるかという呼びかけ、とでもいえるだろうか。そのように縄文というテーマで通常想定されるものを超えて舞台を広げる姿勢が「縄文からJOMONへ」という短い言葉に凝縮されているのであれば、今後の『ライフフェス』のなかで「縄文」の位置がどのようなものになるのかは予測が難しい。その点で、トリエンナーレの狭間の年も含め、『ライフフェス』において縄文考古館に期待されるものが何になるのかが今後の展開を占う鍵となるという山科さんの意見も、なるほどと思える。第二の特徴は、市民が自分たちの生きる地域を掘り下げ、それと関わる営みを、『ライフフェス』の中心に据えていることではないだろうか。つまり縄文やアートは、そうした営みを現実化するひとつの経路あるいは方法であって、それ自体が目的というわけではない。しかし、市外、県外、海外から多くの人々を呼び寄せるという観点からすると、この特徴は必ずしもプラスには働かないのかもしれない。『長野日報ウェブ版』の報道（二〇一八年一二月二〇日）では、四四日にわたったライフフェスには延べ二万九四二五人の参加者があったということだが、市役所によれば、市外からの訪問客の割合はけっして多くないという。市民が主人公なのか、観光客が主人公なのか、両方が同時に主人公となる道はあるのか。そうした意味でも、すでに一〇月一〇日から一一月八日という日程も決まった二〇二〇年の第一回がどのようなものになるのか、はなはだ気になる。

日本遺産『星降る中部高地の縄文世界』

二〇一八年五月に茅野市、諏訪市など長野県の八市町村と甲府市など山梨県の六市が申請した

『星降る中部高地の縄文世界――数千年を遡る黒曜石鉱山と縄文人に出会う旅』が日本遺産に認定された。前述のように日本遺産で認定されるのは、遺跡や遺物や無形文化財そのものというよりストーリーであり、この日本遺産のストーリーは、申請書をもとに再構成すれば、「最高級の鏃の材料として日本各地にもたらされた日本最古のブランド黒曜石を数千年にわたって掘り続けた鉱山」と「縄文中期の中部高地山麓の多様な自然環境を活かして多数のムラを営んで生活した縄文人の心に触れることのできる土器や土偶」ということになる。遠く北海道にまで運ばれた八ヶ岳産黒曜石のブランド力はいうに及ばず、火焔型土器とはまた違った大胆かつ繊細な造形の深鉢や物語性のある多彩な土偶も、圧倒的な力で見る者に迫ってくる。

この日本遺産に関して注目したい点が二つある。ひとつは、長野県と山梨県にまたがることである。県という行政単位は、縄文時代の文化の範囲と対応しなくても、考古行政を司る教育委員会の所轄の単位であるために、関係者の意識を規定しがちであり、そのことを考えると、二県が協働することの意味はひじょうに大きい。これまでは、国特別史跡の尖石遺跡（長野県茅野市）や、井戸尻遺跡（長野県富士見町）や釈迦堂遺跡（山梨県甲州市、笛吹市）など数多くの重要遺跡がありながら、ローカルな個性が先行してリージョナルな全貌が背景に退きがちだったことを考えると、日本遺産がきっかけとなって点が線そして面へと展開する可能性が出てきたことは確かだろう。二〇一八年七月にはさっそく「甲信縄文文化発信・活性化協議会」が設立され、手始めに二〇一九年三月に『甲信縄文フェスティバル』が茅野市民館で開催された。

注目したいもうひとつの点は、高品質であるがゆえに広域で流通した「日本最古のブランド」黒曜石というイメージ戦略である。申請書に「縄文時代のシリコンバレー」などという表現があるわけではないが、近現代の諏訪地方などの精密工業とイメージが重ね合わせられ、縄文時代の最盛期に各地の縄文社会のテクノロジーを牽引する最先進地域だったという自負がそこには込められているように感じられる。地理的な中心であるだけでなく、日本列島の文化的な中心だった時代を、めざすべき未来へと投影する。そうした意味で、中部高地の縄文ルネサンスは、過去を振り返ることを通しての未来構想なのである。

ちなみに、茅野市の人口は五万五千人強（二〇一八年）である。ピークだった二〇〇八年の五万七千人強から微減しているとはいえ、一九五五年の三万六千人と比べれば約二万人の増加で、同期間に人口が半減した岩手県一戸町や新潟県津南町とは状況がまるで違う。考古館や市民館の催しに参加する人のなかには蓼科の別荘地住民も少なくない。縄文遺跡を訪ねて各地を巡るなかで感じるのは、縄文文化の地域ごとの個性だけでなく、現代日本社会における地域差であり、それに応じて、縄文ルネサンスも地域ごとに違った様相を見せることになる。

5　縄文がつなぐ広域連携と縄文ツーリズム

縄文時代の三大文化圏に順次ズームインしながら、「縄文ルネサンス」のなかでも主として官民一体の様々な取組みを紹介してきた。世界文化遺産登録をめざす「津軽海峡文化圏」の北海道と北東北、「火焰型土器のクニ」の復活を夢見る信濃川流域、「縄文プロジェクト」を中心に据えて町づくりを進める茅野市をはじめとして縄文時代のテクノロジーを支える黒曜石ブランドの産地をアピールする中部高地。茅野市の「縄文かるた」の読み札のなかには、「じいちゃんの　畑からでた土器のかけら」、「歴史だよ　茅野市の縄文　こころのふるさと」というものがある。日本列島のあちこちの地域で、ここで紹介した地域ほど派手ではなくても、地面の下から出現する遺跡や遺物が、地域社会の人々に自慢にしたい「私たちの縄文」を提供して、「縄文まつり」では、次世代を担う子供たちが何千年もの隔たりを超えて「祖先の縄文人」とのきずなを育んでいるのである。

ここまで詳しく見てきた縄文時代の三大文化圏のあいだには、多少のライバル意識もあるのかもしれない。他方、縄文遺跡を活かすことを目的に、自治体間の広域連携も地道に育まれてきている。そのひとつは「縄文都市連絡協議会」（Jomon City-16）というもので、同協議会のウェブサイトによれば「縄文遺跡を有する都市のネットワーク化を図り、縄文の魅力・深さ・歴史的意義を全国にPRするとともに、縄文の心や文化観を共有し、まちづくりに活用するための方策を探ること」を目的としている。参加団体は市町村で、北海道は洞爺湖町、伊達市、函館市、青森県青森市、秋田県は大館市、鹿角市、北秋田市、秋田市、宮城県東松島市、福島県福島市、新潟県糸魚川市、富山県小矢部市、福井県若狭町、長野県塩尻市、岐阜県恵那市、鹿児島県霧島市の一六自治体である。このメンバーで構成されることになった経緯はわからないのだが、継続している活動として、青森市の第一回（一九九八）以来、参加自治体のいずれかを開催地として開かれてきた『縄文シティサミット』があり、例えば二〇一七年に函館市で開催された第二〇回では、基調講演のほか「縄文の国際観光に向けた戦略」という首長討論が、市民の傍聴の下で行われた。

二つ目は、国宝の縄文土偶や縄文土器を所蔵する自治体間の連携であり、東京国立博物館での特別展『縄文――1万年の美の鼓動』に際して、五自治体の首長や教育長が出席して「縄文国宝自治体首長懇談会」が開催された（『朝日新聞デジタル版』二〇一八年八月一一日）。今回の懇談会は、「縄文国宝をキーワードに今後のまちづくりや人材育成などに役立てるきっかけに」との十日町市市長の呼びかけによるものだったが、このいわば「縄文国宝クラブ」は、実は以前から個々の連携としては始まっていて、二〇一四年には十日町市と茅野市が「縄文文化の国内外への発信強化に向け相互連携していくことで合意し」（『新潟日報モア』二〇一四年一〇月二二日）、二〇一六年一月には、さらに山形県舟形町も加わり、東京オリンピック・パラリンピックで「国際紛争や環境破壊など現代社会が抱える地球規模の課題解決に向けて」縄文文化を発信するよう五輪担当大臣に要望書を手渡した（『信毎 web』二〇一六年一月二九日）。そうした動きの延長線上に「首長懇談会」が実現したのである。

自治体の首長たちが自ら先頭に立って「縄文」の宣伝に精を出す、しかもそれを、まちづくり、人材育成、地球規模の課題解決に活用しようと旗を振る。以前は教育委員会を別にすれば、行政が縄文に関わることなどあまりなかったことを考えれば、様変わりに驚くが、思惑や構想の詳細となればそれぞれである。しかし、広く共通しているのは、「縄文」を目玉のひとつとする観光振興キャンペーンである。前述のように「日本遺産」は、まさに観光客誘致を目的とするものであるし、世界遺産も当然それを視野に入れている。そのとき観光客を遠くから引き寄せる力をもっと期待されているのは、直接的には、場所やモノであるが、それらに魅力を与えるのはストーリーにほかならない。つぎに青森県と長野県を例にとって、縄文観光キャンペーンでどのようなストーリーが語られているのか、駆け足で見てみることにしたい。

二〇一七年の秋に青森県の文化遺産登録推進室は、リクルートライフスタイル社に依頼して『青森縄文じゃらん』を発行して配布を始め、県のウェブサイトからもダウンロードできるようになっている。この冊子はどのような観光客にどのような観光を提案しているのだろうか。パステルカラー調の表紙には「縄文ロマンチックジャーニー」という文字が躍り、「青森の旅、縄文の旅。一万年の時をこえて」という文が添えられて、三内丸山遺跡のミニチュア模型が背景を彩っている。ページをめくれば「実はとてもロマンチック」で「知的で、ハートフルな」「縄文に夢中になろう」、そうすれば「忘れかけていた大切なこともきっと見つかるはず」というお誘い、そしてイントロでは「縄文文化の魅力をギュっと一〇コにまとめ」、つづいて県内の世界遺産候補八遺跡の紹介。さいごに三コースの「青森縄文ロマンチックジャーニー」として「青森タウンの縄文&ご当地スポットめぐり」、「大人女子のよくばり八戸旅」、「近代レトロと縄文レトロ。津軽レトロジャーニー」が提案されている。それぞれ遺跡と展示施設が過不足なく組み込まれ、食事やお土産情報も含まれている。これに対して、例えば青森県観光連盟が観光イベントガイドブック二〇一四夏・秋編として発行した『あおもり紀行』を見ると、大半が自然、温泉、料理、祭りについての情報で、縄文の扱いはひじょうにわずかである（全五〇ページ中、青森市街の欄に三内丸山遺跡と青森県立郷土館、八戸市街の欄に是川縄文館、合計で一ページ分）。まさにそうだからこそ、『青森縄文じゃらん』が作成さ

茅野駅構内の観光ポスター（縄文のビーナス、カタクリ、諏訪大社）

れたのであろう。そこで提案されているのは、いまのところ青森市、八戸市、弘前市の市内観光に縄文を組み込んだコンパクトなパッケージである。他方、広大な面積に散在している遺跡群を訪問して回るのは容易なことではないし、特に交通が不便な土地に孤立して位置する遺跡を短時日の旅程に組み込むのがひじょうに難しいだろう。世界遺産に登録されれば、北東北・北海道を駆け回る広域パッケージが計画されることになるのだろうか。もしかすると、登録をめざして一致団結しているいまより、登録後に足並みをそろえていくほうが、実は難しいのかもしれない。

長野県では二〇一七年秋に「信州デスティネーションキャンペーン（DC）」が実施された。DCとは「JR六社が地元観光関係者や自治体と協力し、全国の旅行会社等の協力を得ながら、全国にその地域を旅行先としてPRする国内最大級の観光キャンペーン」のことである。「信州DC」のキャッチフレーズは「世界級リゾートへ、ようこそ。山の信州」で、山岳を中心に据えつつ、「自然と歴史の共鳴」も謳い、歴史のなかには縄文遺跡も入っていないことはない。それを引き継ぐかたちで二〇一八年度に諏訪地方観光連盟が展開したのが「謎の国、諏訪の国。」をキャッチフレーズとするキャンペーンである。「おなじ日本なのに、まるで違う国に迷い込んでしまった。そう思えるほど謎に満ちた国、諏訪」。そこで提示されている六つの謎のひとつが「この国には日本でいちばん美人な土偶がいるらしい」で、その主役である《縄文のビーナス》のいる茅野市の総合観光パンフレットで設定されている四つのエリアは、「八ヶ岳」、「蓼科」、「白樺湖・車山」、そして「縄文の里」なのだが、国宝土偶二体を擁する尖石縄文考古館の展示のほかには、遠来の観光客が見ることができる縄文観光スポットはけっして多くない。このように、信州観光キャンペーンにおいて縄文の占める割合は、実は思いのほか小さい。茅野駅で特急あずさを降りる観光客の目的は、まだ「数千年を遡る黒曜石鉱山と縄文人に出会う旅」より、八ヶ岳登山かリゾート滞在なのである。

以上の青森県や長野県の例からもわかるように、縄文というのは観光の「目的地《デスティネーション》」にはなりにくいのである。遺跡は地面の下にあり、発掘されても、復元されないかぎり、そこに見ることのできる建造物は存在しない。観光客の側に想像力が必要になるが、縄文ファンならぬ多くの観光客にとっては、なかなか難しい。その点で、三内丸山遺跡などで導入されつつあるタブレットによるバーチャルな「旅」は、遺跡を訪ねる人々に、一万年の時を超えたり、数千年を遡ったりする新しい体験をもたらす可能性を秘めている。

第五章　縄文と現代アートの交錯

1　アート展覧会における縄文と現代の交錯

二十一世紀に入ると、縄文と現代アートといえば紋切型のように岡本太郎の名が口にされる状況から脱して、もっと色々なかたちで縄文のモノが現代アートと出会いはじめた。その事例としてまず、前に触れた三つの展覧会に光を当てて、アート展覧会における縄文と現代の交錯の広がりと多面性について見てみたい。

二〇〇〇年に、長岡市郊外に設立されたばかりの新潟県立歴史博物館で、開館特別展として『「火焰土器的こころ」ジョウモネスク・ジャパン』が開催された。ジョウモネスク・ジャパンとは、公立の歴史博物館の展覧会にしては、やや意表を突く展覧会名だが、同館学芸員で考古学者の宮尾亨さんの話では、これには前段階があった。一九九〇年代後半に東京渋谷の國學院大學近くのギャラリーを会場に、同大学の小林達雄教授の「縄文を現代に活かす」という発案で、縄文に想を得た作品や縄文に取材した現代アートの作品が二回ほど展示されたことがあり、それを承けて、今度は現代の作品を考古資料と同じ会場で展示する試みとして行われたのが『ジョウモネスク・ジャパン』だった。

実際にどのようなモノが展示されたのだろうか。図録付録の出品リストによれば、「縄文展示」として縄文土器八四点、「現代アート」として陶芸や木彫など現代作家によるアート作品二三点、それに加えて「研究者制作の土器など」一五点と（前述の写真家小川忠博による）「火焔型土器の展開写真」だった。会場となったのは企画展示室とエントランスホールで、縄文時代についての展示がある常設展示場とは、かなり離れている。企画展の会場内で「縄文展示」と「現代アート展示」が完全に分かれていたわけではないが、混在していたわけでもない。実際に見ていないので、あまり妙な譬えは使わないほうがよいが、配置図を見るかぎり「お見合い」のような印象を受ける。つまり、同席はしているのだが、会話が進まない感じといったらよいだろうか。

そこに集められた品々に何か共通点はあったのだろうか。「渦巻き」かもしれない。図録には、蚊取線香やらソフトクリームやらの写真の載った「現代に見る渦巻き」というページがあるし、「縄文展示」のパートには「後期の渦巻」という項目もあり、寄稿文のなかには「渦巻戯論」（笹山央）があり、その他にも丹下健三の建築と熊倉雄策のデザインにおける螺旋形を論じた「縄文デザインと現代」（神田昭夫）などが含まれているからである。しかし全体が「渦巻き」で一貫しているかといえば、そうではない。

縄文時代の作者の意図を知ることができないのは残念だが、現代の作品については、それぞれに作者が添えたコメントが図録に載っている。まず気づくのは、「研究者制作の土器など」を除く一一人の現代作家のうち、八人の作品の素材が「陶」ないしは「土器」だということである。つまり、縄文時代には木も草も布もモノづくりの素材として使われていたわけだが、縄文遺物は何よりも土器という「常識」にもとづいて、現代作家の「焼物」が選ばれたのだろう。渦巻きに言及したコメントや、「渦巻き」を作品名に含む作品は四点にとどまる。五人のコメントに「縄文」という語が含まれているが、「今日生きている縄文人《びと》の精神波動力に期待している」あるいは「縄文土器や土偶が発する気と力には到底素手ではかなわない」といった縄文に対する態度表明をしている二人を除けば、作者自身のコメントから作品と縄文との深い関係を推し量ることは残念ながら難しい。

展覧会全体の趣旨は何なのだろうか。小林達雄館長による図録所収の「ジョウモネスク・ジャパン——縄文脳がつくるカタチ」という文章によれば、『ジョウモネスク・ジャパン』がめざすのは「日本的デザインの創造」であり、それは「縄文脳のつくったカタチとそのココロ」たる「縄文土器デザインの復権」であり、それを世界に発信することである。小林館長はさらに巻頭の「ごあいさつ」で、本展が「縄文と現代を並列させる大規模な試み」であり、一方に「立体的なS字や渦巻きの文様」という縄文デザインを示し、他方に「縄文デザインとその心に触発された、あるいは鼓舞されながら自らの創作に立ち向かっているアーティスト」一一名の作品を展示すると述べている。要するに展覧会の目的は、縄文デザインとそれを活かした現代アートの並列展示だったのだが、そこで「縄文デザイン」の語で指し示すものは何なのだろうか。それを渦巻きといった特定のモチーフや文様に限定するならば、せっかくの並列展示も期待されたような対話を生むことは難しい。さ

縄文文化展示室入口の壁面パネル（新潟県立歴史博物館）

らに回を重ねて、色々な縄文のモノに表現されている「縄文造形感覚」あるいは「縄文造形思想」を現代アートの可能性の追求とリンクさせることを試みていったならば、それこそが「ジョウモネスク・ジャパン」といった新語を使うにふさわしい実験になりえたかもしれない。

しかし、新潟県立歴史博物館がその後も特に力を入れて縄文と現代アートの交錯を追求してきたのかというと、私の知るかぎり、そういうわけでもないようだ。現在の常設展示のなかにも、現代アート作品めいたモノがないわけではない。例えば、常設展示『縄文人の世界』の入口壁面にある、縄文土器の形や文様を組み込んだ大レリーフがそれで、リーフレットの表紙にも載っている。しかし実は、私がそれ以上に「遺物を活かした現代アート」作品と感じるのは、常設展「新潟県のあゆみ」展示室の入口にある、多様な形・色の大量の黒曜石片と土器片と陶片が十段余りの凹みにランダムに並べられた一二面のパネルである。もちろんアート作品として展示されているわけではない。ほとんどの人は足早に通り過ぎるだろう。黒曜石から縄文土器を経て土師器・須恵器へと時代順に配置してあるので、その変遷に考古学的関心をもつ人はいるかもしれないが、アート作品として鑑賞する人は、いたとしてもひじ

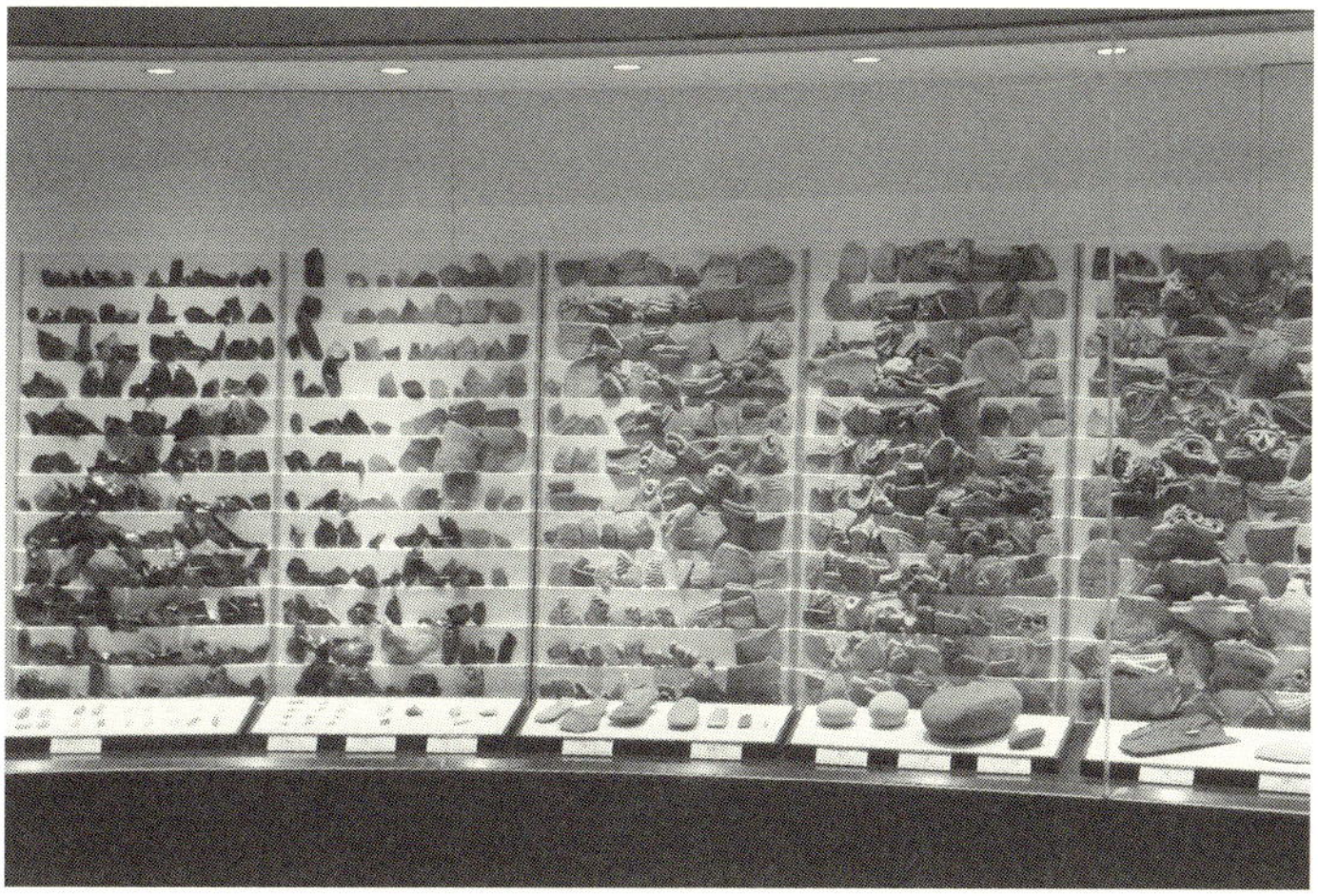
「新潟県のあゆみ」展示室入口の石器・土器の展示（新潟県立歴史博物館）

ょうに稀だろう。だが、大量の断片が全体として醸し出すハーモニーとリズムは、美術館に置かれれば現代アートの逸品として受け入れられる種類のものだと私は思う。この例からもわかるように、先史遺物と現代アートの出会い方は一様ではないのである。

つぎは東京湾に面した千葉県船橋市である。二〇〇一年に、前年に開館したばかりの船橋市飛ノ台史跡公園博物館で『縄文コンテンポラリーアート展inふなばし』が開催された。その後、名称の変更はあったが二〇一九年に第一九回を迎え、いまなお継続中である。各年のタイトルを振り返ってみると、二〇〇一―一〇年は「現代美術からみた縄文世界Ⅰ」、「同Ⅱ」、「縄文体感アート」、「同Ⅱ」、「同Ⅲ」、「縄文のエスプリ」、「出会いの造形」、「同Ⅱ」、「縄文ピュア」、「縄文のエスプリⅡ」。二〇一一―一三年は海外作家（メキシコ、イタリア、タイ）のアートを特集する国際展として、

『第17回縄文コンテンポラリー展 in ふなばし』（船橋市飛ノ台史跡公園博物館、2017）ポスター

「ビバ！　縄文」（二〇一一）、「チャオ！　縄文」（二〇一二）、「サワディー！　縄文」（二〇一三）を開催。二〇一四年からは、「コンテンポラリーアート」の語が展覧会の幅を狭めることを危惧して『縄文コンテンポラリー展inふなばし』（二〇一四以降）と名を変えて、「縄文の手・現代の手」（二〇一四）、「環-北海道・サハリン・カムチャッカ〜北米へとつながる古代と現代」（二〇一五）、「わたしたちのみなもと」（二〇一六）、「とび博でアートみぃーつけた」（二〇一七）、「とび博　土偶のアート伝説」（二〇一八）、「遺跡のアート劇場」（二〇一九）を開催してきた。

　この展覧会が始まった経緯は、つぎのようなものである。縄文時代早期の飛ノ台貝塚のある船橋市海神地区で、公民館建設に際して発掘調査が行われ、男女の合葬人骨など予想以上に貴重な出土品があったことに加えて、市民の関心も高まったことから、隣接の中学校に併設というかたちで博物館建設が決まり、船橋市飛ノ台史跡公園博物館が二〇〇〇年に開館した。博物館の運営方針を決めるにあたって、市文化課担当者の南部擁司さんらが、縄文考古学だけでなく、「縄文の感性と美」と「現代人と縄文との関わり」、つまりアートと現代という要素を加えることを構想して（同展カタログ、二〇一七)、「今日の美術を考える会」代表でアーティストの酒井清一さんらと協議を重ねた結果、「縄文時代の精神や造形美を色々な形で感じとれる綜合的な体感アート展」を開催することになったのであり、その背景には、同展の実行委員会委員長を長く務めた酒井さんの言葉でいえば「時代を超越できる感受性は人間に与えられた優れた能力であり、縄文文化を理解できる芸術家の感性でつくられたアートには、これを伝える力がある」という認識があった(酒井 二〇一三)。つまり、縄文を感じてアーティストが作った作品を通して観客が縄文を感じることがめざされていたのである。

現在確立している形式としては、夏の一か月余り、館内の企画展示と常設展示のスペースに加えて屋外(埋め戻された遺跡上の芝生広場)に作品が展示され、子供や家族向けの「ワークショップ」のほか「縄文アートまつり」と「縄文座談会」が開催される。展示作品は造形作品(オブジェ、絵画・写真、映像)とパフォーマンスに大別されるが、バラエティに富んでおり、また変遷もあった。最初の頃は「屋外にある遺跡や場との関わりに関心を持つアーティストが多く、屋外アート展的要素が強かった」らしい。カタログで振り返っても、最初の四年くらいは、芝生広場でのインスタレーションやパフォーマンスが目立ち、五年目あたりから博物館館内の作品展示が増えてきて、七年目から文化財修復の専門家の出展も始まり、普通の現代アート作品に加えて、常設展示場や収蔵庫の縄文のモノを作品に組み込んだり、近くに展示したりする試みも現れてきた。

私は二〇〇八年の第八回から毎年見てきたが、個々の作品を詳細に論ずる余裕はないので、ここでは縄文文化や縄文遺物との関わりに焦点を絞ってピンポイントで論評したい。もともとこの展覧

石原道知《被災した土器（069-1-00058）》（『縄文国際コンテンポラリーアート展inふなばし』船橋市飛ノ台史跡公園博物館、2011）

会は、常設展示場でのアート展示に関して他では考えられないほど寛容で、陶芸作品が縄文土器の近くに展示されたり、映像作品が復元住居の中に投影されたりすることは珍しくない。その究極形態として、縄文遺物を組み込んだアート作品がある。例えば《船橋市海老ヶ作貝塚出土縄文土器（約五〇〇〇年前）》（堀江武史）という作品は、錫箔で覆った縄文土器五点を、施文して錫箔を貼った粘土塊の周りに配置したもので、錫箔で覆うことで土器の文様の細部へと注意を惹きつける。ちなみに錫箔で覆うのは型取りに際しての土器の養生のための技法である。また《被災した土器（069-1-00058）》（石原道知）という作品は、二〇一一年の東日本大震災で再び断片化した船橋市高根木戸遺跡出土の土器を砕けたままの「自然な」状態で展示し、その上方に同じ土器の諸部分を撮影した多数の写真をD・ホックニーのジョイナー・フォトの技法でつないで貼り付けたもので、修復家の視線の動きをキュビズム的画像の連続体として示している。他方、《触れる炎影式土器Ⅱ》（大内公公）という作品は、火焔型や水煙型という土器形式からインスピレーションを得て、「樹木性」を加味して制作した縄文土器風の土器で、常設展示の深鉢のすぐ横に同種の説明版を添えて展示されていた。観る人が混同しかねなかったので、学芸員の栗原薫子さんによって、「これはアート作品です」という特製のキャプションが添えられた。最後にもうひとつ、独特のアプローチで縄文に迫った映像作品（山内啓司）を紹介しておきたい。二〇一四年の初出展のときには「縄文土器をビデオフィードバックの映像との比較によって検証し、縄文人の美の法則を追求します」というキャプションが添えられており、別添の説明文によれば、「ビデオフィードバック」とは、「カメラで写した映像を投影し、それをカメラで写すというように、映像をフィードバックにより増殖させていくと、カメラの傾きやズームを調整することで、部分と全体が自己相似になっているフラクタルな形があらわれて」くる現象のことである。この「ヤマウチ・エフェクト」の動画について言葉で説明するのは難しすぎるのだが、たしかに自己組織化現象ともよべる映像は、縄文土器の造形と酷似していて、その映像を常設展示場の復元住居内に吊るした縄文土器のレプリカに投影した作品などは、縄文文様のロジックが動画として生成する現場に立ち会っているような

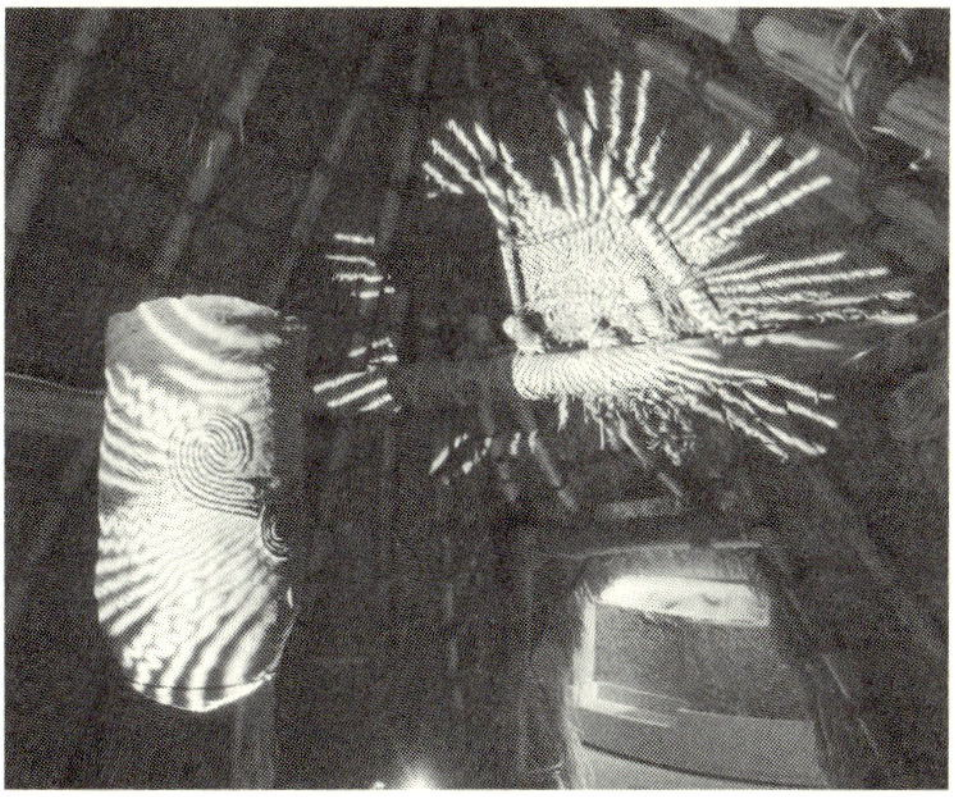

山内啓司、大内公公、柴田三千里、小堤製作所《もようでつくったかたち》（『第14回縄文コンテンポラリー展 in ふなばし』船橋市飛ノ台史跡公園博物館、2014）

インパクトがあった。

縄文遺物を強く意識した作品が常設展示品とここまで近接して展示されるのは、この展覧会の大きな特色といえる。しかし、そうした作品はけっして多数派ではなく、縄文との関係が一目瞭然でない作品も多い。とはいえ、十九年にわたって縄文遺跡に立地する博物館で続いてきた現代アートの展示であり、それが定型化したものの反復にならず、展覧会自体がいわば「ワークショップ」、つまり実験・試みでありつづけてきたことで、他に類を見ない「出会いの場」を生み出してきたことは確かである。その一方、地域社会との連携や市民参加という点に関しては、東京のベッドタウンで六十二万人の人口がさらに増加しつつある船橋市は、縄文をまちづくりの柱にしているわけでもなく、「わが町の縄文」という色彩はひじょうに薄い。とはいえ、博物館と棟続きの市立海神中学校では、二〇一一年以来、石原輝代教諭の指導の下で縄文土器を見たり土器片に触れたりさせて、その体験を通じて制作した作品を『縄文コンテンポラリー展』の一部として展示するといった美術教育も試みられてきた。折しも船橋市では二〇一七年から、縄文時代早期の動物儀礼跡などもある取掛西貝塚の全容解明のための本格調査を開始し、（市内初の）国史跡指定をめざしており、二〇一八年には市制施行八〇周年を記念して市民向け読本『ふなばしの遺跡』も刊行し、そのなかで松戸徹市長は市内の約二百か所の遺跡が「地域の特徴をいかしたまちづくりの土台になる」と明言している。また千葉市では、加曾利貝塚が二〇一七年一〇月に国の特別史跡に指定されて遺跡の活用が活発化している。千葉県における縄文ルネサンスは、行政が本腰を入れる新しい段階に入りつつあり、そのなかでいままでにない形の市民参加の形も現れてくるかもしれない。

再び二十一世紀初めに戻ってみよう。こんどは青森市である。三内丸山遺跡に隣接する敷地に二〇〇六年に新しく建設された青森県立美術館で、開館第二弾の展覧会として『縄文と現代――二つの時代をつなぐ「かたち」と「こころ」』が開催された。すでに見た二つの展覧会と違うのは、会場が美術館だという点である。考古学博物館にアート作品が展示される場合、アート作品が考古学遺物になってしまうことはないが、美術館に縄文土器など先史遺物が展示される場合、モノは美術品として意味づけられてしまう。美術館という装置がもつ強力な効果である。では美術品としてではない考古学遺物の価値を美術館はどのように活かすことができるのか。これは難題である。

『縄文と現代』展のカタログ所収の「「いま」と「いにしえ」をつなぐ愛」という解説文で、キュレーターの工藤健志さんは、縄文文化のモノと現代日本のアート作品の並置を通じて「二つの時代がもっと根源的なところでつながっていることを示す」という課題を設定し、「二つの時代の「親和性」が感得できるような空間を作り込み、知識よりも感覚、理解よりも共感に訴えていく」という戦略を示している。それが結果として「縄文遺物の優品や美術作品を時代別、様式別に見せていく展示や、土器、土偶の文様をそのまま引用したいかにも「縄文的」な作品と遺物を比較するという従来の方法」を乗り越えることにどこまで成功したのかについては、展覧会を見ることができなかったので保留せざるをえない。図録から推測するかぎりでは、〈縄文へ／縄文から〉、〈二つの時代の共鳴――赤と黒、抽象性と過剰性、素材感覚〉、〈祭儀／呪術的なるもの〉、〈ファルス、あるいは未来を切りひらく力〉という四セクションに分かれ、縄文遺物二三九点に現代作品一六七点を加えた盛沢山の展示品によって達成されたのは、むしろ、同じ文章中の「様々な表現を並置することで、〔岡本太郎らの特定の焦点化によって生み出された〕これまでの縄文に対する固定的なイメージに揺さぶりをかけたい」という挑戦のほうだったようだ。さらに同じ文章は「縄文の遺物は現代の表現と共通する造形言語を確かに持っており、局限すれば人間の根源的かつ普遍的な意識に根ざす同一の表現様式と言えるかもしれない」と踏み込む。これは、縄文をナショナルという底板で下支えしようとする企てにとっては、底を踏み抜く問いかけになりうる。人間に普遍的に見られる表現形式となれば、縄文とか、日本とかという範囲に収まる話でなくなるからである。

柿落としの『シャガール展』の十八万人に比して、入場者数が二万人にとどまった『縄文と現代』展は、結果として一回限りだったが、その後それを一部引き継ぐようなかたちで『青森EARTH』というシリーズの企画展が開かれている。EARTHはARTを内包すると二〇一四年の訪問時に工藤さんから種明かししてもらったが、めざすところは「縄文に創造の原点をたずね、青森の大地に根ざした新たなアートを探究する」(工藤〔編〕二〇一四)ことである。いままでの五回の展覧会の図録等の資料から判断するかぎり、たしかに「青森の大地」については様々な掘り下げがなされてきた。郷土出身作家をはじめ土地に縁のある作家に焦点を当てるのは県立美術館の使命だが、ウルトラQ、ウルトラマン、ウルトラセブンのヒーロー、怪獣、宇宙人などをデザインした成田亨、そして棟方志功といったアーティストを産んだ土地柄は、それ自体としても興味深い。また、ねぶたの山車を思わせる棟方板画の大胆な造形・色彩や、土偶を思わせる成田の造形も、縄文につながる何かを感じさせないこともないが、「縄文に創造の原点をたずね」のほうについては、土器片を散乱させて即物的になったり、環状列石をめぐって観念的になったりして、総じてやや迷走気味にも見える。工藤さんは、美術館の建物自体が「遺跡の発掘現場に着想を得たトレンチ部分に上部から白い構造体が覆い被さる」という「「縄文」と「現代」が融合した施設」であると指摘しているが、そのことと三内丸山遺跡に隣接する立地とが相俟って、縄文の強い磁場の中にあることが、青森県立美術館のアート展示が縄文とほどよい間合いを取ることを難しくしているのかもしれない。

ちなみに、二〇一四年に遺跡保存活用推進室の佐藤真弓さんに聞いた話では、三内丸山の遺跡公園そして復元住居は美術館の管轄で、地面の下のモノは教育委員会の管轄だが、重要文化財の縄文遺物は収蔵スペース等の理由で美術館と青森県立郷土館に保管を依頼しているのだそうで、いやはや複雑な関係ではあった。しかし二〇一八年には「縄文時遊館」に収蔵庫も増築され、二〇一九年の春には、遺跡と合わせて「三内丸山遺跡センター」として再開された。こうした施設の拡充によって捩れが解消されると、遺跡公園の完結性が強まる代わりに、美術館との関係は疎遠になってしまうのだろうか。

現代アートの展覧会と遺跡の位置関係ということでは、いま述べたように青森県立美術館は三内丸山遺跡に隣接した敷地にあるが、軒を並べているわけではない。遺跡公園内には、二〇〇二年に開設され、二〇一八年に新展示収蔵施設が増築された縄文時遊館内の「さんまるミュージアム」という博物館があるが、いまのところ現代アートとは縁がない。新潟県立歴史博物館の場合は、車で数分のところの火焔土器が出土した馬高遺跡に二〇〇九年に開館した馬高縄文館があるが、こちらも現状では現代アート展とは距離がある。それに対して、船橋市飛ノ台史跡公園博物館の場合は、史跡公園とそこに立つ博物館が現代アート展の会場である。遺跡と現代アートとのあいだでどのような領域横断的な試みが可能なのかは、一概にいえないが、それぞれの個別的な立地条件をどのように活かせるかは、関係者の考え方に依存するところが大きい気がする。それが相互不干渉的なのか、あるいは領域横断的なのか。それによって可能性の幅は狭まりもするし、広がりもするだろう。

以上に、二十一世紀のわりと早い段階から縄文とアートを出会わせる展覧会を試みた公立の博物館、美術館の事例を見てきたが、それぞれ施設の新規開館という新しい出発に際しての展覧会だったという点は興味深い。おそらく一般論として「新しい革袋には新しい酒を」ということで新機軸が試みられたのだといえるだろう。さらにそれに加えて適所に適材がいたということも大きかったと思われる。

二〇一八年七月三日から九月二日まで東京国立博物館で開催され、三十五万人の来場者数を記録した特別展『縄文——1万年の美の鼓動』(以下『美の鼓動』展)は、これまで見てきた三つの展覧会とはめざすところが大きく違っていて、英語の副題「10,000 Years of Prehistoric Art in Japan(日本における先史美術の一万年)」にも明らかなように、縄文遺物の先史美術としての価値に焦点を当てたものだった。この大展覧会について限られたスペースで論じるのは不可能であるが、縄文ルネサンスという本書のテーマからすれば、この展覧会をきっかけとして縄文がメディアの表舞台に突然登場し、「縄文ブーム」などという言葉が活字メディアやインターネット上に急に氾濫したという意味で、社会現象として注目に値するものだった。しかし、あくまでも社会現象としてであって、展覧会の内容そのものとなると、「史上初!! 縄文の国宝、6件すべてが集結!!」という謳い文句通り、縄文国宝の揃い踏み公演がメインであり、国宝土偶五点（うち二点はまだ重文）が出展されていた二〇〇九―一〇年の『国宝土偶展』の増補版だった。つまり『美の鼓動』展で画期的だったのは展示品の質と量であって、展示のコンセプトではない。最も画期的だったのは、もちろん『国宝土偶展』の十二万人の約三倍に達した来場者数だったが、そのことひとつをとっても、縄文ルネサンスが、この十年間で本格化したことがわかる。しかし展示の中身はそう変わっていない。では受容者のほうで何かが変わったのだろうか。

特別展『縄文――１万年の美の鼓動』（東京国立博物館、2018）

展覧会の構成をカタログの文章を引きつつ紹介すれば、第一章「暮らしの美」では「さまざまな道具に表現された美意識」に触れ、第二章「美のうねり」では「約一万年にわたる美の移り変わり」を辿り、第三章「美の競演」では縄文時代中期の「ユーラシア各地の土器」を比べ、第四章「縄文美の最たるもの」では国宝を拝観し、第五章「祈りの美、祈りの形」では「人びとの心が強く映し出された」形である土偶や石棒などを堪能し、第六章「新たにつむがれる美」では現代の作家や芸術家が見出した縄文遺物の美に光を当てていた。展覧会の副題からして当然といえば当然だが、全体が「縄文の美」をめぐって構成されていた。要するに、縄文時代のモノの美術品としての価値に光を当てることが展示の基本方針だったのである。

主催者に名を連ねている朝日新聞社も、「「美」に焦点をあてたことで「縄文美術の名品展」となり、遺物を生み出した縄文時代の理解を助ける解説が物足りないとの指摘もある」(『朝日新聞』二〇一八年八月一二日)という展覧会評を載せた。この批評は、読みようによっては、縄文ルネサンスの色々な面に乱反射する可能性をもつ。まず注目したいのは、記事の見出しの中で対比されている「遺物の美」と「時代の理解」という二つの概念である。前者は、美はモノに内在するとして、遺物の場合も例外ではないと考える。後者は、モノの理解のためには、そのモノを歴史的・社会的文脈に位置づけることが不可欠だと考える。すでに本書でも見てきたように、この二つの概念の関係については、岡本太郎による「縄文の美の発見」、大英博物館での『土偶の力』展の先史美術展としての大成功、東京国立博物館が名前とは裏腹に基本的に美術館であること、美術館における縄文遺物の展示、考古学博物館と近現代美術館の隔たり、こうした様々なことが関わってくるのだが、ここでは一点だけピンポイントで記しておきたい。縄文人が仮に現代日本語の「美」に近似するような観念をもっていたとしても、それが現代社会の人々が考える「美」と重なる保証はまったくない。要するに、『美の鼓動』展では、現代日本における「縄文の美」の観念が、縄文遺物を用いて提示されていたのであり、私たち現代人が、縄文時代のモノの何を美術とみなしているのか、そのどのような側面や特徴に美的価値を見出しているのか、それが展示されていたのである。つまり、それは、縄文文化の展示という以上に、「縄文ルネサンス」の展示として実に興味深いものとなっていた。

2　縄文を活かす現代アート制作

東京国立博物館が一貫して追求してきた「日本の美の源泉」路線の外側では、二十一世紀に入った頃から、縄文とアートのあいだに、それまでになかったような領域横断的な交流が様々な展開を見せはじめていた。すでにいくつかの展覧会については見てきたが、その別方面の表れとして、縄文と現代をアートから照射するインディペンデント系とでもよぶべき種類の展覧会があり、いまではひじょうに沢山開催されていて、その全貌を捉えることは困難である。これらの展覧会は規模もスタイルも色々だが、注目すべき点は、既存のアート作品からキュレーターが選んで、縄文と関係づけて展示するというのではなく、アーティスト自身が縄文のモノなり文化なりに関心をもって、それらを活用して制作した作品が展示されていることである。そのような展覧会の事例を通して、縄文文化を用いての現代アート制作＋展示という営みに光を当ててみたい。

まず取り上げたいのは、「サイトスペシフィック」な作品制作と展示の試みである。ここでいう「サイトスペシフィック」とは、特定の場所との結びつきが作品の制作や展示にとって重要な意味をもつということであり、縄文文化を活用しての現代アート制作の場合でいえば、特定の遺跡や特定の遺物の傍らで制作したり展示したりすることが決定的に重要になる。まず文化財修復を本業とする堀江武史や石原道知がアート作品を出展した展覧会から、新潟県津南町の「なじょもん」で開催した『ジョモニスム展』（二〇〇九）、岩手県滝沢村（当時）埋蔵文化財センターで開催した『ジヨモジェニック展』（二〇一〇）、岩手県一戸町御所野縄文博物館で開催した『ジョモニスムⅡ展』（二〇一一）を取り上げたい。この一連の展覧会を企画した堀江さんが各所で書いた文をコラージュしてみると、その特徴はこんなぐあいになる。遺跡のある現地で「日常の中に縄文を探し」、「カタチとしての縄文を探したりトレースするのではなく」、「縄文人の視点、思考、手仕事を探求しながら」「縄文文化を感じ取って」、それを「自らのカタチで表現」して作品を制作し、それを「実物の出土品と併置」して展示して、見る人の中の「縄文を呼び覚ます」。ここで提案されているのは、〈縄文遺物を美術品として鑑賞すること〉ではなく、〈縄文の文化や遺物にインスピレーションを得て作品をつくること〉にもとどまらず、〈縄文遺物と現代アートを交錯させて、それぞれを新しい光の下に置くこと〉なのである。そしてそのためには、特定の縄文遺跡、特定の縄文遺物との近接性が圧倒的な重みをもつ。まず『ジョモジェニック展』の展示作品のうち、《湯舟沢 AM6:30 20/MAY 2010》（竹内啓）は、湯舟沢環状列石の内側の地面に敷いた布や紙に岩絵の具で描いた作品、《湯舟沢ストーンサークルと土器》（石原道知）は、湯舟沢遺跡出土の土器の文様を環状列石の設計図と見立てて、環状列石のひとつひとつの石の写真を「ミクロネシアの海図」さながらに竹製の枠組に張り付けた作品で、それぞれ現地遺跡とのインタラクションが作品に織り込まれている。そこでしか作れない作品、そこで展示するから意味がある作品である。『ジョモニスムⅡ展』では、現地の蒔前遺跡出土の通称「鼻曲がり」土面から想を得て合成樹脂で製作した仮面に、二戸市の専門家から漆塗りの技法を習って一戸町産の漆を使って塗装した『漆の面　蒔前縄文人』を堀江武史が展示したが、こちらも現地との関わりに徹底的にこだわった作品である。

他方、現場へのこだわりという点では類似するが、実際のアート作品づくり、そして作られるモノとしてはひじょうに異なるものとして、縄文造形家をなのる猪風来と村上原野親子の、「現代縄文土器」の路線がある。二人が作る作品は、縄文土器の遺伝子が突然変異したような器やオブジェであり、オリジナルな作品でありながら、現代縄文土器という名称がぴったりする。二人は「縄文野焼き祭り」を定期的に開催して、他の人々のものと合わせて作品の焼成を行うことによって制作を開かれたものとしているが、二〇一五年の『東京町田・縄文アートフェスひなた村野焼き祭り』に際しては、大自然に祈る「カムイノミ」の儀式がアイヌの人々によって行われ、二〇一六年の第二三回『秋の縄文野焼き祭り』（新見市）には北米先住民ホピの銀細工師が参加した。こうしたことからも窺えるように、二〇一七年の猪風来さんの講演会「生命と魂のデザイン――日本の古縄文アートから現代縄文アート」のチラシでいう「縄文の造形美の根源を究め未来を拓く芸術へと発展させる」営みは、世界各地の先住民とのつながりを志向している。ここでも縄文は、ナショナルな底を踏み抜いて、ユニバーサル・ネイティブとでもよべる感性へと開かれてゆく。新石器時代的普遍性といってよいかもしれない。縄文ルネサンスにおいては、リージョナルやローカルなベクトルは、ナショナルなベクトルへと収束していくとは限らないのである。

新潟県の「日本遺産」の文脈で触れた津南町の「なじょもん」では、二〇〇六年に『大地から湧きたつ　縄文スパイラル　猪風来の世界』展を開催したことがある。それ以外にも、二〇〇九年には前述の『ジョモニスム展』、二〇一二年には複数の作家の『縄文咄咄』展、二〇一八年には堀江武史個展『縄文遺物と現代美術――考古学から生まれるアート』を開催するなど、独自の企画展を続けている。夏の津南町は、実は隣接する十日町市とともに、二〇一八年に七回目を迎えた『大地の芸術祭　越後妻有アートトリエンナーレ』の舞台でもある。「雪深い、過疎の、環境の変化に敏感で、グローバル経済に直撃され、国によって切り捨てられている土地に直面し、その芸術に対応しだしたと思われる」アーティストたちの「サイトスペシフィックな作品が多くなってきた」と総合ディレクターの北川フラム（北川　二〇一八）が言う『大地の芸術祭』において、「縄文」の位置づけは、どのようなものなのだろうか。十日町市は、前述のように、縄文土器としては唯一の国宝のお膝元であり、それに加えて、芸術祭で設定されている六つのステージのひとつである「津南」のテーマは縄文とされている。ところが、「なじょもん」が『大地の芸術祭』の展示には関与していないだけでなく、縄文は意外なほど『大地の芸術祭』の中に姿を見せない。これまでの出展作品をざっと見渡しても、現地の大地、土地、土にこだわった作品は散見されるとはいえ、二〇〇九年に「妻有焼」を公募した例などを除けば、縄文遺跡や縄文遺物との対話があまり感じられないのは、「サイトスペシフィックな作品が多くなってきた」と言うわりには奇妙にも思える。縄文と一線を画しているのは、主催者なのか、アーティストなのか、あるいは地元の住民自身なのか。

実は、同じような印象を、秋田県北部の『大館・北秋田芸術祭二〇一四「里に犬、山に熊。」』というプロジェクト（アートNPOゼロダテ［編］　二〇一五）についても感じる。大館市が秋田犬の里、ハチ公の故郷であることは重々承知でいうのだが、北秋田市にある伊勢堂岱遺跡の環状列石や大館市の隣の鹿角市にある大湯環状列石は、世界遺産登録をめざす北海道・北東北縄文遺跡群の秋田代表である。それにもかかわらず、現代アートの芸術祭にとって、縄文がまるで存在しないかのようなのはなぜなのだろうか。縄文遺跡が存在する地域であるならば現代アートもそれに応答するのがお約束だといいたいわけではない。縄文が現代アート表現にとってむしろ足枷になってしまうことを怖れて、あえて距離を取っているのだろうか。

考古学の本丸にアートがいわば「公案」を突きつけた点で画期的な展覧会が、「世界考古学会議第八回京都大会」のサテライトイベントとして、二〇一六年八—九月に京都市内の建仁寺塔頭両足院で開催された。『カケラたちの庭より Garden of Fragments』と題された同展では、方丈と書院と茶室を三つの展示場として、「素材からカタチへ」、「形から思考へ」、「飛翔する思考」というテーマの下、それぞれ一一点、一一点、一点の作品が展示された。方丈に展示された作品は、素材や断片化という、モノを相手にする考古学という営みの根幹に関わる問題にアートを介して迫る。例えば《カケラ、形そして時——縄文と二十一世紀》という合作作品は、東北地方の被災地など、日本やパキスタンやインドの現代のカケラを展示し、「先史時代の仮面のカケラを我々が見るように、未来の人は、今の世界にどのような形を見るのだろうか？」と問いかける。書院に展示された作品は、形として残るモノと形として残らないものの違いを意識に上らせる。例えば《二十世紀の壺》という宮本ルリ子の作品は、使い捨てのペットボトルを「容器の機能を持ちながら、宝物として大切に扱われたであろう火焰土器の形」にしてみることで何が見えるのかと問う。

これらの作品は、多種多様の造形表現を通じて考古学と現代アートの交錯の可能性を追求する試みで、実は、考古学とはいかなる営みなのかという、現代考古学における先端的な問題意識に応えることを意図している。私自身、同様の問題意識にもとづいて「現代アートを用いての先史文化理解と先史文化を用いての現代アート制作の人類学的研究」（科研費基盤研究［C］課題番号25370944）を実施してきたので、言いたいことは山ほどあるのだが、ここでは縄文ルネサンスとの関わりに絞って、いくつかの点を指摘しておくにとどめたい。第一に、縄文文化とアートという言葉で、たいていの人は縄文遺物の美術品としての価値を思い浮かべる。「日本美術の源流としての縄文土器」という美術史の言説もその線に沿うものであるが、それは「縄文遺物のなかにもすばらしい美術作品はあります」という現代の美術専門家による一方的な認定であり、西洋が非西洋のモノを美術として認定してきた歴史と類似した営為である。それは既存の「美術」という基準に照らしての選別であって、一言でいえば、そこには相互性がない。第二に、縄文文化と現代アートというと、多くの人が思い浮かべるのは、現代のアーティストが、縄文遺物からモチーフを借用したり、「縄文風」を狙ったりして作品を作るケースであるが、その場合も、こちら側の都合に合わせた一方的な利用であって、そこにも相互性がない。どちらにしても、縄文のモノを介して、それを作った縄文人と出会って交流しようという心構えに乏しいのである。

以上の二種類の反応は、縄文ルネサンスのなかでもよく見られるものであるが、それは仕方のないことともいえる。なぜならば、縄文ルネサンスは、べつに考古学やアートについての根本的な問い直しを必然的に含む活動ではないからである。しかし私のように、縄文ルネサンスが考古学やアートの未開拓の可能性を追求するきっかけになることを願う者にとっては、両足院の展示は実に魅力的な問題提起である。

東北大学のトンチクギャラリーにおいて二〇一六年に開催された『先史のかたち——連鎖する土

器群めぐり』展は、縄文と現代アートが交錯するまた別の興味深い例である。建築学者である五十嵐太郎が考古学者である有松唯と出会うことによって、「デザインという視点から土器群を再構成する」ことを試み、「少しずつ形態が変容し、土器が様々にモーフィングするようなランドスケープ風の配置」で一三五個の縄文土器他を展示する展覧会を開催した。さらに加えた捻りが「アートを介入させること」で、会場の隅などに「縄文を現代的な解釈によって接ぎ木する作品」、つまり青野文昭の「器の破片や土器のレプリカから思いもかけない修復」を行った作品や斧澤未知子の作品「土器に触発されながら、線が集積する細密画のライブ・ドローイング」を展示した。そこに生まれたのが、五十嵐の言う「考古学、建築、アートの異分野が協同し、時空を越えながら、かたちという言語を通じたコミュニケーションの成果」としての『先史のかたち』展だった（五十嵐＋東北大学大学院五十嵐研究室 二〇一七）。

その特徴は、並べ方の妙であり、企画者の言葉で言えば「連鎖する土器群めぐり」である。この工夫は、人類学者にはレヴィ＝ストロースの「変換（transformation）」という概念を想起させるのだが、土器というモノのレベルではなく、展覧会というレベルで他の展覧会と比べたとき、『先史のかたち』展は、常設展に並べられた土器群のリシャッフリングあるいは再構築のテストケースとして興味深い。それが可能になったのは、既存の常設展からではなく、収蔵庫から展示品をピックアップしたことに由来するが、他館から借用したモノを組み合わせて展覧会を作り上げる際にも、もっと大胆で自由な並べ替えが可能ではないだろうか。さらに歩を進めて、縄文遺物の本来の居場所である常設展自体をアートの力で全面的に組み直してみせる特別展、この可能性は追求してみるに値する。少なくともバーチャルにはすぐにでも可能だろうし、私が知らないだけですでに存在しているのかもしれない。

大学から発信されたいまひとつの興味深い展覧会が、二〇一八年に山形市の東北芸術工科大学で開催された。『ジョウモン・アート――縄文の美と心』展（長井［編］二〇一九）である。この展覧会は、二年にわたる同大学の分野横断型プロジェクト『ジョウモン・アート』の成果公表の場でもあったが、同プロジェクトの目的は、「「縄文」の美と魂を広く学内外に発信する目的で、縄文の遺跡・遺物がもつ力を開拓する」ことだった。芸術学部とデザイン工学部をもつ大学の特性が最大限に発揮されたプロジェクトだったが、この展覧会のいちばんの特徴として挙げることができるのは、本展の企画者である先史考古学の長井謙治准教授が行っている山形県高畠町の日向洞窟遺跡の発掘に、美術科の学生たちや教員も参加し、「遺跡や遺物に触れて感じた経験をもとに、絵画や工芸など各々の専門性を活かした作品を制作」して、展示したことであった。作品のなかには発掘現場で採取した土を利用した絵画や版画なども含まれていた。それらアート作品と並んで、会場には、日向洞窟の出土遺物や、津南町から借用した火焔型土器も展示された。アート制作者自身が遺跡発掘を体験するという試みは、先史遺物と考古学と現代アートがもっとも接近している場面といえるだろう。実際に見ることは叶わなかったので、できあがった作品の詳細について深く論ずることができないのが残念だが、記録写真等をみるかぎり、小規模ながら濃密な空間を感じることができる。

実は私にとっては、同展の最も印象に残るイメージは、ポスターで使われていた「縄文フォント（Jomon regular）」で、長井さんによれば、グラフィックデザイン学科の教員・学生の協力で、会場で展示した火焔型土器の画像をアドビ・イラストレーターに取り込んで作成したものだった。パソコンのキーボードで入力できる縄文フォント。縄文時代にはもちろん日本列島に文字はなかったが、縄文フォントには、縄文が現代社会とつながっていくまた別の回路の端緒が潜んでいる。

これまでに見てきた展覧会や展示は、縄文の文化や遺物との新しい関係を模索する実験や挑戦を含むものであっても、アーティスト個人の作品の展覧会という点で、モダンアートの近代的な作法に則ったものだった。つぎに見るNPO法人JOMONISMの『Arts of JOMON』という展覧会＋イベントの路線も、作家の作品の展示であることに違いはないのだが、縄文の根源へと遡る志向をサブカルチャーやデジタルアートやCGなどと合体させる手法は、音楽や映像の効果とも相俟って、方向性が四五度くらい違って、祝祭や祭祀に近づいているともいえる。JOMONISMのウェブサイト（以下Φで示す）と二〇一八年発行の雑誌『いま蘇る縄文』（以下Ωで示す）を参考に何を目的に何をしているのか見てみよう。法人代表の小林武人は「縄文と現代アートの融合から見えてくる世界とは？」と自問し、それに答えて、日本文化の最古層に眠っている〈縄文〉という芸術形態は「テクノロジーと自然とのバ

『ジョウモン・アート』展（東北芸術工科大学、2018）ポスター

ランスを模索した痕跡」であり、そうしたバランス感覚は「日本のアニメを中心とするサブカルチャー」をはじめとする現代文化にも影響を与えていて、ヒト型のキャラクターの隆盛も「アニミズムへの無意識の回帰」と考えられ、「自分たちのルーツを縄文に求め、縄文を現代のテクノロジーやコンセプトと結びつけた時、そこには時空を超えた大きな〝文化の円環〟が出来上がる」（Ω）と書く。

ムーブメントは、まず二〇〇九年に三内丸山遺跡を舞台とする野外フェス『三内丸山アートフェスティバル・フィール・ザ・ルーツ』で始まり、それが七年間続き、その一方で、二〇一二年の長野県長和町での『ワンネス・キャンプ――縄文と再生』というフェスが二〇一三年に代官山（東京）に場を移して、縄文のスピリットを「音楽とアートとストリートの精神」で受け継ぐ『ワンネス・ミーティング』となり、その二〇一七年版では「縄文、アイヌ、琉球、ダンスミュージック〔……〕ルーツとつながるスペシャルな祝祭の夜」（Φ）という謳い文句が躍り、二〇一三年にニューヨークで始まった『Arts of JOMON』は、パリのジャパンエキスポ、青森県立美術館、表参道、デンバー国際空港、クアラルンプールと場所を変えながらも、「縄文文化に共鳴するアーティストが集結し、それぞれの手法で縄文的世界観を披露」する舞台となってきた（Ω、Φ）。

このJOMONISMというムーブメントの、縄文を「日本列島ネイティブ」として捉え、その「アニミズム感覚」を現代に蘇らせるという方向性、それ自体は、これまで見てきた様々な取組みやイベントにも見られる。では『Arts of JOMON』という展覧会は、縄文を現代アートと交錯させる他の展覧会とどこが違うのだろうか。そこでは「絵画、グラフィック、ペインティング、陶芸、3

DCGと手法もさまざまな作品」(Φ)が出展されていて、一言で特徴をまとめるのは難しい。あえて焦点を絞るならば、3DCGモデリング/デザイナーである小林代表の前述のマニフェストにある「日本のアニメを中心とするサブカルチャー」や「縄文を現代のテクノロジーやコンセプトと結びつけ」というあたりがJOMONISMの特色になるだろう。つまりアニメやフィギュアとして可視化されるテクノなアニミズムに縄文というルーツを感じ取る志向性である。

しかし、縄文とアートを現代的テクノロジーがつなぐ試みは、実はJOMONISMだけに限られない。思い出すものから無作為に挙げれば、そのひとつは、すでに言及した『縄文コンテンポラリー展』で上映された「ビデオフィードバック映像」であるが、それとはまた別の例が、舟形町(山形県)出土の国宝土偶《縄文の女神》の二つのオブジェで、山形市の県立博物館の正面入口に飾られている。一方は、3Dプリンターで作ったレプリカで、他方は、県立村山産業高等学校の生徒が土偶の三次元計測データをもとにアクリル板材を用いてレーザー加工機を使って製作したもので、ケースの下から点滅する県産有機ELに照らされている。もうひとつの例は、二〇一七年茅野市の『八ヶ岳JOMONライフフェスティバル』のシンボルオブジェとしてメディア・アーティストの後藤映則が制作した映像作品で、3Dプリンターで出力されたイメージを回転させて真上から光線を当てると、それぞれ《縄文のビーナス》と《仮面の女神》の動くイメージが姿を現す。

このように縄文と現代アートを交錯させる試みといっても、現代世界のアートのどこに照準点を定めるかによって、表現されるものは実に多種多様なのである。ここでひとまず「縄文と現代アートの交錯」という現象について、一応のまとめをしておきたい。第三章で述べたように、二〇一〇年前後は、大英博物館での『土偶の力』展と東京国立博物館での『国宝土偶展』によって、縄文ルネサンスが本格化したという意味では大きな転換期だったが、本章で見てきたように、その十年程前から、博物館や美術館を舞台に、縄文と現代アートを交錯させる試みは始まっていたのである。しかしそれは考古学ファンにとっても、縄文と現代アートにとっても、理解が難しいものだったようだ。というのも、そもそも考古学者や考古学ファンにとっては、「日本の美の源流としての縄文」という言説は許容範囲でも、現代アートと縄文の関係など想定を超えるものだっただろうし、現代アートの展覧会に足を運ぶ人たちにとって岡本太郎の「なんだ、コレは！」の路線は馴染みがあっても、「太郎好み」から外れた博物館常設展示品の「爆発していない」縄文遺物とは距離感があったのだろうと思う。そして考古学と現代アートの全般的な隔たりは、実はいまでもそれほど埋まってはいないのである。考古学博物館と近現代美術館、そしてそれぞれの専門職員は、いわば別の文化の中に生きていて、別の言語を話してきて、いまようやく片言でピジン言語を話しはじめているという段階なのだろう。

しかし徐々にではあるが、領域横断的な試みは進行し拡大しており、後戻りすることはないだろう。そう思える理由は、考古学と現代アートのあいだに正式な「外交ルート」が成立するというようなかたちよりも、ゲリラ的な交流があちこちで頻発するなかで国境の検問所が機能しなくなるようなかたちで、領域横断が拡大しているのであり、その背景にインターネットを介してのネットワークの増殖が与って力あったことは明白な事実である。

第六章　ポピュラーカルチャーと海外発信

1　縄文ルネサンス@インターネット

江戸時代の好事家たちのネットワークは、実際に会う以外には、文書の配布や手紙のやり取りしかコミュニケーションの方法がない時代にしては、驚くほど広域かつ緊密なものだった。つながりたいという同好の士の情熱には底知れぬものがある。そして、交通手段が発達し、電話が利用できるようになっても、せいぜい雑誌などが交流の場を提供しているという状況は、つい二十年ほど前まで、あまり変わらなかったのである。そこに登場したインターネットによって可能になったホームページ、ブログ、フェイスブック、ツイッター等々は、同好の士たちの広域ネットワークのあり方に革命をもたらした。そして縄文文化に関心をもつ、現代の好古家たちのネットワークも例外ではなかった。

行政が中心となって進める運動にとっても、インターネットやSNSは欠くことのできない情報発信と情報交換の媒体となっている。例えば青森方面を例にとると、NPO法人三内丸山縄文発信の会が、冊子体の『縄文ファイル』を発行するほか、『みんなの縄文』というウェブサイトを運営しており、『縄文ファン（JOMONFAN）』というポータルサイトは、様々な情報提供のほか、連載記事等も発信してきたが、どちらもいまでは、フェイスブックとツイッターを運営し、むしろ重点はそちらに移っているようにみえる。前者はNPOが運営母体だが、後者は青森県企画政策部世界文化遺産登録推進室がサイト運営をしており、県縄文プロモーションロゴキャラクターのJタローが登場しているように、どちらも青森の世界遺産推進組織による情報発信サイトといえる。北海道・北東北全体としては「縄文遺跡群世界遺産登録推進事務局」があり、九七〇点の応募作から二〇一二年一二月に決定したロゴマークを旗印として、ウェブサイトを設置して、推進運動の情報発信を行っている。

このような自治体をはじめとする組織による情報発信が、規模や速度は大きく変化したとはいえ従来の「広報」の延長線上にあるのに対して、社会の大海の中で興味や関心を共有しながら散在している「小衆」にとって、インターネットやSNSによって開かれた情報発信と情報交換の可能性の大きさは、繰り返していうまでもないだろう。しかし、ここであえて、縄文ルネサンスにとってインターネットが果たしている役割は不可欠なのかという問いを立ててみたい。結論からいえば、速度や規模や頻度に関しては、インターネットなしでは著しくペースダウン、スケールダウンすることは間違いないが、インターネットなしでは縄文ルネサンスは立ち行かないかといえば、そうではないと言うことができるだろう。そのように判断する理由はいくつかあるが、第一に、縄文ルネサンスのコアな部分は、比喩的にいえば「空中戦」ではなくて「地上戦」だからである。つまり、具体的な遺跡や遺物との関わりに仲介されたオフラインのリアルな活動や行事がベースにあり、バーチャルなスペースで展開している現象はいわばその増幅された反響のようなものだからである。第二に、インターネットを介してのネットワーキングや情報発信が、縄文ルネサンスにおいて有用な道具となっていることは否定しようのない事実だが、それは他の方法でも代替しうることの効率を格段に高めているにすぎないからである。というのも、それぞれが好きなように活動している分散型の現象である縄文ルネサンスは、広域につながっていなくても生き延びることができる。要するに、縄文ルネサンスは、その本質的部分で、縄文時代の社会のネットワークに似ていて、小規模な単位の自律性と自足性が高いのである。改めていうまでもないが、縄文ルネサンスという集権的に組織された運動体があるわけではない。あちこちで展開している様々な事象を指して、本書で縄文ルネサンスという括りで捉えることを試みているにすぎないのである。

2　土偶ブームと土偶キャラ

縄文時代の遺物のなかで土偶は特別な扱いを受ける傾向がある。毎日の生活に必要な土器と違って、縄文のムラでも土偶が出土する所とそうでない所があるし、出土するにしても、その量に大きな差がある。そして何よりも謎に包まれている。用途が不明であるし、何を表しているのかについても諸説ある。まさにそのように不明な点が多いために、プロの考古学者が禁欲的に多くを語らないでいる間隙をぬって、シロウトが自由な解釈を展開する余地が残されている。こうした理由から、縄文ルネサンスのなかで、土偶ブームというのは、ひとつの特別なジャンルを構成している。土偶だけに特化した関心をもつ人々がいたり、土偶の周辺だけで特異的に見られる盛り上がりがあったりするのである。

長いあいだ、東京国立博物館編『東京国立博物館図版目録――縄文遺物篇（土偶・土製品）』（一九九六）や「土偶とその情報」研究会編『土偶研究の地平』（1―4）（一九九七）といった、考古学者向けの単色刷りでありながら厚く高価な専門書が君臨していた土偶本の世界に最初の風穴を開けたのは、岩手県紫波郡紫波町にあるツーワンライフ出版から二〇〇九年に刊行された『いわてドグウ★ガイドブック　土偶王国』（以下『土偶王国』）だった。私がそれを手に入れたのは、たしか二〇一二年の『土偶・コスモス』展の会場だったと思うが、展覧会図録の横に平積みされていたわけではなく、掘出し物のようだった印象がある。この本は、縄文まんが家のさかいひろこさんが、グラフィックデザイナーの米山みどりさんの撮りためた土偶写真のなかから「これはみんなに知ってもらいたいという六〇体を厳選したもの」で、基本パターンとしては、それぞれ土偶の写真と、出土した遺跡（と担当者）についてのイラストと文、そして情報を四コマ漫画で表現したものがセットになっていて、最後に考古学者の中村良幸さん（花巻市教育委員会）への二人のインタビューで締めくくられている。この本はけっして土偶をおもちゃにはしていないし、土偶をダシにして妄想を語ってもいない。土偶が好きな二人が専門家に教えを乞うというスタイルで書かれている。しかしそれまでの専門家向け土偶本と違っているのは、土偶のそれぞれが個性をもつものとして描かれていることである。つまりそれは研究用の標本ではない。そして表紙のタイトルの上には「キュートな土偶たちの魅力が満載!!」という文字列が躍っている。つまり親しみのもてる個性ある存在として土偶が描かれている。これは画期的だった。それなのに土偶ブームの起爆剤となりえなかったのは、なぜだろうか。ひとつには時期がやや早すぎた。後述の『どぐキャラ総選挙』より四年も早かった。しかし本質的な理由は、まず扱っている土偶が岩手限定だという点である。同書所収の「土偶データ総収集数地図」によれば、長野や山梨を引き離して岩手だけが二千点以上の土偶を「輩出」しているのだが、土偶への関心がまだ本格化していないなかで、岩手限定でブレークするのは難しすぎた。それと並んで流通範囲の問題がある。出版元が東京でなかったことは、全国的知名度を獲得するのにはハンディキャップだっただろう。およそ一万年間続いた縄文時代に東京は中心ではなかったが、実は同じことは縄文ルネサンスについてもいえる。インパクトのある長い射程をもつ動きが起きているのは、本書でもこれまで見てきたように、けっして東京ではない。縄文時代に先進地だった地方なのである。それなのに在京のマスメディアは、たかだか首都歴四百年の東京偏重から抜け出せていない。実に「非縄文的」姿勢といわざるをえない。

『土偶王国』から遅れること五年、二〇一四年に東京の世界文化社から出版された『はじめての土偶』(武藤康弘監修、譽田亜紀子取材・文)は、国宝も含めて全国を網羅していること、考古学者が監修して構成全体に目配りしていること、そして小川忠博さんらプロの写真が要所を固めていることなどのおかげで、路線自体は『土偶王国』とそれほど変わらないが、その手作り感とは隔たりのある商品として仕上がっていた。監修者は、執筆者について「土偶の魅力に惹きつけられて、感性にまかせて土偶を分析した」と評しているが、この方針は二〇一五年の『にっぽん全国土偶手帖』（譽田亜紀子著、武藤康弘監修）で、さらにパワーアップした。この本の特徴は何といっても五〇体の選りすぐりの土偶にニックネームをつけたことである。「お洒落番長」、「ペグモン」、「ストレッチマン」、「ニコラス」、「いーてぃ」、「覆面レスラー」、「カマキリ仮面」、「プレッツェルさん」など意表をつく名前をつけられることによって、土偶のそれぞれは、ここではっきりと、出土した遺跡から離陸し、縄文時代の作り手より、現代日本の受け手のほうへと重心を移した。巻末の「土偶&縄文への旅」のコーナーは、遺跡紹介だけでなく、ランチやお土産のアドバイスもあり、現地を訪れるための観光ガイドブックとして役に立つ。縄文土偶は、旅をして見にいくものになったのである。そしてこの本を片手に旅をすると想定されているのは、定年退職後の往年の考古学ボーイではなく、一九七〇年代の「ディスカバー・ジャパン」の主役がそうであったように（若い）女性であり、近年では彼女らは「女子」とよばれる。

「土偶女子」を自称するライターの譽田さんが、この本につづけて、『ときめく縄文図鑑』（二〇一六）で土偶以外のモノも載せ、『土偶のリアル』（二〇一七）で土偶の「出生地」を訪ねて、テレビの特集番組に出演し、各地で講演をして、土偶の伝道師として土偶ブームを先導してきたことについては、ここで詳しく述べないが、そこで果たした役割を要約すれば、土偶に一目惚れしたシロウトならではのガイドブックによって、考古学者でも考古学ファンでもない普通の現代人と縄文土偶とのあいだに、心が通い合うお膳立てをしたということだろう。それはあたかも、江戸時代の文人や好事家が享受していたような縄文遺物とのおおらかな関係が、明治時代以降の大学アカデミズムの下で地下に潜行することを余儀なくされていたのが、再び地表に現れたようなぐあいだった。考古学者にはけっして書けない、いや、考古学者なら書くことを許されない本だったからこそ、広く受け入れられたのである。こうした土偶本について、おそらく考古学者とくに土偶の専門家は、一般向けの縄文本などへと進む前の導入篇、まさに「はじめての土偶」として位置づけているのだろう。ただ「土偶女子」たちが、考古学者の期待通りに、考古学の本堂へと参詣してくれるのか、山門の土偶をインスタグラムにアップするだけで帰ってしまうのか、それは誰にもわからない。

縄文ルネサンスに注目する文化人類学者としての私の目から見れば、現代社会に蘇ることになった土偶がどのような新しい意味を獲得することになっているのか、格別に興味をそそられる。この問題に切り込むために役に立つ補助線として、ポケモン、妖怪ウォッチ、ゆるキャラといった、現代日本社会を彩るキャラクターのジャンルがある。これらに共通するのは、個性的な外見や技能をもつキャラクターの集合であって、そのなかからお気に入りが選び出されることである。そしてさらに注目すべき点として、普通の人間（や動物）の規格から外れているにもかかわらず、その逸脱が異形として忌避されるよりは、愛玩の対象とされていることである。一言でいえば「カワイイ」という評価が決定的な意味をもつ。土偶ブームにおける土偶との関わり方には、明らかに、こうした「カワイイゆるキャラ」との共通性あるいは連続性を見て取ることができそうである。

この文脈に、江戸東京博物館で二〇一六年に開催された『大妖怪展——土偶から妖怪ウォッチまで』を位置づけることができるだろう。同展では、看板に反して土偶は順路の最後に置かれていたにすぎなかったが、そこに潜む水脈は、実は好事家の場合と同じように、少なくとも江戸時代まで遡れる可能性がある。香川雅信が『江戸の妖怪革命』(二〇一三[二〇〇五])で詳しく論じているように、キャラクター化され娯楽の対象となっている現代のカワイイ妖怪たちは、民俗社会の化け物に明確な視覚表象を与えた、江戸時代(特に十八世紀後半以降)の「妖怪図鑑」などの流れを引いており、けっして現代のみに特有のイキモノではない。直接の系統関係の有無については、ここでは追究しない。受容する側の態度に類似性が見られるのである。香川によれば、鳥山石燕の『画図百鬼夜行』に代表される「化け物づくし絵巻」は「妖怪に対する博物学的な知の所産」で、そこでは「妖怪たちは物語性やコンテクストを剝奪されて、その代り一つの名と一つの形象を与えられ、個物として扱われるようになった」(香川 二〇一三[二〇〇五]:一四三)。さらに香川から引けば、妖怪は「やがて絵画、書籍、玩具、芸能などさまざまなメディアによって形成された引用と参照のネットワーク＝「表象空間」のなかに解き放たれ、その自律的な世界のなかで独自の成長を遂げていく。だが、妖怪たちを成長させるその原動力は、人間たちの欲望なのだ。妖怪たちは人間の「楽しみ」の対象として、流用され、操作され、加工され、消費されるのである」(同書:二〇八)。この文章の「妖怪」を「土偶」に置き換えれば、現代の土偶ブームにそのまま当てはまる。つまり近年の土偶ブームにおける土偶本は、まさに土偶のキャラクター化にもとづく「土偶づくし」にほかならない。そして人々は、そのなかから、江戸時代の好事家さながらに「お気に入り」を選び出して愛玩するのである。

一〇月九日が何の日かご存知だろうか。インターネット上の『どぐぽた』というポータルサイト

是川縄文館（八戸市）の国宝《合掌土偶》のキャラクター《いのるん》

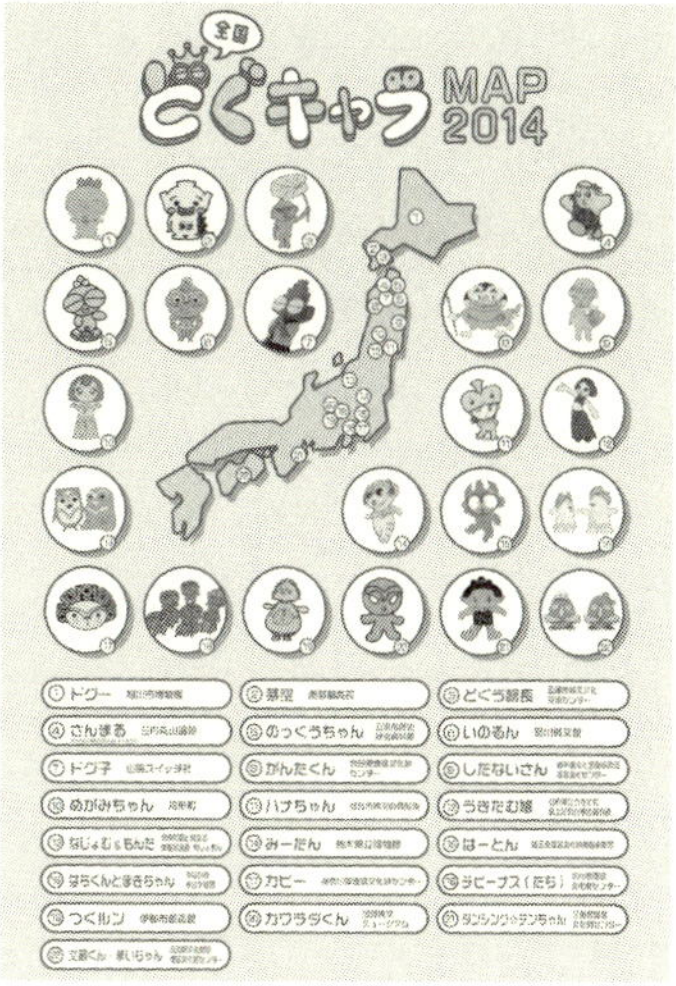

『どぐキャラ総選挙2014』にエントリーした「どぐキャラ」、縄文ドキドキ会

を運営する小林千幌（のちに亨）さんら「土偶の日運営委員会」が、クラウドファンディングをよびかけて二〇一六年に日本記念日協会に登録した「土偶の日」である。それは「土偶や、縄文文化に親しむ為の日」で、九月と一〇月を「土偶／縄文の文化推進月間」として「日本人の遠い祖先でありながら、実はよくわからない縄文の文化。期間中はみんなで楽しみながら、見たり楽しんだりしましょう」と提唱している。『どぐぽた』が縄文業界で知られるようになるきっかけは、インターネット上で二〇一三年から始めた『どぐキャラ総選挙』だった。全国からエントリーした「どぐキャラ」つまり土偶系キャラクターに投票する企画で、エントリーした「どぐキャラ」の数と総投票数は、二二組・一一一〇票（二〇一三）、二二組・三七七八票（二〇一四）、三四組・三四七八票（二〇一五）だっ

た。最初の二年は八戸市の是川縄文館所属の(国宝合掌土偶のキャラである)《いのるん》が優勝した。そして《いのるん》が出場を控えた三年目には、南アルプス市ふるさと文化伝承館の《子宝の女神ラヴィ》が優勝を飾った。二〇一六年に装いも新たに開催された『JOMON美土偶グランプリ』は、『どぐぽた』側が厳選した一九の「美土偶」の実物の写真に投票するという企画だったが、総数三四九〇の投票の結果、国宝土偶四点をも含む土偶一八点を抑えて、茅野市の棚畑遺跡出土の《縄文のビーナス》が初代のグランプリに輝いた。

小林さんが『どぐぽた』に書いた文章によれば、二〇一三年に一〇月九日を土偶の日にしようと思いつき、仲間を得て結成された「土偶の日運営委員会」が、同年中に『どぐキャラ総選挙二〇一三』を実施し、一一人のグループ展『縄文の未来展』を阿佐ヶ谷で開催した。二〇一四年には土偶と縄文のポータルサイト『どぐぽた』を開始し、積極的に各地の縄文がらみのイベントや活動の情報や、土偶の御宅訪問記を発信し中継する重要な役割を果たしてきた。それ以降のグループ展として、二〇一五年のアート展『縄文のカーニバル』(阿佐ヶ谷)、二〇一六年の蚤の市『東京縄文ビレッジ』(鷺ノ宮)や土偶作品展『二〇九の土偶展』(阿佐ヶ谷)、二〇一七年の『縄文の手しごと展』など。この『どぐぽた』グループの特色として、小林さん自身、メルヘンチックな土偶フィギュアを作る作家であり、彼の仲間も(パフォーマンスも含め)アート作品の制作者だという点、しかもそのなかには本業が考古学者や修復家の人たちも含まれているという点が挙げられる。つまり領域横断的なのである。

『どぐぽた』は、たしかにインターネット上のポータルサイトとして存在しているのだが、バーチャルな活動だけをしているわけではない。しかも現実のイベントの開催場所が阿佐ヶ谷界隈であるように、表参道や代官山が舞台のイベントとは違って、ひじょうにローカル（地元的）な活動なのである。しかしマスメディアが注目するようになったのは、『どぐキャラ総選挙』や「土偶の日」といったインターネット受けするイベントのほうがきっかけだった。そのあたりのオンラインとオフラインの不思議な関係を示すひとつのエピソードとして、『ＪＯＭＯＮ美土偶グランプリ』の優勝トロフィー授与式がある。これは当初は予定にはなかったようだが、優勝した《縄文のビーナス》の本拠である茅野市の要望で、小林さんがスーツを着て茅野市に出向いて柳平市長にトロフィーを手渡す式が行われ、その写真が尖石縄文考古館のロビーに飾られている。「土偶の日」制定運動というシャレが「縄文プロジェクト」という現実政治と思いもよらないかたちで接近遭遇したのである。しかしこのエピソード自体は予期せぬ遭遇だったかもしれないが、実は『どぐぽた』は、行政主催の事業も仲間内のイベントも情報として同じように扱うという姿勢と、バーチャルなスペースに安住せず、積極的に各地を訪問してリポートするという姿勢によって、つね

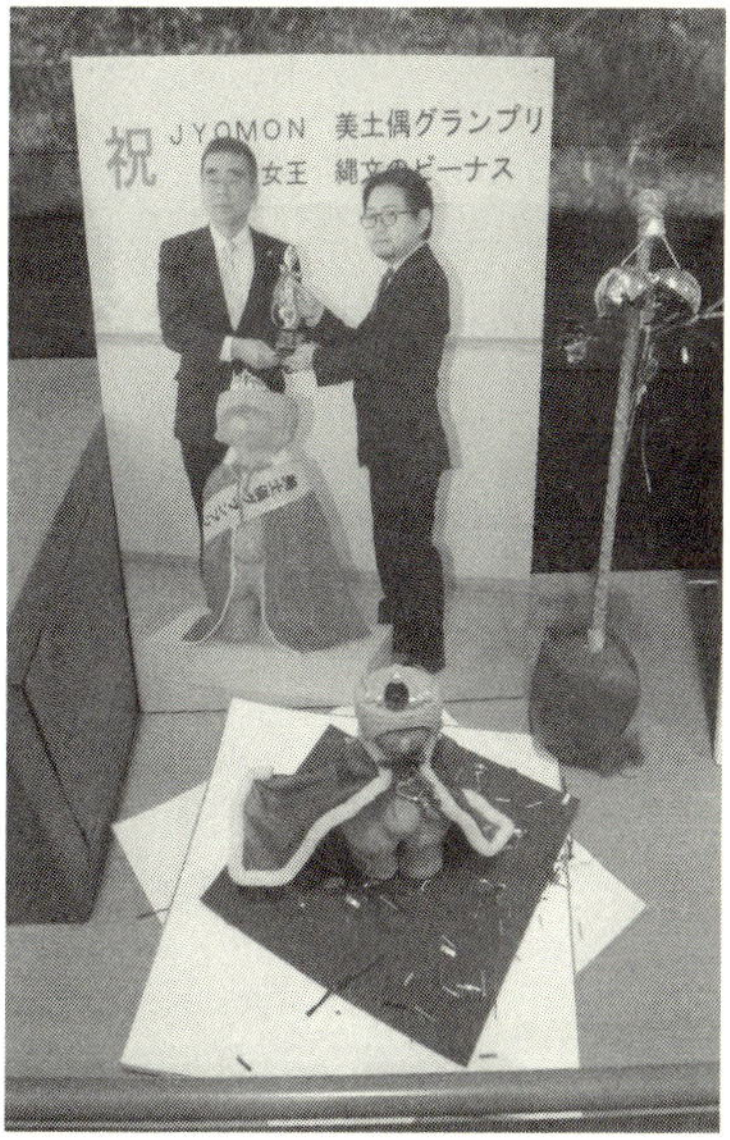

『JOMON 美土偶グランプリ』トロフィーを柳平茅野市長に手渡す小林亨氏（尖石縄文考古館）

にオンラインとオフラインをつなぐという役割を果たしてきたといえる。

遺跡にある博物館などを訪ねて学芸員の方々と話すなかで、「うちもエントリーしています」というかたちで、しばしば『どぐキャラ総選挙』のことが話題に上った。そもそも、地元の土偶を元にしたキャラクターが存在したからこそ「総選挙」も可能だったわけであり、土偶のキャラクター化を通じての市民への働きかけという各地に散在していたローカルな動きをつなぎ合わせて「どぐキャラ」に活躍の舞台を与えたという点で、『どぐキャラ総選挙』の意義は、順位をつけたこと以上に、土偶に交流の場を与えたことにある。その点では『はじめての土偶』も同様の役割を果たしたといえるだろう。要するに、土偶のネットワーキングを介して、共通の関心をもちながら散在しているがゆえに分断されていた人々が交流できるスペースを生み出したのである。

3　縄文デザインと縄文グッズの開発

「お菓子作り考古学」というものがあるらしい。考古学界で認知されているかどうかは不明であるが、「お菓子作り考古学者」は実在する。「芸名」をヤミラさんという。この人の活動が氷山の頂だとすると、水面下には大きな氷山が潜んでいる。縄文土器や縄文土偶とお菓子との不思議な結びつきがそれである。まず土偶クッキーから始めよう。博物館や展示館を併設している縄文遺跡では、お土産物や記念グッズを販売するコーナーがあるが、土偶が目玉の所で確実に売っているのが「土偶クッキー」である。寒天の産地である茅野市の二つの国宝土偶を象った「土偶ようかん」や八戸市の国宝土偶を象った「合掌土偶人形焼」なども捨て難い味があるが、クッキーには一日の長がある。クッキーは色や感触が土偶に似ている、そして割れる、これが重要である。縄文人も食べていましたというクルミなどが入っていると、なおよい。

ヤミラさんは各地で「お菓子作り考古学」のワークショップを催しているが、そこで参加者が作るのは「ドッキー（Dokkie）」という土器片形クッキーである。二〇一六年に催した「自分ドッキー」を作るワークショップの目的は、「自分を文様で表現すること、それを観察して読み取ること」を「土器片形クッキーを作ることでおいしく楽しむ」ことだとある。そうすることで、作った縄文

是川縄文館（八戸市）内のミュージアムショップ

茅野市の国宝土偶《縄文のビーナス》と《仮面の女神》のクッキー

人の目と掘り出した考古学者の目の両方で見ることができるという。なるほど「お菓子作り考古学」は、軽そうに見えて実は深い。そもそも、発掘に携わった体験のない人は知らないことが多いが、土器や土偶というのは、ひじょうに長いあいだ地中で様々な力の下にあったために、普通は断片のかたちで掘り出される。断片を集めて、足りない所は補って、専門家が土器や土偶を復元することもあるが、それは学術的あるいは審美的理由で選ばれた少数のモノの場合である。圧倒的多数の「凡庸な」土器片は、廃土といっしょに捨てられるか、運よく考古学資料となっても、復元も展示もされずに収蔵庫にしまい込まれてしまって、二度と再び娑婆に出てくることができない。どこかでまた地中に埋もれたりしたら困ったことになるからである。そのような凡百の土器片の薄幸の生涯を考えると、土器片形クッキー作りは、通常人目に触れることの稀な土器片の魅力へと誘うひじょうに巧みな方法であり、さらにそれに加えて、美味しい方法なのである。

土器や土偶のお菓子は、色々な思惑と結びつく。二〇一七年に工藤パン（青森市）とヤミラさんが協力して開発した「くどパンのどぐパン」（亀ヶ岡の遮光器土偶がモデルの「どぐうあんぱん」と三内丸山の大型板状土偶がモデルの「どぐうパンケーキ」）は、あおもりJOMONプロモーション企画運営業務として採択され、世界遺産登録に一役買うことを期待して青森県が委託したものである。東京国立博物館の二〇一四年の『日本国宝展』では、土偶発掘チョコレートや土偶ビスケット、二〇一八年の『縄文――1万年の美の鼓動』展では、縄文プリントクッキー、遮光器土偶ミニあめなども売られていた。それ以外にも、全国各地で、クッキーなどお菓子を中心に多様な「縄文食品」が開発されているが、ここに垣間見えるのは、商魂逞しい「縄文ビジネス」であり、ぜひ詳細な調査が必要なテーマである。

食をめぐる「縄文ビジネス」はお菓子だけではない。二〇一七年一一月一日に日清食品のウェブサイトに不思議な広告が載った。国宝誕生百二十周年を記念して、火焔型土器を模した陶器製の「カップヌードル専用　縄文DOKI★DOKIクッカー」を一五個限定、税込五万九八〇〇円で販売するという広告である。そして即時完売した。製作にあたって監修を務めた小学館の雑誌『和樂』の説明によれば、「日本の食文化史上の二大発明が縄文土器とカップヌードルで、この二つの登場以前と以後では、食文化のみならず日本人のライフスタイルが変わった」。この文明史的解説の本気度は不明だが、このような企画が実現した背景には、縄文ルネサンスがあったことは間違いないだろう。この企画に問題があったとすれば、高額のわりには火焔型土器には見えなかったことである。製作者もそれを気にしたのか、一台限定の「スペシャルバージョン」を一二〇万円で発売し、少なくとも申し込みがたくさんあったと日清食品のウェブサイトは伝えている。

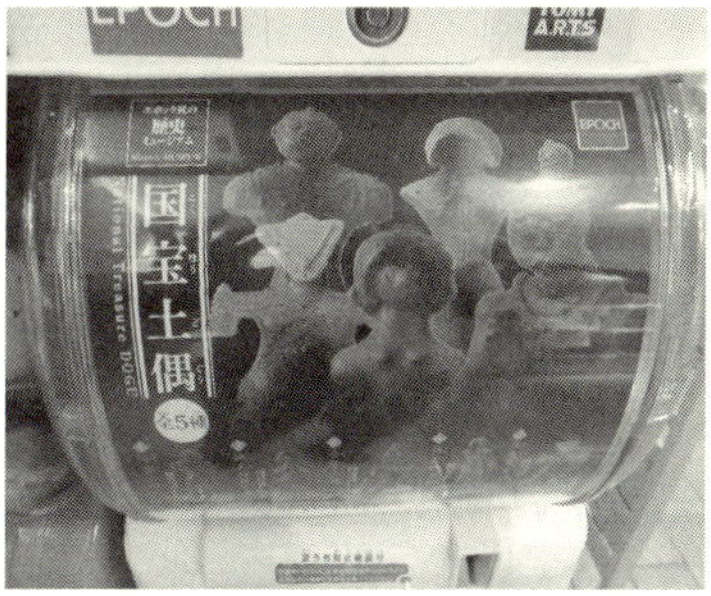

国宝土偶ガチャ販売機

展覧会で販売されている記念グッズは、もちろん食品だけではない。定番の「土偶ガチャ」については誰もが馴染みがあるだろうし、『国宝土偶展』でも、『縄文——1万年の美の鼓動』展でも目にすることができた。ここではそうした記念グッズではなく、商工会議所などの音頭取りで進められている、縄文を活用しての新しい地域名産品の開発へと目を転じたい。茅野市の例を取り上げてみよう。二〇一五年二月に茅野商工会議所は「八ヶ岳山麓のすばらしい縄文文化を理解し、土器文様を商品づくりに活かすマニュアル」として『「縄文八ヶ岳」ブランドブック』を刊行した。これは前述の「縄文プロジェクト実行市民会議」の「産み出す部会」との連携の成果だが、茅野市、諏訪市、岡谷市、富士見町、原村から出土した土器から一七種類の土器文様を取り出し、それぞれから数個ずつの「モチーフデザイン」を抽出し、それらを活用する例が示されている。「縄文八ヶ岳」のブランドロゴも作られていて、単品の商品開発ではなくて、同書に明記されているように、「縄文八ヶ岳」をブランドとして確立していくことがめざされている。

そこに載っているモチーフや、「地域の資源を活用した、どこにもない独創的商品」といった文章を見たとき、実は私には既視感があった。それはブラジル・アマゾンで、先史文化であるマラジョアーラ文化の文様を商品デザインに活かすプロジェクトについて調査していたときに見たデザインや文言にとてもよく似ていたのである。要するに、先史土器を活かした独創的デザインというのは、実はひじょうに難しい。土器は独創的でも、文様レベルにまで分解すると個性が弱まってしまうからであり、縄文土器のように、デザインが土器本体と不可分のものである場合には、特にそれが当てはまる。デザインだけ取り出すと土器のイメージとは分離してしまうのである。他方、弥生土器の場合は、器をカンバスとして文様が描かれているので、デザインをそこから別のカンバスへと転写することが容易なのである。八ヶ岳縄文のモチーフを活かした「縄文文化を楽しむ」商品は、陶器製食器などすでに色々と開発され、二〇一七年の『八ヶ岳ＪＯＭＯＮライフフェスティバル』

でも駅前商業施設で展示され、フェス会場で売られていたが、国宝土偶の《縄文のビーナス》や《仮面土偶》の記憶に残る特徴的なフォルムを模した商品に比較すると、土器由来のモチーフで八ヶ岳山麓の縄文を強くアピールするのは簡単ではなさそうである。

他の地域でも、ここまで本格的でなくても類似の試みがなされている。二〇一八年の例から拾えば、福島市では宮畑遺跡出土土器の雲形文を抽出した縄文文様デザインを使ってクッションと帽子が作られ、石川県野々市市の御経塚遺跡出土土器から取り出した文様がオープンデータとして公開された。同年暮にさらに画期的な試みが公表された。「縄文文化発信サポーターズ」の音頭取りで進められている『縄文オープンソースプロジェクト』がそれである。長岡市の馬高遺跡出土の火焔土器の3Dデータが誰でも利用可能なかたちで公開され、他の土偶や土器のデータの公開も予定されているとのことで、インターネットで入手できるプロジェクトのパンフレットによれば、オープンソース化によって「縄文文化財を現代のコンテンツ産業の文脈、および一般市民のクリエイティブな日常シーンの中において再価値化することが可能になる」という。さらに引用すれば、「オープンソース化で世界はこう変わる」という表題の下、「新たな創作物が生み出される、企業が縄文文化財を活用、自宅で博物館体験、触れる学習教材が充実、いろんな文化財・美術品の3Dデータが使用可能に!?」という将来予測がなされている。縄文遺物の3Dデータのオープンソース化は、縄文ビジネスを跳び越えて、現代の生活の只中に縄文のモノを蘇らせることを可能にしつつあるようだ。西欧のルネサンスは、古典ギリシャの彫刻を蘇らせるために、ミケランジェロのような天才を必要としたが、縄文ルネサンスは、もはや必要としていないらしい。

4　マーケットとしての縄文ルネサンス

縄文ルネサンスの一側面として、縄文関係書籍の刊行が相次いでいる。出版が営利事業であるかぎり、そこにビジネスチャンスがあるという判断がなされたわけだが、縄文を特集したいくつかの雑誌について比較検討することによって、そこに出現した（と考えられた）マーケットについて考察してみることとしたい。

ひとつ目は、二〇一五年に縄文業界に彗星のように現れた『縄文ZINE』で、「都会の縄文人のためのマガジン」と銘打っている。創刊号は啓蒙系や脱力系など色々なものの盛合せだったが、後続号から振り返って見ると、「立話、最近の縄文人」という現代に生きる縄文人同士の世間話のコーナーと「ドグモ」という普段着の若い女性が普通の街角で土偶のポーズを真似て写真を撮る企画が、この雑誌の個性として浮かび上がる。要するに、縄文人は現代人の同時代人であり、だから彼らの生き方は僕たちのヒントになるというセンスがこの雑誌の基調である。フリーペーパーなのでビジネスとは結びつきそうもなかったのだが、二〇一八年になると編集発行人の望月昭秀は、『縄文人に相談だ』と『縄文力で生き残れ』というフリーではない本を出版した。後者の副題はなんと「縄文意識高い系ビジネスパーソンの華麗なる狩猟採集的仕事術一〇〇」であり、ビジネス関係のメディアの関心も少なからず引いたようだが、この先どこに向かうのだろうか。そのヒントが二〇一八年の秋に新宿「ビームスジャパン」で開催された『TATEANA展』に垣間見える。曰く「日常にすっと取り入れることのできる〝縄文〟や、現在と縄文時代を行き来するミッシングリンクのようなモノを、フリーペーパー『縄文ZINE』がセレクトし、Tシャツ、小物、書籍、音楽、アート作品などを展示、販売します。また、会場では本物の縄文土器も展示」。手軽な縄文テイスト雑貨のフリーマーケットは、縄文人は同時代人という路線の着地点としては、それほど意外ではない。しかし、現代にすっと取り入れることのできる縄文というのは、結局のところ、お気に入りの縄文のつまみ食いになってしまう可能性も、ないとはいえない。

二〇一二年と一三年に出版された『芸術新潮・大特集　縄文の歩き方』と『別冊太陽・縄文の力』は、それぞれの固定読者層向けという色彩が濃かったが、二〇一八年の夏に刊行された三冊のムックは、発売日からしても『縄文――1万年の美の鼓動』展を意識した緊急出版的色彩が濃厚だった。縄文文化案内の内容はある程度共通しているが、それ以外の部分の記事や情報に、それぞれの特徴が現れている。順番に見てみよう。『DIA Collection いま蘇る縄文』は、前述のJOMONISMという団体の主張と活動をメインに据えた編集で、表紙にちりばめられた「たくさんの「不思議」と「かわいい」を再発見!!」、「日本人の心の奥底に眠る「縄文の血」を再確認する旅」、「時空を超えた、太古の美意識」といったフレーズもそうした志向を反映している。つぎに、仕込みに一番時間がかかっていそうな『Discover Japan　特集　縄文人はどう生きたか。』の表題には、「一万年も平和が続いたことを知っていますか?」という文章が添えられている。それは縄文授業という構成をとっていて、一時間目から七時間目までの授業（美術、歴史、保健、統計学、哲学、地理、音楽）と課外授業の「縄文ツーリズム」、それに加えて「縄文をもっと知るならアイヌを学ぶ!」という補習がある。キーワードは、一万年の平和、自然との共生、持続可能性、現代人にとってのヒント、自己を見直す、縄文デザインといったところで、最大公約数をカバーしている。『TJ Mook いまこそ知りたい縄文時代』は、食、住まい、信仰、風習という四部構成で、博物館のカタログや学習用参考書といったおもむきで、知識の提供という以外に特段の特徴はない。この三冊は三十五万人が来場した展覧会の売店にも置かれていたのだから、それなりの売上があったと思われるが、そのこと以上に興味深いのは、この三冊が照準するマーケットが期せずして、縄文ルネサンスの三つのベクトル、すなわち、「縄文を現代に蘇らせる」、「縄文の現代的な意義に気づく」、「縄文時代について学ぶ」という三つの方向を体現しているようにみえることである。

5　漫画と映画における縄文ルネサンス

漫画における縄文というテーマについては、すでに『土偶の力』展や『土偶・コスモス』展のカタログで、ルマニエールが、土偶が登場する諸星大二郎、星野之宣、西川伸司らの作品を紹介しているが、ここでもう少し補っておきたい。

水木しげるの『縄文少年ヨギ』（一九七六年に週刊誌で連載）は、七、八千年前という時代設定だが、ニューギニアを彷彿とさせる風景の中で、水木一流の自由連想で物語が紡ぎ出されている。繰り返されるのは、ヨギの集団が存亡の危機に直面し、その解決にあたって占い師の「おばば」が重要な役割を果たすという展開だが、注意を引くのは、文化を異にする複数の集団間の組織的戦闘の場面がたびたび登場することで、読者はそこから、生き残りを賭けた闘争のイメージを受け取るだろう。今の目で見ると適切とはいえない縄文時代の描写は、むしろ一九七〇年代当時の一般的な縄文イメージの反映という観点から見れば、それはそれで興味深い。「豊かで平和な縄文」ならぬ「生存競争に明け暮れる貧しい縄文」である。

石ノ森章太郎の『マンガ日本の歴史』シリーズには、「縄文時代の始り」、「縄文社会の繁栄」、「縄文時代の終末」という三巻があり、一九九八―九九年に文庫版で出版された。考古学者春成秀爾の時代概説と年表がついた学習漫画で、そこに描かれた縄文社会は、縄文少年ヨギの世界とはずいぶん違って、縄文時代の道具や生業、黒曜石やヒスイ、祭祀や埋葬、抜歯や婚姻、土器の地域差、雑穀栽培そして水田稲作の開始といったトピックがバランスよく取り上げられている。しかし意図せぬ先入観を読者に与えている可能性もある。例えば衣類だが、時代や地域の差なく、毛皮か織物か判然としない無模様の貫頭衣を着ていて、しかも裸足である。現在では、博物館の（年代物のパネルはともかく）リーフレットの縄文人も、このような原始人風の衣装を身にまとってはいない。縄文人の衣装は、急速にカラフルでオシャレなものになってきているのである。

星野之宣の『宗像教授異考録』は、民俗学者である主人公が歴史上の謎に挑むシリーズだが、先史時代を特に焦点化しているわけではない。そのなかで縄文をテーマとする「巫女の血脈」という話は、遮光器土偶がイタコを象ったもので、縄文時代に村々を回る巫女の不在中に村に置かれた「巫女の形代」だとする説が現代の老イタコの口から披露されているが、中心は青森のイタコの話であって、縄文時代の話ではない。しかしだからこそ、縄文人の心性に現代人も共感できるというメッセージとなっていることも確かである（星野　二〇〇五）。

縄文時代や縄文のモノが登場する漫画は、もちろんこれだけではないが、以上に見た例に限れば、発表時期からしても、そこに描かれた「縄文イメージ」にしても、「知らなかった縄文文化（のモノ）に、気づかなかった価値を見出し、現代社会で生きる私たちの生活に活かす」という意味での「縄文ルネサンス」との関わりは、まだ薄いという印象である。縄文ルネサンスの渦中にある最近の作品についての分析は、またの機会に試みることにしたい。

縄文ルネサンスにおける映画というテーマもまた一筋縄ではいかない。まず、縄文ルネサンスの方向のひとつである「自然と調和した平和でシンプルな生き方」をそのまま絵にしたような映画がある。是川縄文館はじめ八戸市内でロケを行い、二〇一五年に公開された、森沢明夫原作、黒川浩行監督の『ライアの祈り』である。作品ウェブサイトの文章をそのまま引けば「人生に臆病になっていたひとりの女性が〝人間本来の生き方〟のエッセンスに満ちた〝縄文時代〟に触れ、自身の幸せのカタチを見出して一歩踏み出していく姿を描く」作品なのだが、一言でいえば、自分の幸せではなく、他の人々の幸せを祈ることの大切さが通奏低音になっていて、それが縄文的な価値観として示されている。映画と小説ではやや違いがある。映画が主人公の女性の生き方に焦点を合わせているのに対して、小説では、主人公の生きる現代の日本の物語と、ライアという名の猪狩りで深手を負った後にシャーマンになる少女が登場する「縄文」の世界の物語が、呼応し合いながら同時並行的に展開する。ここに見て取れるのは、「同時代人」としての縄文人と現代人という考えであり、実はそれは縄文ルネサンスの色々な側面に通底している。そこでは現代と縄文時代の時間的隔たりは無意味になり、両者は時間を超えて呼応し合うパラレルワールドとして位置づけられているように見える。

二〇一八年夏に、『縄文――1万年の美の鼓動』展とタイアップしたかのように見える映画が公開された。製作に五年かけたという、山岡信貴監督の『縄文にハマる人々――世界で最も美しい謎』である。数館での上映から始まり、評判を呼んで、全国各地で上映されることになったこの映画は、各地の縄文遺跡訪問と多くの人たちへのインタビューで構成されているのだが、登場するのは基本的に、最近ハマった人々ではなく、考古学者やアーティストや分類不能な人など、久しい以前からハマっていた人々である。テロップとナレーションと登場人物の発言の内容が微妙にずれていて、そのずれの連なりを辿って観ているうちに、縄文ルネサンスがツリー状ではなくリゾーム状の現象なのだと実感することになる。一定の方向に向かっているのではなく、絡まり合っているのである。山岡監督は、雑誌『いま蘇る縄文』のインタビューで「縄文にハマった」

登場人物の職場でもある是川縄文館（八戸市）は『ライアの祈り』のロケ地になった

彼らと僕らの間には深い溝があるんですよ。僕らにとって想像できる範囲を越えた存在が縄文」と言っている。つまりこの映画は、「ハマりそうだったが結局ハマらなかった」監督自身の体験のドキュメンタリーなのである。

二〇一八年には、もうひとつ縄文と関係がないわけではない映画が公開された。関根光才監督の『太陽の塔』である。この映画も一家言ある多くの人々へのインタビューで構成されていて、各人がまるで岡本太郎になり代わったように話し、それが尻取りのようにつながっている感じで編集されているのだが、実はそれぞれが語っている対象が拡散していき、焦点を結ばない。その結果、観る前の予想に反して、最終的に《太陽の塔》も岡本太郎も主役ではなくなり、縄文の話にもならない。その点こそがこの映画の手柄である。見終わった後も耳に残っていたのは、（パンフレットの紹介文をそのまま引けば）「アイヌとしてのアイデンティティを探り続けるアーティスト」であるマユンキキさんの「掘り下げていくと、全部繋がるから、結局、縄文だけにこだわることはないのかなと思っていて」という言葉だった。ナショナルな枠に縄文を囲い込もうとする人々がいるとするならば、その目算に軽やかに肩透かしを食わせる言葉である。

6　文化使節としての土偶や土器

しかし実は、縄文ルネサンスのなかで、国家そしてナショナリズムは、重みを増してきているようにみえる。世界遺産やオリンピックもさることながら、いまや縄文土偶や縄文土器は、日の丸を背負って文化使節として海外へと派遣されている。特に火焔型土器は何度も渡英していて、ロンドンオリンピックに合わせて、二〇一二年七月から三年間の契約で津南町の火焔型土器が大英博物館に貸与されて日本ギャラリーで常設展示され、その開始に合わせた特別展として、同年一〇月から翌年一月まで大英博物館の「朝日新聞ディスプレー」で開催された『炎と水の器　日本の先史陶芸』展に、長岡市出土の火焔型土器と王冠型土器が出展され、二〇一六年一〇月からは三年の期間で、馬高縄文館の四点の火焔型土器が大英博物館の日本ギャラリーに常設展示されている。それ以上に明確に外交の舞台といえる場所で縄文土器が脚光を浴びたのが、二〇一六年八月から九月にかけてのリオデジャネイロオリンピック・パラリンピックで、その期間中「シダージ・ダス・アルテス」内の日本パビリオン「ジャパンハウス」に、十日町市博物館所蔵の国宝の火焔型土器のレプリカが展示され、その後寄贈された。このように、ロンドンそしてリオを舞台に、火焔型土器とオリンピックとの関係には、すでに因縁浅からぬものがあったのである。

パリでは、一九九八年にも『縄文展（JŌMON: l'art du Japon des origines)』(パリ日本文化会館)で縄文遺物が展示されたことがあるが、日仏友好一六〇年を記念して、二〇一八年七月から翌年二月までの約八か月間『ジャポニスム二〇一八――響きあう魂（Japonismes 2018)』が開催された。その開催概要には「古くは日本文化の原点とも言うべき縄文から伊藤若冲、琳派、そして最新のメディア・アート、アニメ、マンガまでを紹介する「展示」や、歌舞伎から現代演劇や初音ミクまで、日本文化の多様性に富んだ魅力を紹介」とある。その一環として、七月から八月まで『深みへ――

日本の美意識を求めて』展（国際交流基金主催）が開かれ、「伝統的な作品と、現代の作品をあわせた展示を通して、日本の美意識を見せ」るなかで、現代の彫刻ドレスと火焰型土器とその破片が同一空間に展示された。また一〇月から一二月にかけては、パリ日本文化会館を会場として『縄文——日本における美の誕生（Jōmon—Naissance de l'art dans le Japon préhistorique)』展が開催され、東京の『縄文——1万年の美の鼓動』展に出展された国宝六点を含む多くの縄文遺物が展示された。二〇〇九年にロンドンで初陣を飾ったナショナルチームが、バージョンアップして、上野で結団して「花の都パリ」に出陣したのである。文化庁発表によれば、その目的は「日本美の原点である縄文の美と、それを生み出した縄文人たちの豊かな精神文化の魅力を提示する」ことだった。

縄文を世界に発信するという旗印は、本書でも、色々な場面で目にしてきた。様々なイベントで、縄文のモノは、縄文時代という特定の時代の日本列島の文化の表象であるだけでなく、日本の美術、日本の文化、ひいては「日本というもの」の表象とされている。では他のモノではなく、縄文のモノが「日本」を代表するとき、その「日本」とはどのようなものとして提示されていることになるのだろうか。そしてそのとき、縄文とはどのような意味を負わされているのだろうか。そこで縄文が表しているのは、一言でいえば、脱政治化されているという意味できわめて政治的な「日本」イメージであり、その点で、『ジャポニスム二〇一八』という大イベントが、かつての欧米中心主義を想起させる用語として、当初フランス側からは懸念が示された「ジャポニスム」という名称をあえて使用したこととも符合する。「ジャポニスム」とは、まさに日本を日本文化に、日本文化を日本美術に還元する、日本＝日本文化＝日本美術という等式の上に立って、「日本」なるものを徹底的に審美化する言説だったことは周知の通りであり、「ジャポニスム」のフランス語表記を通常は使われない複数形に改変したとはいえ、自己審美化を旗印とするというメッセージとなることは変わらない。もちろん、この大規模な文化イベントは、雅楽、仏像、和太鼓、歌舞伎、狂言から現代演劇、コンテンポラリーダンス、セーラームーン、初音ミクまでを含んだ総合文化祭であり、縄文美術だけに日本を代表させようとしているわけではない。ここで強調しておきたい要点は、このイベントに限らず、日本文化の海外発信の場で広く蔓延しているのが、自然と先端テクノロジーが平和的に調和している審美化された日本というイメージであり、縄文（文化、遺物）が文化使節として海外に派遣されるときも例外ではないということなのである。

本節の最後に、『ジャポニスム二〇一八』の思想的バックボーンを提供した、二〇一五年一〇月から六回開催された、俳優の津川雅彦座長をはじめ八人の「有識者」をメンバーとする首相主催の「「日本の美」総合プロジェクト懇談会」の理念をおさらいしておこう。一〇月一三日に開催された第一回の会議で示された資料によれば、その趣旨は「我が国の文化芸術の振興及び次世代への保存継承を図るとともに、文化芸術と日本人の美意識・価値観を国内外にアピールし、その発展及び国際親善と世界の平和に寄与するための施策の検討に資するため」と抽象的だが、懇談会で検討される事項として「縄文土器、仏像といった日本古来の文化芸術、伝統的な工芸、芸能、茶道、華道、和食、さらには日本映画、アニメーションなど、日本人の美意識や、自然への畏怖、礼節、忍耐といった日本人の価値観が表出した日本の文化芸術について、その振興と次世代への保存継承及び国内外へのアピールのための具体のプロジェクトを提案する」ことが挙げられている。一言でいうと、

「開催趣旨の補足」という文書にある「日本が世界に誇る文化芸術とその底流にある日本人の美意識・価値観を国内外にアピールし、その発展及び国際的な相互理解・親善と世界の平和に寄与するための具体のプロジェクトを提案する」となるだろう。しかし懇談会と言いながら、第四回以降は「ジャポニスム二〇一八総合推進会議」と合同開催になり、後者の目的が「二〇二〇年東京オリンピック・パラリンピック競技大会の機運醸成や訪日外国人観光客の拡大等も見据えつつ、ジャポニスム二〇一八の具体化及び開催準備並びにその後の展開等に係る審議を行う」ことであることからわかるのは、二〇一八年から二〇二〇年までを政府が一連のプロジェクトとして計画していることであり、それをつらぬくのは「日本の文化芸術というソフトパワー」の海外発信に「地域の文化の力による地域活性化」を結びつけていく構想である。やや急ぎ足で進められている「日本遺産」認定も、そのなかにぴったりと収まるものであろう。以上の文脈を考慮に入れるならば、わが国が誇る縄文文化の美意識と価値観を世界に発信していくというナショナルな方向への強い引力が働いていることがわかる。縄文ルネサンスが、そのようないささか剣呑な磁場の中にあることを忘れるわけにはいかない。

第七章　縄文文化の未来へ

1　土着のアイデンティティ

縄文時代の遺跡というのは、たいてい地面の下にあり、様々な経緯で突然長い眠りを覚まされて、白日の下に曝され、現代社会の中に出現することになる。そして通常、現在の地名が遺跡の名前となるわけだが、縄文時代にその場所で人々が生活していた頃には、まったく別の名前でよばれていただろう。現在では、その土地には新しい住民が生活しており、私有地であれ公有地であれ登記された所有者がいる。はるか昔の縄文時代の遺跡と現在の住民とのあいだには、さしあたり何の関係もない。突然地面の下から現れる遺跡は、住民にとって、たいてい厄介物である。しかし遺跡や遺物の学術的価値が報道されて、保存の気運が住民の間に湧き上がってくることもある。保存運動のおかげで当初の開発計画が撤回されて、遺跡公園として整備されることになった例は、三内丸山遺跡や御所野遺跡をはじめ少なくない。その過程で、現住民と遺跡とのあいだに「きずな」のようなものが醸成されてくる。ほかならぬ私たちに託されたこの縄文遺跡への愛着。そうした親近感が生まれるのは、遺跡が動かせないものだからだろう。山や川や海のように郷土の風景の一部になるのである。そして「縄文まつり」が催されるようになったり、小中学校で「縄文学習」が始まったりして、しだいに遺跡は、「私たち」のアイデンティティと結びつき、「私たちの縄文遺跡」になる。

遺跡は動かせないからこそ、特定の場所と切っても切れない縁を生ずるわけだが、それに対して、出土した遺物は動かすことができる。それゆえに首都の国立博物館へと持ち去られてしまうこともあったのだが、さすがに近年では出土した自治体で保存するのが原則になりつつある。しかし国宝など広く価値を認定された遺物であればあるほど、あちこちの展覧会への出展依頼が引きも切らない。つまり留守がちになる。

二〇一八年一二月二五日付の『朝日新聞デジタル版』に、「おかえりカックウ」の見出しの下、「カックウ」の愛称で知られる北海道唯一の国宝《中空土偶》が、半年ぶりに函館市に戻ってきたとの記事が載った。『縄文――1万年の美の鼓動』展と『ジャポニスム二〇一八』のために六月から東京とパリに長期出張して不在だったのである。函館市縄文文化交流センターでは「東京やパリでの展覧会の様子を伝える写真展や、中空土偶の無事の帰還を祝うミニ展示」が催されるとのことだった。山形市や茅野市など他の自治体所蔵の土偶や土器などについても、同様の報道がなされた。「カックウ」は一九七五年に地元の小板アエさんがジャガイモ畑で農作業中に偶然掘り当てたものだが、小板さんに限らず、現地の住民にとって東京やパリで喝采を浴びた誇らしい親戚のような存在になっているのだろう。栃木県藤岡町の犬型土製品のように、はじめての県外出張でパリまで行った場合（『産経ニュース』二〇一八年六月二四日）などは、喜びもひとしおだったにちがいない。こうした地元の遺跡や遺物への愛着をベースとした「私たちの縄文」が、本書で見てきたように、縄文ルネサンスを草の根レベルで支えているのである。

その対極に、国宝や国指定史跡などと結びついた、ナショナルなレベルの「わが国の縄文」がある。ローカルとナショナルの関係は、けっして前者が後者の部分をなしているというものではない。ピラミッド状をなしていると考えるのは、「非縄文的な」中央集権主義である。そもそも「日本国の縄文文化」という単一の文化が存在したという前提が、いままでどおり通用すると考えてよいのかという疑問が、縄文を専門とする考古学者自身によって提起されている。山田康弘の『縄文時代の歴史』（二〇一九）によれば、縄文文化とは「時期や地域によって異なる文化の総体」（同書：五四）であり、「日本列島域の各地で展開した多様な文化の総称」（同書：三二一）と言うことができる。つまり縄文時代を「さまざまな文化が展開した」（同書：三二一）時代として理解する方向へと考古学は向かっているのである。「北海道・北東北の縄文遺跡群」が日本の縄文文化を過不足なく代表するのかという、世界遺産への推薦にあたって繰り返し提起された問いも、この点に関わっていた。ひとたび縄文時代の文化を複数形で捉えはじめてみると、本書で見てきた様々な事象の見え方もずいぶん違ってくる。北海道と北東北にひろがる「津軽海峡圏文化」は、信濃川流域の「火焰型土器のクニの文化」や八ヶ岳山麓の「井戸尻系文化」とは、一括りにできないほどの相違のある別々の文化だと考えることも可能になる。学術的見地からすれば、「一枚岩の縄文文化」という前提は不可侵の聖域ではない。では何が「一万年間変わることなく持続した単一の縄文文化」を今後も必要としつづけるのだろうか。一言でいえば、それはナショナリズムの言説にほかならない。

縄文時代から現代まで輪郭のはっきりした日本という社会が連続して存在しつづけたという主張にとって、「躓きの石」になりうるものが二つある。それはアイヌ文化と琉球文化で、そのことを端的に示すのが東京国立博物館の常設展示である。本館二階の「日本美術の流れ」という時代別展示は、縄文時代から始まって反時計回りに江戸時代に至るが、「アイヌと琉球」には、その「流れ」の中ではなく、一階の陶磁や漆工といった分野別展示のうち正面玄関の真裏の展示室が充てられている。縄文から現代へと至る日本国の単線的歴史に、うまく組み込めないのであろう。それを周化とよぶことができるかもしれないが、事態は変化してもいる。二〇二〇年には北海道白老町で「国立アイヌ民族博物館」が開館予定であり、そこではアイヌと縄文文化の関係について公式の見解が示されるだろう。しかし、そのことを確認した上でなお言っておきたいのは、縄文ルネサンスのなかで、ややもすると現代のアイヌを過去の縄文と等号で直接に結びつけるような不用意な発想が散見されることである。それは、ブラジルで繰り返されてきた、先住民インディオを過去に位置づけて、現代ブラジル人と現代のインディオの同時代性を否認する身振りに似通ったものへと滑っていく危険をつねに孕んでいる。

縄文とアイヌの関係について精力的に論考を発表している考古学者の瀬川拓郎は、『アイヌと縄文』(二〇一六)では、「弥生文化を選択した縄文人の末裔つまり私たちにとって、アイヌの歴史はありえたかもしれない、もうひとつの歴史といえるのではないか」と述べる。より新しい『縄文の思想』(二〇一七)になると、それはアイヌだけではなく、本州の海民や南島の人々など周辺の人々が選んだ道でもあったとしている。もし、縄文文化の本筋からすれば水田稲作を選んだ道こそ逸脱かもしれないならば、縄文から弥生への道を本道とする単線的な日本国史は、修正が必要になるだろう。それはまた「単一民族神話」を「辺境から眺めて」(モーリス＝鈴木 二〇〇〇)再審理する作業を要請するだろう。

他方、縄文時代の琉球列島の文化と本州以北の縄文文化の関係については、共通性が強調されたり、異質性が強調されたり、戦前から長く議論が続いているが、「国立琉球民族博物館」が計画されているという話は聞かない。現代の琉球列島の住民は「日本民族」の一員をなすとみなされているからである。しかし本土のほうの縄文文化を複数で多様なものと見る視点を採用するならば、琉球文化も、そうした多の中の一ということになるだろう。しかしこの問題は、本書で扱うには大きすぎるし、だいいち私の手に余る。

ところで、すでに見たように、「オールジャパンの縄文」の旗印の下、「日本の美意識」を世界に発信していくことをめざす文化政策、外交政策が進められている。もし、縄文文化の複数性やアイヌや琉球との微妙な関係に配慮することなく、「世界に冠たる単一の縄文」という旗印に固執しつづけるならば、それは地域、地方に根差した「草の根の縄文ルネサンス」とは乖離していかざるをえないだろう。それにひきかえ、「多様な縄文」を梃にして、一極集中的なナショナリズムから、緩やかにつながったローカリズムのネットワークへとパースペクティブを移していくことこそが、縄文を現代に活かすことになるのではないだろうか。縄文時代の文化の素晴らしさを世界の人々に知ってもらうことに何ら異存はないが、それを政治的な外交ルートを通して国家の名の下に「国威発揚」の幟を掲げて行うことに必然性はない。本書でも、何度か触れてきたように、ナショナルを前提としないスペースのほうが、国境が存在しなかった新石器時代を寿ぐ出会いの場には相応しいように思えるのである。

2　縄文のイメージやコピーの氾濫

縄文ルネサンスという現象のなかで、誰の目にもすぐに留まるのは、土器や土偶など縄文遺物のイメージやコピーの氾濫である。十年くらい前はこれほどではなかったが、ピンバッジや缶バッジやストラップ、クリアファイルや郵便切手から、博物館の来館記念スタンプやリーフレットや図録はいうに及ばず、精巧なレプリカやお土産物のミニチュア、土偶キャラや土偶クッキーや、まちなかに設置されたレプリカやモニュメントまで、リアルな世界だけでなく、バーチャルな世界でも、土偶や土器のイメージやコピーがあちこちに溢れている。そのなかには、いわばキャラクター商品も含まれており、それを製造し販売するビジネスが存在しているわけだが、消費市場として考えた場合、正直なところ、縄文関連商品マーケットが経済的に意味のある規模に達しているとは思えない。とはいえ、各地に商品を供給している卸業者が背後にいる気配もあり、調査に値するテーマではある。しかしここでは、商品化という側面ではなく、同一ないしは同種のイメージが複製されて流通することで、特定の「縄文像」が流布することになっている現象に焦点を絞って考えてみたい。

縄文土偶は、これまでに約二万点出土している。そもそも一万年に及ぶ期間の、サイズやデザインも多種多様なモノを「土偶」という一語で括ってよいのか疑問であるが、それは措くとして、その二万点のうち、圧倒的多数のものは、破片のまま、あるいは応急処置で接合されただけで収蔵庫に保管されているか、仮に展示されていたとしても、観客の特別な注意を引くことも稀で、長く人々の記憶に残ることもない。それに対して、《縄文のビーナス》、《仮面の女神》、《縄文の女神》、《合掌土偶》、《中空土偶》といった国宝や重文をはじめとする、限られた数の有名なモノのイメージは、世間に広く知れ渡っているだけでなく、いまや海外にまで流通するロゴになりつつある。土偶以外でも特定のモノが抜群の知名度を獲得することはある。三内丸山の「縄文ポシェット」などはその例であるが、これはかなり稀なケースで、通常は広く記憶に残るのは難しい。

土器の場合も、特定のモノのイメージが世間で広く流通するというのは稀である。ある土器のレプリカが、地元の陶芸クラブやワークショップで繰り返し作られるという例はあるが、大量製造されて流通することもないし、そもそも地元以外ではたいてい知られていない。土偶が人間めいた形をもち、個性的な形姿が記憶に残りやすいのに対して、土器は誰もが視認できるほどの個別的特徴を具えていないのが普通で、流通しているのは、むしろ火焔型土器など特定の土器型式のイメージである。しかし、ブランドイメージがはっきりしている火焔型は、むしろ例外であって、井戸尻式や藤内式や曾利式や勝坂式や大木式や円筒式といった土器型式の具体的イメージが広く知れ渡っているとは、寡聞にして聞かない。さらに火焔型土器にしても、国宝になっている笹山遺跡出土の土器のうち、火焔型一四個のそれぞれを識別できる人がはたしてどれだけいるのか。そもそも国宝の火焔型土器が一個ではないと知っている人は意外と少ないのではないだろうか。ちなみに、国内外の展覧会に出展されることも多く、たいていの人が見たことがあるのは、均斉がとれて優等生的な「指定番号1」の火焔型土器である。

このように、ひじょうに限られた少数のモノのイメージが、インターネットやSNSを筆頭に様々なメディアを通じて、縄文の表象として拡散し増殖している。デジタルイメージであれば複製によって質が劣化することもなく、オリジナルとコピーを区別できないが、モノとしてのレプリカの場合は、明らかにオリジナルとコピーの差がある、はずである。しかし、本物の留守中に影武者を務めるほど瓜二つのレプリカを複製と見破ることができるのは、おそらく熟練した専門家だけだろう。影武者ではないにしても、かなり質の高い土偶のレプリカが、他の博物館の展覧会に代理として貸し出されることも稀ではない。前述の3Dデータを広く供与する『縄文オープンソースプロジェクト』が本格化していくならば、精巧なレプリカがさらに増殖していき、本物のイメージと本物と見紛うレプリカが蔓延する事態が到来するだろう。

そこでふと一抹の不安が胸によぎる。精巧なレプリカがそれほど身近なものになるなら、触ることもできない本物を遠方から見にいく必要はないと考える人が出てくるのではないか。実際、現地を訪ねても本物は不在で影武者を見ることになるのかもしれないのである。遺跡にしても、発掘作業中の様子や復元された状態の画像などを、現地でタブレットを使って見ることになるのなら、同じ画像をインターネット上で見ても体験としては遜色ないと考えたとしても無理はない。もちろん私はそうは考えない。写真だけで知っていた遺跡や遺物が、文脈から切り離された情報にすぎないことを、遠路はるばる訪ねた遺跡や展示された遺物を見て、実感できたからである。本物の遺跡を訪ね、現地で本物の遺物を見ることで得られるものはひじょうに大きい。ベンヤミンならそれを「アウラ」とよんだだろう。しかし、人々が求めているのが実は、遺跡や遺物から剝離して浮遊するイメージのほうなのだとしたら、話は違ってくる。そこでは、整形されたデザインとなったイメージから生み出された種々のモノのほうに、人々の関心が移行している。そうなれば、もはやオリジナルは、デザインを作成するための参考資料にすぎない。

イメージやレプリカの氾濫ということでは、本物と複製の混同という、いわゆる「真正性」の問題以上に気がかりなのは、特定のモノのイメージだけが流通した結果、人々の頭の中の「縄文像」が偏ってしまうことである。先ほども触れたように、遺跡から出土したモノの圧倒的多数は、展示されて万人の目に曝されることがない。整理中の遺物も大量だが、整理終了後もお披露目されることなく収蔵庫を終の棲家としている「箱入りムスメやムスコ」も数多い。つまり、遺物には格づけがなされ、展示されているのは、選抜を勝ち抜いた、何らかの意味で展示するに値するモノだけである。収蔵庫に入れない一般の観客は、全出土品という氷山のうち、いわば水面の上に出ている一角しか知ることができないのである。

ブラジルで私がしてきた調査については、本書でも折に触れて言及してきたが、アマゾン河口の町ベレンでも、ひじょうに限られた数の特定の先史土器のイメージが氾濫していた。現地の博物館が所蔵する優品の写真を載せた冊子を当の博物館が出版し、収蔵庫へのお出入りが叶わぬ陶工たちが観光土産の土器を作るにあたってその写真を手本とした結果、よくできたものから稚拙なものまで、ごく少数の同じ先史土器をモデルとするコピーが大量に巷に溢れることになったのである。博物館発行の冊子に写真が掲載されていることこそが、観光客にとっても真正な先史土器のイメージなのだから、陶工たちの選択はビジネスとしては合理的である。しかしその結果、実際の土器の形態やデザインはひじょうに多様であるのに、一般の人々にとって、その多様性を知ることはかなり難しくなってしまっている。

有名な縄文土偶のレプリカやコピーの氾濫を目にして、はからずもアマゾンの類似の光景が思い出されたのだが、どちらの場合も、特定のイメージが記号として流通しているのである。『第0回八ヶ岳JOMONライフフェスティバル』の際に、茅野市民館では「ビーナスはやらない」、つまり前面に出さないという方針だと聞いたが、国宝土偶《縄文のビーナス》のイメージは、それほどに強力で、扱いが難しいということなのであろう。イメージが記号として流通するとき、それが何を意味する記号として流通しているのかが重要になる。《縄文のビーナス》の場合、一般の人々の目には、何よりもまず「妊娠、出産」の記号である。茅野市の場合は、幸いなことに、《仮面の女神》という別の国宝土偶もいて、こちらは明らかに「妊娠、出産」とは別の何かを表しているので、二つの土偶が、それぞれ別の意味を表す記号となって、縄文土偶がけっして金太郎飴的に一様ではないことを伝えることができている。しかし他の場所では、そういうわけにはいかない。

人々が縄文時代の日本列島の文化の多様性を実感できるためには、流通している縄文のモノのイメージは多様であればあるほどよい。各地の遺跡を訪ね、出土したモノに直に触れるのが、そのための最良の方法であることは明らかだが、多様なイメージに出会う方法は、それ以外にも色々ある。

そのひとつがすでに紹介した『土の中からでてきたよ』や『縄文美術館』である。著者の写真家小川忠博は、「縄文時代の資料を撮る時、土器・土偶に強い陰影をつけてフォトジェニックに撮る誘惑は大変強いものがありますが、この精神世界を暗示したつもりになりがちな絵は止めました」と述べているが、これが岡本太郎を意識してのものであることは、いうまでもないだろう。さらに「土器・土偶偏重の取材を止め、縄文人の日常や家族の生活のわかる遺物を加えて」、「静かに縄文人の指先が感じられるように情報量を多くした撮影を心がけました」と書いているが、縄文人が作った普通のモノに出会う機会を現代の普通の人に提供することをめざしているのである（小川 二〇一三b）。

縄文ルネサンスは、多種多様な現象の総称である。それは一方では、限られた特定のイメージが広い範囲で反復されて流通し、同じイメージばかりが氾濫するような画一化の現象として現れている。しかし他方では、全国各地の遺跡にある展示施設のケースの隅に佇んでいる無名のモノにまで人々の関心が行き渡りはじめるような静かな変化としても現れている。氾濫する特定の縄文遺物イメージと、そこに行かないと出会えない著しく多種多様な縄文のモノと。どちらに重心が傾いていくかで、縄文ルネサンスの将来もずいぶん違ったものになっていくという気がする。

3　考古学以前の楽しみ方の復権

大森貝塚で、縄文土器とよばれることになる土器を発掘したモースには、進化論を奉ずる動物学者としての顔のほかに、好古家たちと交わる古物愛好者としての顔があった。つまり、モースは、帝国大学に欧米由来の近代考古学を移植するにあたって、江戸時代以来の好古家と袂を分かったわけではなかったのである。しかしアカデミックな考古学が大学の中に確固とした地位を占めるにつれて、プロフェッショナルな考古学者とアマチュアの考古愛好家とは、それぞれ別の道を歩むことになる。とはいえ考古学の場合、行商の道すがら岩宿の切通しで旧石器を発見した相沢忠洋の例に見るように、他の学問に比べれば、アマチュアの活躍の余地がありえた。彼らは在野ではあるが、考古学者だったのであり、ピラミッドの頂点を占める大学の考古学者の指導を受けつつ、本業のかたわら発掘や研究に従事するというかたちで、考古学という制度の一部であり、それを底辺で支えていたのである。

それに対して、遺物や遺跡を趣味とする市井の人々は、アカデミックな考古学の制度の中に居場所をもたなかった。江戸時代の好古家は蒐集家でもあったが、それは、出土する遺物に対する権利が誰にあるのかを規定する法律もなかった時代である。しかし明治時代に入って考古学が大学の中に制度化されていくのと並行して、遺物に対する権利に関わる法の整備が進んだ。埋蔵物については、一八九九（明治三二）年の民法改定に合わせて制定された「遺失物法」において、所有者が不明のときは国庫に帰属することと定められ、それに合わせた内務省令によって、「石器時代遺物」は東京帝国大学、それ以外の「古墳関係品等」は宮内省（帝国博物館、のちに東京帝室博物館）に帰属することが取り決められた（時枝　二〇〇九）。このようにして、出土する先史遺物は、国家の財産として首都に集められ、それに関する知とともに、国家の認定するエキスパートによって独占されてしまい、好古家が出土品を蒐集して自由気儘に愛玩することは法に触れる行為となった。もちろん、すべての遺物の出土情報がもれなく公的機関に届けられたとは考えにくいし、隠匿されたり闇で売買されたりした遺物も少なくなかったであろうが、いまやそれは世を憚る行為になったのである。こうした中央集権的な埋蔵文化財管理の結果、価値あるモノであればあるほど、出土した地元に留まることなく、住民はそれに身近に触れる機会を奪われてしまった。博物館が受け入れた遺物も、その多くが一般人の目には触れずに収蔵庫で眠りつづけ、大多数の人々は、学校の授業や教科書という限られた機会や媒体を通して「縄文」に触れるだけということになったのである。

　そうしたなかで、遠い昔の文化やモノに関心をもつ考古学ファンは、発掘現場説明会の聴衆や、展覧会の観客という立場で、アカデミックな考古学の制度を補完する地位に甘んじてきた。ところが二十一世紀に入ると、ウェブサイトやブログ等を通じて誰もがマスメディアや専門家と同じように発信することが可能になり、SNSの普及により、それが迅速かつ大規模に転送され拡散されるようになってきた。そうしたいわば「情報発信の民主化」を通じて、従来の均衡が急速に崩れ、伏流水のごとき好古家の水脈が地上に噴出しはじめたような状態が、縄文ルネサンスという現象の重要な一部をなしている。しかしそれを、偶発的な特異現象で、いずれ終息して従来の考古学制度が復旧すると、もし仮に考古学者が考えるならば、それは視野狭窄といわざるをえない。実は、考古学と一般社会の関係というトピックは、世界各地で色々な形で表面化しはじめ、考古学者が真摯に向き合うべき重要問題になりつつあるのである。

発掘、収集、展示、解釈という考古学の調査研究がどのような社会的営みであるのかについて研究が始まっている。もはやこれまでのように、アカデミズムの特権を笠に着て、先史時代のコトやモノは考古学者の専権事項、独占領域であるからシロウトは口を出すなと主張することが難しくなってきている。さらに、そのシロウトには場合によると、遺跡や遺物というモノに対する正当な権利をもつ当事者（stakeholder）が含まれているケースもある。例えば、遺跡を遺した人々の子孫にあたると主張する人々がいるような場合だが、そこでは考古学の定説と矛盾するような解釈が「子孫たち」から提出されることもある。一例を挙げれば、アメリカ合衆国南西部のアリゾナ州のサンペドロ渓谷の遺跡について、先住民族であるホピとズニとナバホと西アパッチとトホノ・オーダム社会の儀礼専門家たちが、それぞれ自民族の祖先の遺跡だと主張しているという事態が挙げられる（Ferguson and Colwell-Chanthaphonh 2006）。合衆国南西部の考古学では、「考古学文化（archaeological cultures）」という概念にもとづいて遺跡ごとに特定の先住民集団の祖先を割り振って、土器を指標として遺跡群の系統樹を作成してきたのだが、遺跡をめぐる先住民族と考古学者の協働作業のなかで、そうした、集団と土器形式と遺跡を一対一対応させる考古学の常識が再考を迫られ、「現在の人々が過去の遺跡とどのような関係を保ちつづけているのか」を焦点として、「歴史への代替的アプローチ」が提起されているのである。

以上のような複雑な状況を探究する研究分野は、「社会考古学」、「公共考古学」、「先住民考古学」、「考古学の民族誌」、「民族誌的考古学」等とよばれているが、実は、縄文ルネサンスも、そうした問題群との関わりで捉えるべきだと私は考えている。例えば、本書でも見てきたように、かつては日本列島の石器時代の文化は先住民族の文化と考えられていた。それに対して、現在の日本国の考古学者は、「単一民族神話」の下で作られたナショナルな枠組を踏襲して、縄文土器を作った人々の文化を縄文時代の日本文化とみなして調査研究しているようであるが、その根拠はどのようなものなのか。また、アイヌ民族を日本民族とは別の民族と認定するならば、北海道の縄文時代や続縄文時代の遺跡や遺物に対して、非アイヌの日本人考古学者はどのような関係をもつのだろうか。問題はすぐに込み入ってくるので、深く追究するのはまた別の機会に譲らざるをえない。

少なくとも、ここでいっておきたいのは、縄文ルネサンスという環境が、考古学が社会性を具えて新しく生まれ変わる絶好のチャンスを提供していること、そしてその「生まれ変わり」にとって、一般の人々は邪魔者であるどころか協力者なのだということである。考古学者は、ややもすると、過去の文化と関わっているのは、それを研究対象とする専門家である自分だけだと考えがちである。しかし実際には、遺跡とは、様々な人々と関わりがあるという意味で「社会的なもの」であり、先史考古学は、浮世離れした学問ではなくて、現代社会と切り離せない営みなのである。

考古学の中には、縄文ルネサンスの理解に役に立つ、別の新しい潮流もある。「ポピュラーカルチャーとしての考古学（archaeology as popular culture）」を焦点とする研究がそれであるが、代表者のひとりのC・ホルトーフという考古学者は、ヨーロッパの新石器時代の巨石建造物や石斧が後の各時代の人々によってひじょうに多様なしかたで意味づけられ利用されてきた事例などを引いて、遺跡や遺物を理解し賞味する一般大衆のやり方から考古学を切り離さない視点で考えてみることを提案する。そもそも「過去は、それぞれの現在において再製造されるもので、それゆえに更新可能な資源」であり、「過去の意味は、私たち全てによって規定される」と彼は言う（Holtorf 2005）。

この視点から縄文ルネサンスを見れば、そこで各自が縄文文化の新バージョンを生み出しているということがわかる。考古学者は、縄文時代の遺跡や遺物の解釈にあたって独占権をもつわけではない。しかし、だからといって、縄文ファンの思い付きが、長年の調査研究にもとづく考古学者の解釈と同等の価値をもつというのでもない。たんに同じモノをめぐって複数のゲームがあるということであり、考古学者にしても、考古学のルールにしたがうゲームの中で互いの解釈の優劣を競っているのであって、その解釈が縄文人自身にとっての意味と合致しているかどうかは、縄文人に尋ねてみることができないので、証明のしようがない。

縄文を普通の人々の手に取り戻す、あるいは普通の人々の手の届くものにする。同時に、考古学を社会に開かれたものにしていく。それは、社会から隔たりすぎてしまった司法を一般市民の手に取り戻す試みと似たところがあるかもしれない。話がいささか硬くなりすぎたようだ。要は、近代考古学が大昔のモノについての知を独占してしまう以前の「好古家の知」が息を吹き返してきているということ、縄文ルネサンスもその兆候と見ることができるということである。

前述のように、モースは日本の古い陶磁の蒐集家でもあった。日本滞在日記である『日本その日その日』にも、同好の士との交友の記録がしばしば登場し、ある茶人主催の、それぞれが持ち寄った鑑別困難な陶磁器をあてっこする会で「私が最も多数の正しい鑑定をした」とも記している（モース　一九七一：二〇五）。明治時代初頭の好古趣味から考古学への移行について論じた鈴木廣之は、モースについて、「彼が生涯貫いた「アマチュア的性格」は、江戸時代以来の好古家や本草家のなかに、互いに理解し合うことのできる学問的興味と関心を見出したにちがいない」（鈴木　二〇〇三：二一二）と述べている。彼らに共通していたのは、権威主義とは無縁の幅の広い好奇心とでもよべる姿勢であろうし、それは大筋のところで、縄文ルネサンスの通奏低音となっているといえるだろう。「土偶キャラ」や「土器片形クッキー」を見て江戸の好古家たちがどのような反応を示すのか知りたいところだが、出来の良し悪しについては話題にしても、眉を顰めはしなかったのではないかと、私は思うのである。昔について思いをめぐらす権利は万人にある。そのことを認める考古学は、認めない考古学より、「人間にとって過去とは何か」という問いに対する、より含蓄のある答えを生み出すことができるにちがいない。

4 「縄文の美」を超える縄文とアートの出会い

「縄文の美」という言葉は、取扱いに注意が必要だ。そもそも「美」という言葉が難しい。それは、美学や哲学では、時代や場所を超えた普遍的な価値と考えられているようだが、文化人類学の観点からすれば、その普遍性を前提とするわけにはいかない。そもそも「美」に相当する、あるいは近似する観念が、ある文化に存在するかどうか確認する必要があるし、あったとしても具体的にそれがどのような属性を指すのかは慎重な検討が必要なのである。そのことを確認した上で、「縄文の美」とは何かという問いを立ててみると、そこには、様々なものが詰め込まれていることがわかる。第一にそれは、現代の人々が、縄文時代の特定のモノに見出した美であるが、その基準は判定する側のものである。第二にそれは、縄文時代のモノから推定された、縄文時代の美意識である。しかしそれは現代の人々による推定の所産であり、それが第三のもの、つまりそのモノを作って使っていた縄文人自身にとっての価値と重なる保証はない。人々が「縄文の美」について語ったり書いたりするとき、以上の三つを混在させがちであり、しばしば見られるのは、第一のものをベースに第三のものについて語る、つまり自分の好みにもとづいて縄文人を代弁するというケースである。この点を念頭に置いて、これまでの「縄文の美」と、それを超え出る可能性について考えてみたい。

江戸時代以来長く、晩期の亀ヶ岡式土器など、特に手の込んだ工芸品的な縄文のモノが好事家の美意識に合うものとして蒐集されていた。民藝運動の作家たちが愛蔵していた縄文土器にもその手のものが少なくない。これは利休が朝鮮半島の飯碗に美を見出して茶碗として使ったのと同様で、作り手自身の美意識とは別物である。主として晩期の土器が蒐集の対象となったのには、地表に露出していたという理由もあったかもしれない。例えば『遠野物語』で柳田國男は、「ホウリヤウ」という場所で見つかる「模様なども巧み」なモノについて書いているが、おそらく亀ヶ岡式の土偶や土器だろう（柳田　二〇〇四：六六）。こうしたモノを住民が拾い集め、骨董商などを介して、蒐集家の手に渡ったのであろう。

それはさらに別のモノを創り出すためにも活用された。美術史家の鈴木希帆によれば、明治時代には、縄文後期・晩期の浅鉢や注口土器の文様が「輸出用工芸品や織物に用いる新しいデザインとしても注目された」（鈴木　二〇一六）。明治日本における「工芸」そして「美術」という範疇が現在と同じではないことは、美術史家佐藤道信による『〈日本美術〉誕生』（一九九六）において夙に論じられているが、浮世絵であれ仏像であれ、様々なモノの収まり処が定まらない状況のなかで、縄文土器のうち晩期や後期のモノの文様が、まずは「工業芸術」のデザインとしての価値を見出されたのであった。

このような好事家の蒐集やデザインへの転用に加えて、一九五〇年代に、こんどは甲信越地方の縄文中期の「彫刻的な造形」に、岡本太郎が別種の「縄文の美」を発見する。鈴木によれば、縄文に関心を示した美術関係者は岡本が最初ではないが、他の人々が「作風の拙さや古さへのロマンチシズムを含んだ過去の原始性」に関心をもったのに対して、「岡本の関心は、縄文中期土器の造形構造そのものにあった」（鈴木　二〇一六）。しかし、岡本縄文土器論の受容のされ方を見ると、造形構造と並んで狩猟民的世界観の表現という別の筋も浮かび上がってくる。そこでは、パリのアバンギャルドを体現するアーティストとしての声望に加えて、マルセル・モースの民族学というアカデミズムの後光も与り、彼の直観的理解が、あたかも土器の作り手自身にとっての意味でもあるかのような錯覚が、読み手、聴き手の側に生じたように思われる。その結果、「太郎好み」が「縄文の美」の決定版として流通するようになり、何十年ものあいだ、縄文と美について考える人々を呪縛しつづけたのである。しかしそろそろ岡本太郎の権威に寄りかかるのは卒業すべきではないかと思う。その理由は簡単で、アフリカのモノの魅力が「ピカソ好み」に尽きるわけではないのと同様に、縄文土器には、「太郎好み」を超える多彩な魅力があるはずだからである。

二〇一八年の東京国立博物館の『縄文――1万年の美の鼓動』展では、順路の最後、ほとんど「追記」のようにして岡本と縄文土器の出会いを展示していた。そこに垣間見えるように、この展覧会に限らず、東博が奉戴する「縄文に始まる日本美術史」という公式の物語にとっては、「太郎好み」のアバンギャルド版の「縄文の美」は、実はひじょうに異質なのではないかという気がしてならない。というのも、東京国立博物館の展覧会では、卓越した縄文遺物を指して「精華」、「きわみ」、「最たるもの」といった語が使われるのが常なのだが、そうした表現にも明らかなように、重視されているのは、岡本の強調する造形的な革新性よりは、造形的な完成度ではないかと思われるからである。

このように、「縄文の美」といっても、けっして一種類ではない。そしてそれぞれに縄文時代の人々が作ったモノの別の魅力を浮彫りにしているのである。私自身かつては、晩期の亀ヶ岡式の土器や土偶に、やや違和感があった。骨董品のような風情や漆の塗られた土器の外観が、私の「縄文イメージ」とかけ離れていたからである。しかしその円熟した技の醸し出す燻し銀のような魅力は、たしかに「縄文の美」の一翼を担うものだと思う。また、器面から文様を切り離して整形した工芸的な「縄文デザイン」は、ある意味では、器形と文様が一体化した縄文土器の魅力を否定するようにも思えるが、これはこれで、縄文ルネサンスのなかでの商品開発へとつながる、また別の「縄文の美」であろう。「太郎好み」の「縄文の美」については、狩猟民の世界観の表現といった「四次元との対話」が強調されがちであるが、それ以上に「三次元との対話」としての立体や空間の把握の斬新さのほうに、もういちど注目すべきかもしれない。そして、日本美術の源流としての「縄文の美」という物語に関しては、特定の種類の縄文のモノだけでなく、縄文のモノに広く共通する「縄文の美」を真摯に探究しつづければ、稔り多い成果をもたらすにちがいない。だが、そのためには、弥生との安易な紋切型の対比に陥ったり、火焔型土器を代表にして一件落着としていたりする余裕はない。

本節の後半では、「縄文の美」という言葉を離れて、縄文ルネサンスのなかで、縄文のモノと現代アートとの出会いを通じて明るみに出されつつあるものについて考察したい。似ている縄文のモノと現代のモノを並べるという展示は、いままでも行われてきた。しかし、そこに予想外の「化学反応」が発生することを期待したいなら、並置されるモノは類似していないほうがよい。例えば、『縄文と現代』展(青森県立美術館)で展示された青木野枝の《空の水――Ⅳ》という作品は、丸い小石状の鉄玉を数珠つなぎにして作られた天幕の枠組のようなもので、それが火焔型土器を載せた数個の台をふんわりと包み込んでいる。まったく予想外の組合せだが、縄文土器が実際に使われていた空間が、けっして近現代美術館のホワイト・キューブではないことを、鮮明に想起させてくれる。二〇一七年の『縄文コンテンポラリー展』(船橋市飛ノ台史跡公園博物館)で展示された大内公公の《樹状》という作品は、同市の高根木戸遺跡の住居址から出土した土器をバティック風模様の大布で覆った台の上に置き、紫色の数本の小枝で取り囲み、上から樹皮などで作った四つのお面を吊るし、その土器を下から白色のLEDで照らし出し、床にはオーストラリア・アボリジニの管楽

大内公公《樹状》（『第17回縄文コンテンポラリー展 in ふなばし』船橋市飛ノ台史跡公園博物館、2017）

器ディジュリドゥも置かれていた。この作品もまた、この土器をかつて取り囲んでいて、そして腐敗分解してしまった様々なモノへの想像を誘う。『縄文遺物と現代美術――考古学から生まれるアート』展（なじょもん）で展示された堀江武史の《ウルトラ・スカルプチャー》は、少し手が込んでいる。北秋田市漆下遺跡出土の右腕と右脚が欠けた土偶が横臥する少し前を、腕と脚を補填して金色に塗った合成樹脂製の白色の土偶一〇人が二枚の紅色のシートに元の土偶の右腕と右脚の複元品を載せて運んでいる。キャプションには、「流儀と制約の中で、誰も見たことのない存在をヒトガタにしたのが縄文人と彫刻家の成田亨。彼らが生み出した土偶とウルトラ怪獣は世代を超えてありつづける」とある。成田亨はウルトラマンを造形したが、ここでは欠損部への注目に目を向けたい。同展の別の作品《おくりもの　ここにはないものをあなたに》もまた欠損を主題化したものであり、どちらも縄文時代から遺されたモノと現代アートを掛け合わせることによって残らなかったモノを想起させる試みなのである。

　縄文のモノのアートとしての魅力を探究する、また別の試みとして、動画としての縄文という主題もある。それには、すでに触れた「ビデオフィードバック」映像のように、実際に動画を作成するものも含まれるが、ここで私が注目するのは、動画の一時停止の静止画像として縄文のモノを見るという視点である。遺跡において、博物館の展示において、遺物は静止したオブジェであるが、そこから動画としての「生きたモノ」を再生させる試みが可能であろう。二〇一四年の『縄文コンテンポラリー展』（船橋市飛ノ台史跡公園博物館）での、石原道知と橋本達也による《アーティスティック・レヴュー》という作品は、土器の造形に込められた動画を取り出す試みで、例えば「しずくの落ちるアニメーション」では、同市内の海老ヶ作貝塚出土の土器の文様が「一周してみると一つの流れ」として見えることが示唆されていた。実は縄文土器は、ひとつの方向から絵画のように見ただけでは、わずかな部分しか見ることができない。それだけなら立体のオブジェは皆そうだが、正面があるのか、あったとしてもどこなのかもわからない。そこで、据えつけた土器の周りをカメラが回って連続撮影する技法が写真家の小川忠博によって開発されて、いまでは文様研究のために活用されている。しかし、そのようにして撮られた写真の、研究資料としてではなく、アートとしての魅力については、まだ開拓途上のようだ。動きを内包し、自らも動きの中にある縄文のモノ。アニメーションとしての縄文のモノ。

堀江武史《ウルトラ・スカルプチャー》（部分）2015（『縄文遺物と現代美術』展、なじょもん、2018）

このあたりにも、まだまだ魅力が潜んでいる気配がある。

西欧のルネサンスは、古代の美術を蘇らせようとした。しかしミケランジェロにしてもレオナルドにしても、ギリシャやローマの作品のレプリカを作ろうとしたわけではない。では縄文ルネサンスにおいて、現代のアーティストたちは、「縄文美術」を蘇らせようとしているのだろうか。前述のようにレプリカやコピーは無数に作り出されているが、そこではない部分、つまり現代アートとの出会いが縄文の新しい魅力を生み出す営みに本節では光を当ててきた。縄文のモノから何かを贈与されて現代アートを制作するだけでなく、現代アートを制作することを通して縄文のモノに返礼ができているかどうか、それが「縄文を現代に活かす」という企ての要ではないかと私は考える。つまり一方的収奪ではなく贈答の関係を縄文とのあいだにもてるかどうかということである。

5　平和とエコロジーのシンボルとしての縄文文化

核兵器や原発など人間がここ百年にも満たない期間に生み出した様々なモノに起因する危険。「人新世」の語を生んだ地球温暖化など地質学的なレベルで人間がもたらした変化。以前にも増して人間を繰り返し襲いはじめたようにみえる地震、台風、豪雨、津波などの自然災害。突然発生して予想を超えた速度と規模で拡がる疫病。そしていうまでもなく、人間自身が引き起こすテロリズムや紛争や戦争。そうした人間社会を脅かす数多のものを前にして、現代の社会がいつまで続くのか危ぶまれる状況の下にあって、「一万年続いた縄文文化」という言葉がもつ響きの魅力は計り知れない。

しかし本当に一万年もの長いあいだ、同一の文化が持続したのか。いまや縄文文化とは、「日本列島域の各地で展開した多様な文化の総称」（山田 二〇一九：三二一）とよぶべきであると考古学者が明言している。縄文時代に、人口や集落の数が右肩上がりでコンスタントに増加してきたわけではない。実情は、何度も危機に直面して、いくつもの文化のうちの少数の路線が、辛うじて活路を見出して絶滅を免れたということにすぎないのかもしれない。しかし、縄文に魅せられた人々は、「一万年続いた縄文文化」という旗を容易には降ろさないだろう。彼らにとって「一万年」とは、可算的な年数というより象徴だからである。

縄文ルネサンスが姿を現してきた時期に、「持続可能性（sustainability）」という言葉がメディア上で喧伝されはじめていた。二〇一五年の国連サミットで採択された『持続可能な開発のための二〇三〇アジェンダ』記載の、二〇一六年から三〇年までの十五年間の「持続可能な開発目標（Sustainable Development Goals）」、略してSDGsがそれである。そこでは一七のゴール（国際目標）と、それを具体化した一六九のターゲットが提示されていたが、一七のゴールの分野を列挙すれば、貧困、飢餓、保健、教育、ジェンダー、水・衛生、エネルギー、成長・雇用、イノベーション、不平等、都市、生産・消費、気候変動、海洋資源、陸上資源、平和、実施手段である。そこには成長やイノベーションも含まれてはいるが、基調は持続可能性であり、それと並んで、繰り返し用いられている「すべての人々」の語にも明らかな、不平等の克服である。この壮大なプロジェクトは、「地球上の誰一人として取り残さない」と謳っているのである。

「一万年続いた縄文社会こそがＳＤＧｓのめざす究極の持続可能社会だ」と声高に叫びたい人もいるにちがいない。だがここでは、多くの人々の同意が得られそうな穏当な見解を紹介したい。考古学者の阿部芳郎は、「縄文時代の社会の仕組みと継続性」と題したテレビでの解説で「縄文人は農耕に頼らなくても適度な人口規模で消費規模を低減させ、自然の回復力を維持し、集団の中で労働を分担し、さらに遠隔地との間をつなぐネットワークを作り持続可能性社会を営んだのです。こうした縄文時代の社会の仕組みは、農耕社会以前の狩猟採集社会の実像を考える際に重要になるだけでなく、環境破壊や資源の浪費が叫ばれる現代社会の将来を考える場合、私たちに大切な指針を与えてくれていると思います」（二〇一八年九月二〇日放映ＮＨＫ総合「視点・論点」）と述べている。もちろん縄文社会が、現代の私たちがＳＤＧｓを実現するための具体的な方策を示してくれるわけではない。ここで心に留めるべきは、何に優先的な価値を置くかという問題であり、その点において、「持続可能性」がめざされているいま、縄文時代の文化が肯定的に見直されはじめているのはけっして偶然ではない。

すでに見てきたように、里山、里海という環境を人間が手入れしつづけ、動物と濃密な関係を保ち、自然と共存・共生する生活様式こそが縄文文化を特徴づけるものだとの認識は、考古学者の著作に共通しているし、世界遺産をめざす縄文遺跡群についても、環境との共存による安定した定住の証拠としての価値が強調され、ＮＰＯ法人ジョーモネスクジャパンの目的にも「自然と共生した縄文文化の知恵とエナジーを学び伝え、それを現代社会の生活に生かすこと」が謳われ、茅野市五〇〇〇年祭にタイムカプセルに収められたメッセージにも「人と自然との共生が大きな課題である現代において、森や川を大切にし、大地の恵みに感謝して暮らした縄文人に学ぶことは、私たちの将来にとって極めて大事なことだと思います」と書かれていた。このように、「自然との共生」という言葉は、縄文ルネサンス全体に浸透しているが、それが意味するのは、自然との上手な付き合い方をしたからこそ縄文時代は長く続いたのだという考えである。

ところが考古学者の山田康弘は、縄文人は「必ずしも現代的な意味でサスティナブルでエコロジカルな思考を持った人々だったわけではなかった」（山田 二〇一九：三二二）と指摘し、「過去に対する過度の美化には慎重でありたい」（同書：三二三）と戒める。ただし、ここでの山田の強調は、縄文人は自然環境に対する介入的な開発も行っていたのに、人口が極端に少なくてテクノロジーレベルが低かったので、あたかも環境保護主義者だったように見えるという点にある。たしかに縄文時代の日本列島では、現代と比べて人口がひじょうに少なかったことは忘れてはならない重要なファクターである。同時に忘れてはならないのは、現代日本社会では、累積的な都市化の結果として、例えば船橋市では人口がコンスタントに増加している一方で、津南町や一戸町で人口が減少しつづけているというように、人口の偏在が著しく、その傾向が強まっていることである。東京をはじめとする大都市だけに人口が集中して、非都市部に広大な無人地帯が広がる光景は、もうすぐそこまで来ている。

過疎地で人口が減る一方で増えているのが、田畑や山林を荒らすシカやイノシシである。私たちは縄文時代にシカやイノシシが、食物としてだけでなく、船橋市の取掛西貝塚の獣骨を用いた儀礼の痕跡などに見て取れるように、別の意味でも重要だったことを知っている。しかし現代では野生のシカやイノシシは縁遠いものと、少なくとも私は、ごく最近まで思っていた。ところが現実は大いに違っている。『いま、獲らなければならない理由《わけ》――共に生きるために』（環境省　二〇一五）という冊子によれば、「ニホンジカやイノシシは、近年、急速に生息数が増加し、全国で分布を広げています」、その分布域は「一九七八年から二〇一四年までの三十六年間で、ニホンジカが約二・五倍、イノシシが約一・七倍に拡大し、いまも拡大が続いています」、そして「日本全国で生態系や農林業、さらには私たちの生活にまで深刻な被害をもたらしています」という状況なのである。そこで「積極的な捕獲を進めて、生息数や生息分布を適正に管理」する必要があり、二〇二三年度までに半減することを当面の捕獲目標とするとある。なぜ急激に増加したのか。そのひとつの理由は「一九五〇年代から六〇年代にかけてのブナ科などの天然林を伐って人工林に置き換える「拡大造林」が全国的に進められた」ことで、その結果、シカの増殖にとって理想的な環境が生まれ、その後、木材価格の下落と山林地域の過疎化、高齢化によって森林や畑が放置され、そこがまたシカやイノシシの楽園になっているのである（石　二〇一七）。

野生動物の増加とともに、野生動物の肉を食材とするジビエが話題に上ってきた。日本ジビエ振興協会によれば、捕獲したシカやイノシシのうち食肉利用されているのは全国平均でわずか五パーセントほどであり、農林水産省は、二〇一九年までに食肉利用率を三〇パーセントに引き上げることを目標としている。ジビエが食肉として普及すれば、「新たなビジネスに繫がる可能性があり」、「地域の雇用増加や特産品、観光資源、そして新たな食文化の創出ができ、地域の活性化に貢献できます」とジビエの消費拡大を奨励している（日本ジビエ振興協会HP）。

シカやイノシシの増加は、縄文ルネサンスとは無関係のようにも見えるが、山間地の過疎化、高齢化という補助線を引くと、そこに見えてくるものがある。シカやイノシシが増殖し田畑や山林を荒らすのは、都会への人口流出と残された住民の高齢化によって山仕事をする人々が減って里山が管理されていないことによるのであり、そこには、出口を見失った「都市化」という問題が存在している。それに対して縄文ルネサンスは、全体として見れば「都市から地方への回帰の動き」といえる。縄文を利用しての国威発揚型の政策や事業もないわけではない。しかし、縄文ルネサンスが、そうした一極集中よりは、分散型社会への志向と呼応するところが多いことは確かである。

ところで、三内丸山は、周辺地域に比べれば人口集中地だったが、それを「縄文都市」とよぶならば、都市という用語の濫用になるだろう。やはり、現代につながる都市の萌芽は、弥生時代の吉野ケ里のような集落を俟たなければならない。三内丸山になくて吉野ケ里にあったものは色々あるが、そのひとつが防衛のための環壕だった。三内丸山に盛土や捨場はあったが環壕はなかったのである。縄文時代には、小競り合いの戦闘はいざ知らず、集落の周りに環壕を掘って柵を巡らして防衛することが必要になるような戦争はなかったというのが、考古学における共通認識である。ブラジルの先住民族の歴史を研究した人類学者P・クラストルの言葉を借りれば、縄文社会は「国家に抗する社会」だったということができるかもしれない。それは、実在する国家に抵抗する社会という意味ではない。国家を生み出す傾向をあらかじめ摘み取る社会だったということである（クラストル　一九八九）。

「平和で戦争のない社会」というイメージが、「持続可能な社会」や「自然と共生する社会」というイメージと並んで、縄文ルネサンスにおける縄文イメージの基調をなしていることは疑い得ないが、声を大にして強調されているのかというと、意外にそうでもない。敗戦後の日本において平和というものがどれほど大きな価値をもちつづけてきたのかを考えると意外な気もするのだが、逆に、戦後生まれが圧倒的多数を占めるいまの日本人にとって平和であることは当たり前だということにすぎないのかもしれない。しかし、弥生時代以降の日本列島の歴史において、二千年以上もの長きにわたって、平和は当たり前ではなかったこと、それと同時に、日本列島に住む人間の歴史の中で、縄文時代とそれ以前の「戦争のない時代」のほうが圧倒的に長かったこと、このことに気づいて、私たちはもっと驚き、そのことに深く思いを致すべきではないだろうか。平和を実現不可能な夢物語にするのは何なのか、平和を当たり前の自然なものにするのは何なのか。縄文ルネサンスの基調を明るいものにしているのは、まずもって、私たちが生きるこの日本列島において、平和な時代を一万年以上続けることが可能だったという事実、そしてそれを可能にしたのが縄文時代の文化だったという事実なのだろうと思う。

おわりに――人類史的観点から見た縄文ルネサンス

本書がめざしたものは、改めていうまでもないが、「縄文時代はどのような時代だったのか」を最新のデータを駆使して解説することではないし、「縄文時代を現代に活かすには、どのようにしたらよいか」という処方箋を提案することでもない。そうした目的のためには、それぞれ相応しい人がいるだろうし、それをテーマとする本があるだろう。私が試みたのは、二十一世紀初めの二十年ほどの期間に日本社会で現れてきた、縄文をめぐる新しい動きを、バラバラの事象としてではなく、「縄文ルネサンス」という概念でまとめて論ずるに値する複合的現象として捉え、それについてできるだけ多方面から光を当てて、その姿を浮かび上がらせ、その背後あるいは基底にある潮流を読み取ることであった。

当然のことながら、限られた私の力では、目の届かなかったところ、取りこぼしたところも少なくないだろうと思う。本書に当然含まれるべき自分たちの活動にまったく言及されていないとご立腹の向きもあろうかと思うが、力不足で申し訳ありませんと頭を下げるしかない。それでも、それなりに孤軍奮闘、精一杯努力したつもりではある。ここ二、三年は特に、縄文をめぐって、つぎからつぎへと新しい展開があって、毎日のニュースをフォローしつづけ、草稿を書き直すという、想定外の日々を送ることになった。大昔の縄文時代を焦点に据えた本を書いているのに、内容を更新しつづけなければ古くなってしまいかねない状況。このことが、まさに、私たちが縄文ルネサンスの渦中にあることの証拠だろうと思う。

本書を構想したのはずいぶん前になる。そのときまず私の頭の中にあったのは、縄文時代と現代は、なめらかに途切れなく連綿とつながっているわけではないということだった。そもそも縄文土器を現代日本人の祖先が遺したモノだとする現在の常識が常識となってからまだ百年経っていない。縄文土器が発見された当初から、それを作った人々から現代日本人まで連続していると考えられていたといまでは思われているが、大正から昭和の初めの頃に、それまで無関係だったものをつなげたのである。しかし日本人の祖先の文化だと認定されてからも、なんといっても大昔のことで、普通の人々の意識のなかでは遠い世界でしかなかった。そもそも正確に何年くらい前なのかも、放射性炭素年代測定法というモノサシが発明されるまでは、はっきりしなかった。神話時代さながらに朦朧としていたのである。二十世紀後半には、発掘調査によって縄文文化像の解像度がずいぶん上がってきて、そして二十一世紀に入ると、縄文時代に対する関心が、にわかに高まりを見せはじめたのである。いったい何が起きているのだろうか、人々はどのような意味をそこに見出しはじめたということなのだろうか。それが、本書全体をつらぬく問いになった。

考古学者が過去の時代に関心をもって調査研究をする理由は、改めて説明するまでもない。彼らは、事件の捜査をしている刑事さながらに、自分が居合わせなかった現場で何が起きたのか、それに関与していた人たちがどのような行動をとったのか、そしてその特定の行動をとった理由は何なのかを、残された証拠から明らかにするべく励んでいる。しかし、本書で「縄文ルネサンス」とよぶ社会現象、つまり普通の人々が縄文時代や、その文化やモノに関心をもつ理由となると、話はそれほど単純ではない。もちろん発掘調査によって解明できる種類の問題ではない。この問題について調査を続けて考えつづけるなかで、キーワードとして頭に浮かんできたのは、「受け継ぐ」という言葉だった。遠い昔に生を終えた人々が遺したモノ、それに関心をもって意味を見出すという行為は、とりもなおさず、過去の人々から何かを「受け継ぐ」という行為である。譬えていえば、遺されたバトンを受け取って、リレーをつないでいくようなものである。もちろん縄文人に「受け継いでくれ」とバトンを託されたわけではない。相続人として両親の形見や遺産を受け継ぐという場合ならば、バトンの受け渡しは直接的であるし、もちろん面識もある。しかし縄文人が相手となれば、バトンを遺したのは、私たちとは面識がないのはもちろん、何の関わりもない何千年も前の人々である。知らない昔の人が遺したバトンを拾い上げてつないでいくリレー。実は、それが歴史にほかならない。文字をもつ社会に暮らす私たちは、歴史を文字で書かれた記録と同一視しがちで、歴史というものを、図書館のようなアーカイブに大量に保管されている文書として存在しているかのように考えがちだが、文書というモノが歴史なのではない。文字が介在すると否とにかかわらず、バトンを受け継ぐ行為の連鎖によって可能になるリレーこそが、歴史なのである。

本書では何度か、縄文ルネサンスは、けっして突然降って湧いた底の浅い一過性の「ブーム」ではなく、もっと長い文化史的なスパンで捉えるべきものであると述べてきた。それと同時に、時間的（そして空間的）に遠く隔たった昔の文化を、断絶をはさんで受け継ぐというプロセスは、人類の歴史の中で、けっして珍しいものではなく、幾度となく繰り返されてきた「文化の断続」とでもよべる現象であるとも述べてきた。別の言い方をすれば、文化というものを、祖先から途切れずに連綿と続く滑らかな連続性をもつものだと、私たちは考えがちであるが、必ずしもそうではない。実は文化の連続性とは、しばしば、断絶だらけのものをツギハギして修復した結果、そう見えるにすぎないのである。例えば、百五十年ほど前の「明治維新」とよばれるプロセスも、実質的には西洋的近代化であるにもかかわらず、原初の天皇親政に戻る「復古」だというのが公式見解だった。それによって、中国文明の文化的影響下にあった千年以上の時間は後景に退き、二千数百年前とされた神武天皇即位から断絶なく現在まで続く「日本文化」なるものの連続性が演出されたのである。こうした例は、けっして稀ではない。人類の歴史上、断絶をはさんでの文化の連続、一言でいえば「文化の断続」は、古今東西を問わず、ありふれたものなのである。

前章までは、縄文ルネサンスという社会現象の様々な面にズームインして、詳細かつ具体的に細かな襞に分け入って描写してきた。ここでは、このあと一気にズームアウトして、縄文時代と現代を同時に視野に収めて、縄文ルネサンスが現代のしかもいまの時期に生じていることの意味について考えてみたい。

なぜ縄文ルネサンスは、二十一世紀初頭のこの時期に発生しているのか。別に必然性はないという回答も可能だろう。偶然が重なっただけで、二十世紀後半の発掘調査がかなりの成果を生み、国宝になるような遺物や国指定史跡になるような遺跡もつぎつぎに出土して、インターネットなどによってそうしたデータへのアクセスが容易になり、さらにSNSなど同好の士と交流する回路が提供され、土偶展や縄文展などの大展覧会がたまたま開催され、といった好条件が重なった結果にすぎないという見方である。他方では、すべてが仕組まれているという、一種の陰謀説めいた回答も可能だろう。例えば、世界遺産と日本遺産とオリンピック・パラリンピック、そして海外への日本文化発信という政府の戦略に呼応して、関連展覧会、関連映画、関連書籍が開催、公開、公刊され、様々なイベントが企画されて、一大メディアミックスの結果として、縄文ルネサンスはつくり出されたのだという見方である。どちらにしても、壺から煙とともに魔神のように出現して、そして消えるだろう「縄文ブーム」の説明にはなるかもしれないが、本書の対象としてきた「縄文ルネサンス」についての説明としては、魅力に欠けるし、説得力に乏しすぎる。

なぜいまなのかという問いに対するひとつの答えの鍵は、地球社会と日本社会が、大きな転換期に直面しているということである。それはまず、この前の氷河期が終わった後の「完新世」から、人間の活動が地質学的な影響（地球温暖化等）を地球環境に及ぼすような新しい段階つまり「人新世」へと移行していることが明らかになりつつあるという大転換期である。さらに、西洋のルネサンスを起点とする科学革命と技術革命と産業革命を移植して開始した、明治維新に始まる日本の近代化のフォーマットが使用期限を過ぎ、根本的なバージョンアップなしに使いつづけることが危険をともなうような段階に達しているという大転換期である。あるいはまた、敗戦後の日本が、戦禍からの復興を経済成長によって成し遂げてきた、その基盤としての人口構成が劇変して、少子高齢化と過疎化という新状況に直面して、「高度経済成長を再び」などではない真剣な将来構想の構築が喫緊の課題となっているという大転換期でもある。こうした複合的な大転換期にどのように対処すべきかについて、誰もが日々深刻に悩んでいるなどとはいわない。しかし「これまでうまく行っていたやり方を漫然と続けるのはまずい。別の方向、別のスタイル、別のリズム、別のスピード、別の価値観、別のパースペクティブ、別の何かが、将来に向けて必要ではないか」と、誰もが薄々感じはじめていることは確かだろう。そのとき、人はどこかにモデルはないかと探す。どこか別の場所に、どこか別の時代に。

しかしモデルを求める先が縄文時代である必要はない。ではなぜ「縄文ルネサンス」なのか。おそらくその理由は、私たちが、現代日本社会に対して感じている問題が、縄文ルネサンスのなかで姿を現してきた「縄文イメージ」のほぼ対極にあたるという点にある。つまり「問題含みの現在のイメージ」と「縄文イメージ」がネガとポジの関係にあるのだろう。では本書を振り返って、縄文ルネサンスのなかで流布している「縄文イメージ」を復習してみよう。「自然との共生」、「持続可能な社会」、「戦争のない平和」、「階級なき平等社会」。これらのイメージが輝いて見えるような、その陰画のような状況のなかに私たちは生きているのだろうか。つまり「自然とのバランスの喪失」、「持続困難な社会」、「開戦直前状況」、「不平等な階級社会」のなかに私たちは生きているのだろうか。まだそうではないのかもしれない。しかし、おそらく、このままのモードで進んでいったら、遠からずそういう問題に直面して、そのときは「時すでに遅し」になるのではないかと、多くの人が感じはじめているということなのではないか。そして「いまとは別のモード」の有力候補として縄文が浮上しているというわけである。

地球社会が、そして日本社会が、大転換期を迎えていることが、「縄文ルネサンス」がいまこの時期に生じている理由であるとしても、それだけではない。もうひとつの答えとして、「専門家によって独占された知」というもの、別の言い方をすれば「専門分化・専門家文化」というものの行き詰まり状況を指摘することができる。典型的な例として、福島第一原発事故を挙げることができるだろう。いまでは誰もが知っていることであるが、「安全で経済的な原子力発電」というスローガンを私たち市民が鵜呑みにしてしまって、安全性にせよ経済性にせよ、すべてを専門家（エキスパート）に任せてきたしっぺがえしが、あの大惨事だったのである。無知を晒すことになるが、実用化されていた原子力発電というものが、単にウランを核分裂させて発生した熱でお湯を沸かし、その蒸気でタービンを回して発電しているのだという事実を、長いこと私は知らなかった。原子力ならではの、もっと難解な発電方法だと思っていたのである。他の領域についても、技術や社会のシステムが複雑化して理解が困難になったからという理由で、専門家に任せきりにしていると、思いもよらない悲劇に遭遇するという感覚を多くの人がもちはじめているのではないか。専門家が失敗する理由は色々あるが、専門家ゆえに、範囲を限定して、その業界のルールや原則に即してだけ考えるという、まさに専門分化こそが、もっとも根源的な理由なのである。考古学にしても、原子力工学や原子核工学などとは性質は異なるとはいえ、近代考古学の成立以来、「専門家によって独占された知」でありつづけたことに違いはない。その独占に対して現実に様々な方向から異議申し立てがなされていることは、前章で紹介した通りである。美術・アートの世界でも、状況は似たようなものである。美術批評家や美術商が専門家として牛耳っている「アートワールド」における認知が権威をもっているなかでは、「真正の美」は専門家によって独占されてきた。そこでは前衛的なアートすら、専門家に「前衛的」と認定してもらわなければ、美術史上そして美術市場で価値を認めてもらえないのである。

このような専門分化は、近代そして、これまでの現代においては、効率のよい方法ではあった。専門家それぞれが分担することによって、いわゆる「スピード感のある」発展が可能だったのである。しかし「より速く、より高く、より強く」というオリンピックのモットーのようなぐあいに、敷かれたレールに沿って進めばよかった時代が終わりつつあるなかで、様々な「専門の知」へと細分されていた「知」を、もういちど普通の人たちの手に取り戻すことが求められているのが、いまという時代なのだと思われる。そのとき、社会がタテ方向に成層分化しヨコ方向に専門分化するより前の縄文時代の、誰もが多様な知と技をもって、複雑な状況に臨機応変に対応しつつ生きていた社会の在り方が、ひとつの魅力的なモデルとして浮上してきたとしてもおかしくはない。それはもちろん、縄文時代まで遡らなくても、里山や里海といった言葉で表されている生活様式でもあるのだが、その原点にあたるのが、水田稲作に特化する前の縄文時代の生活様式なのだという認識が、縄文ルネサンスの通奏低音となっている。単線的集中ではない、複線的多様性である。

そして、ひとつめの「大転換期」と、ふたつめの「専門家による知の独占の行き詰まり」という理由とのあいだには、密接な関連がある。大転換期は、これまでのやり方が通用しないような新しい状況を意味する。それまで効率的だった専門家による分業体制では通用しない新しい状況なのである。おそらく縄文時代の社会が不慮の寒冷化に襲われたとき、当時の生活様式が極端に特殊化していたとしたら、環境の激変を乗り切ることは難しかっただろう。専門家が対処できないような未曾有の状況にあって、専門家を妄信して、現実を直視するのを避けているならば、その社会の行く末がひじょうに危ういものであることは、論を俟たない。

ここで西洋のルネサンスのことも頭に浮かぶ。中世を通じて西洋は、カトリック教会の教皇を頂点とする聖職者による知の独占的支配の下にあり、それだからこそ、一般信徒に免罪符による救済を信じ込ませて、詐欺まがいのやり方で教皇が莫大な富を手にすることが可能だったのである。そうした専横に対してルターは、専門家である司祭を介さずに、一般の人々が神と対話する道を切り開いた。宗教改革に先立つ盛期ルネサンスもまた、新しい世界を作り出す人間の能力を信ずる「人間主義」を謳歌し、そこでのヒーローは、レオナルドやミケランジェロを筆頭とする、狭い専門に引きこもらない「万能人」であった。しかし、そのルネサンスを始点とした科学と技術の進歩が、やがて、自然を支配の対象としてしか見ない「人間中心主義」と「専門家による知の独占」へと変貌したその成れの果てが現代である。その行き詰まりに直面して、人間を自然の一部として考える「脱人間中心主義」が希求されるようになり、その反響を縄文ルネサンスのなかにも聴き取ることができる。

推測に臆断を重ねる議論は、このくらいにしておこう。私が言いたいのは、二十一世紀に入って現れはじめた「縄文ルネサンス」が、この十年ほど本格化しているのは、けっしてまったくの偶然ではないし、誰かが周到に仕組んだものでもなく、それなりの理由があると考えることができるということなのである。

ところで、縄文ルネサンスのなかで、あちこちで「縄文からJOMONへ」という言い回しを耳にする。そこには、いまは小さなせせらぎでも、やがて大きな流れとなっていく兆しを見て取れるような気がする。茅野市の『第0回八ヶ岳JOMONライフフェスティバル』では、タイトルにも含まれているが、開催前の予告でも「縄文からJOMONへ」と謳っていた。他の「縄文まつり」のなかにも、名称にアルファベットのJOMONを含むものがいくつもある。ポータルサイトの『どぐぽた』がインターネット上で開催したコンクールは、『どぐキャラ総選挙』から『JOMON美土偶グランプリ』へと名前を変えた。縄文ではなくJOMONと表記することに、特段の意味がない場合も多いだろう。しかし、旧来の縄文イメージから脱皮した、「新しい縄文」を提案する方法として、JOMONの語が使われているケースも少なくない。ではどのような意味で「新しい」のか。ひとつは、ポップな感じである。つまり考古学の独擅場だった重厚な縄文とは違う「みんなのJOMON」という感じだろうか。さらにまた、海外では通用しない漢字の縄文ではない、「世界に開かれたJOMON」というイメージである。それは「JOMONの国際化」とは違う。「国際化」とは、ネイションを単位とした「インターナショナリゼーション」である。たしかに縄文を「国威発揚ナショナリズム」と結びつけて国家的文化戦略とする流れもあることは、本書でも見てきた通りだが、私としては、注目すべき流れは、「地球社会」という視野、グローバルな視野のほうだろうと考えている。つまり「日本列島の縄文」から「地球社会のJOMON」へ。

では地球社会のJOMONというのは、いったい何を指すのか。ここでまた、ひじょうに長い時間的スパンを持ち出すことになる。縄文文化とは、最終氷期であるヴュルム氷期が一万年余り前に終わった後、地球環境の大変化の下で出現した新石器文化のひとつである。要するに、日本列島の縄文文化は、日本国という国境で区切られた単位に囲い込むことのできる現象ではなく、もともと地球的規模の環境変化への適応なのである。つまり縄文文化を含む新石器文化とは、ナショナルな文化ではなく、人類の文化なのであり、縄文からＪＯＭＯＮへという流れは、ナショナルからグローバルへという流れを表していると考えることができる。そのような流れの兆候は、本書でも、あちこちで目にすることができた。ローカルがナショナルを経ずしてグローバルにつながる動きである。ここでモースの大森貝塚発掘調査報告書のことも思い出される。そこではアマゾンの先史土器との共通性など、世界各地の先史文化に言及していた。明治日本のナショナリズムとは無縁なところで、縄文土器は土の中から出現したのであり、それがナショナルな縄文へといったん収斂していったのち、再びグローバルなＪＯＭＯＮへと開かれつつあるといえるのかもしれない。

話が誇大妄想的になってきているとお感じだろうか。しかし私としては、できることならば、現代もまた、遠い未来に、再び見出されて受け継がれる可能性があるという視点から、現代を照らし出してみたいとも考えているのである。つまり、遠い昔の縄文時代と、遠い未来の時代とのあいだにある、人類史上のひとつの時代として現代を捉え、そのなかで「縄文ルネサンス」という社会現象の意味を理解してみたいと思うのである。そうした視点から見れば、いま巷に溢れている「縄文ルネサンス」関連の品々、例えば、巧拙様々のレプリカや、遺跡公園の復元住居や、駅前や市役所前のモニュメントや、大量に流通している土器や土偶の「ガチャ」や、縄文からインスピレーションを得て作られたアート作品等々は、現代社会の遺物ということになる。未来の考古学者は、二十一世紀初頭の地層に包含されている「縄文まがい」のモノの集積をどのように解釈するのだろうか。それに立ち会えないのは、かえすがえすも残念である。同様にして、「縄文ルネサンス」に立ち会うことのできなかった縄文人たちは、「縄文ルネサンス」についてどう思うのだろうか。こちらについても、直接お会いして聞くことのできないことが、とても残念なのである。

後記

私が本書で「縄文ルネサンス」と名づけた社会現象が、今後どのように展開していくのか、現段階では予想がつかない。その意味では、本書はあくまでも、進行中のプロセスの中間報告である。これからも、この興味尽きない現象について、引き続き調査していきたいと考えている。

本書のベースとなった調査研究について、少しだけ説明をしておきたいと思う。おおまかにいって三つの調査方法を併用した。第一の方法は、実際に現地に出向いて、活動に参加し、インタビューする文化人類学的フィールドワークである。船橋市のように十年以上にわたって定点観測するだけでなく、展覧会以外の期間もメーリングリストを通じて、あるいは個人的なやりとりを通して調査を続けている所もあれば、数回にわたって調査を行った茅野市や津南町のような所もあるが、いまのところ一回の調査しか実施できなかった所も少なくない。第二の方法としては、インターネット上で、注目すべき団体や組織のウェブサイトやブログなどを日常的に閲覧すると同時に、グーグルアラートを利用して、縄文ルネサンスに関係する報道を二〇一四年頃から網羅的にモニターしてきた。第三の方法は、主として出版物（書籍、雑誌、新聞、公刊物、フィールドワークで収集した資料）や映画や展覧会などを資料とする調査である。国内調査に加えて海外（ブラジルおよびイギリス）における調査も実施した。なお調査にあたっては、日本学術振興会科学研究費補助金による援助を受けた。「基盤研究（C）先史土器復興を中心とするブラジル・アマゾン先史文化の現代的利用の人類学的研究」（二〇〇九年度〜二〇一二年度、課題番号JP21520822）、「基盤研究（C）現代アートを用いての先史文化理解と先史文化を用いての現代アート制作の人類学的研究」（二〇一三年度〜二〇一六年度、課題番号JP25370944）、「基盤研究（C）縄文文化の現代的利用におけるローカリティとナショナリティの節合様態の人類学的研究」（二〇一七年度〜二〇二一年度、課題番号JP17K03287）。

＊

本書に結実している十年以上にわたる調査研究に際して、多くの方々の御協力を賜り、本書を書く上でも数々の貴重な示唆をいただくことができた。すべての方々に感謝するとともに、一部の方々のお名前しか挙げられないことをお詫び申し上げたい。なお以下の記述における所属等は、すべて調査時点におけるものである。

『縄文コンテンポラリー（アート）展』関係では、船橋市飛ノ台史跡公園博物館職員の方々、特に学芸員だった栗原薫子さん、初代実行委員長だった酒井清一さん、海神中学校の石原輝代さん、実行委員会メンバーをはじめ参加アーティストの皆さんには、毎年お付き合いいただき、お礼の申しようもない。同展覧会を通じて知遇を得た美術史家の鈴木希帆さんには、貴重な研究成果をご提供いただいた。また、文化財修復家兼アーティストの堀江武史さんと石原道知さんには、多くの方々をご紹介いただいたほか、様々な機会における忌憚のない意見交換にお付き合いいただき、さらに本書の草稿についてもご意見を賜った。

フィールドワークにおいてお世話になった方々のお名前を挙げると、東京都では『どぐぽた』の小林千幌（亭）さん、『縄文ZINE』の望月昭秀さん。茅野市では、茅野市美術館・茅野市民館の辻野隆之さん、前田忠史さん、後町有美さん、尖石縄文考古館の山科哲さん、市役所（縄文プロジェクト推進室）の木川未沙希さん、建築家の藤森照信さん。津南町では、「農と縄文の体験実習館「なじょもん」」の佐藤雅一さんと佐藤信之さん。長岡市では、新潟県立歴史博物館の宮尾亨さん、馬高縄文館の小熊博史さん。青森市では、青森県立美術館の工藤健志さん、三内丸山遺跡の遺跡保存活用推進室の佐藤真弓さん。八戸市では、是川縄文館の小久保拓也さん。一戸町では、御所野縄文博物館の高田和徳さん。滝沢市では、埋蔵文化財センターの桐生正一さん。山形市では、県立博物館の押切智紀さん、東北芸術工科大学の長井謙治さんと末永敏明さん。函館市では、函館市縄文文化交流センターの平野千枝さん。英国では、セインズベリー日本藝術研究所のサイモン・ケイナーさん、イーストアングリア大学のジョージ・F・ロウさん。

また共同研究でご一緒した岡山大学の松本直子さん、長年の学友である国立民族学博物館の関雄二さん、並びに九州大学の同僚の溝口孝司さんと田尻義了さんからは、折に触れて考古学者としての見解をうかがうことができて、色々参考にさせていただいた。

以上のように、多くの方々から貴重なお話をうかがうことができたが、本書の内容についての責任は、すべて私にあることはいうまでもない。

このほかにブラジルでも、多くの方々から、様々なご協力をいただき、それが色々な形で本書に結実しているのだが、日本語での出版でもあり、縄文を主題とする書籍でもあるので、ここではお名前を挙げることはせず、感謝の意を記すにとどめたいと思う。

装幀に関しては、表表紙では、堀江武史さんが「第8回世界考古学会議 Art and Archaeology」（二〇一六年）に際して京都・建仁寺両足院で開催された『カケラたちの庭より』展で展示した作品《ウルトラ・スカルプチャー》（二〇一五年制作、モデル：秋田県漆下遺跡出土土偶）の写真を使用させていただき、裏表紙では、長井謙治さんを代表とする「ジョウモン・アート・プロジェクト」（東北芸術工科大学／愛知学院大学）の研究成果である「Jomon Regular」（東北芸術工科大学の赤沼明男さんが中心となって火焔型土器の文様から紡ぎ出したアルファベット）を使用させていただいた。これらの卓越したデザインのおかげで本書の魅力がどれだけ増したかわからない。特に記して御礼申し上げたい。

縄文文化研究の泰斗、國學院大學名誉教授の小林達雄さんは、縄文考古学からみれば門外漢にすぎない文化人類学者の、拙い「縄文文化論」のために、過分の推薦辞をお寄せ下さった。その御厚意に深く感謝申し上げたい。

本書の元となった『西日本新聞』紙上での「縄文ルネサンス」連載（二〇一八年三月）の機会を提供してくださった野中彰久さん、出版をめぐる状況が厳しい折に、本書を世に問うことを可能にしてくださった平凡社の松井純さんには、心からの謝意を表したい。

最後に私事になるが、前後の脈絡なく縄文の話を始めるのを聞いてくれた麻妃さんにも感謝したい。そして、これまでの私の小難しい本よりは、楽しんで読んでもらえたかもしれないのに、残念ながら一昨年の夏に亡くなった母の澄子さんに、本書を捧げたいと思う。

古谷嘉章

二〇一九年夏

文献一覧

日本語文献

赤坂憲雄　二〇〇九（一九九六）『東北学／忘れられた東北』講談社。
赤坂憲雄　二〇一四（一九九八）『東北学／もうひとつの東北』講談社。
赤坂憲雄　二〇一四（二〇一〇）『岡本太郎という思想』講談社
赤坂憲雄　二〇一五「解説　前衛と生活のはざまに、旅があった」、岡本太郎『日本再発見』角川書店、二八七―二九三頁。
赤瀬川原平・山下裕二　二〇〇四（二〇〇〇）『日本美術応援団』筑摩書房。
秋元信夫　二〇〇五『石にこめた縄文人の祈り　大湯環状列石』、新泉社。
アートNPOゼロダテ（編）二〇一五『大館・北秋田芸術祭「里に犬、山に熊。」』アートNPOゼロダテ。
阿部芳郎（編）二〇一二『土偶と縄文社会』雄山閣。
五十嵐太郎　二〇一六『日本建築入門――近代と伝統』筑摩書房。
五十嵐太郎＋東北大学大学院五十嵐研究室　二〇一七「先史のかたちと対話する」『ユリイカ　総特集　縄文』第四九巻六号、一五〇―一六六頁。
井口直司　二〇一八『縄文土器・土偶』角川書店。
石井匠　二〇一〇『謎解き　太陽の塔』幻冬舎。
石井匠　二〇一七「火焔土器の迷宮」『ユリイカ　総特集　縄文』第四九巻六号、一一九―一二九頁。
石川日出志　二〇〇八『「弥生時代」の発見　弥生町遺跡』新泉社。

石川日出志　二〇一〇『シリーズ日本古代史①　農耕社会の成立』岩波書店。
石ノ森章太郎　一九九八『マンガ日本の歴史46　縄文時代の始り』中央公論社。
石ノ森章太郎　一九九九a『マンガ日本の歴史47　縄文社会の繁栄』中央公論社。
石ノ森章太郎　一九九九b『マンガ日本の歴史48　縄文時代の終末』中央公論社。
石原正敏　二〇一八『国宝「火焔型土器」の世界』新泉社。
磯崎新　二〇〇三『建築における「日本的なもの」』新潮社。
磯崎新・藤森照信　二〇一六『磯崎新と藤森照信のモダニズム建築談義』六耀社。
井戸尻考古館（編）　二〇〇四『蘇る高原の縄文王国——井戸尻文化の世界性』言叢社。
鵜飼幸雄　二〇一〇『国宝土偶「縄文ビーナス」の誕生——棚畑遺跡』新泉社。
内田好昭　二〇〇四「神代石の収集」、東京文化財研究所編『うごくモノ』平凡社、五五—六九頁。
梅原猛　一九九四（一九八三）『日本の深層——縄文・蝦夷文化を探る』集英社。
NHK三内丸山プロジェクト・岡田康博（編）　二〇〇五『縄文文化を掘る——三内丸山遺跡からの展開』日本放送出版協会。
大島直行　二〇一四『月と蛇と縄文人——シンボリズムとレトリックで読み解く神話的世界観』寿郎社。
大島直行　二〇一六『縄文人の世界観』国書刊行会。
大島直行　二〇一七『縄文人はなぜ死者を穴に埋めたのか——墓と子宮の考古学』国書刊行会。
大塚英志（編）　二〇一三『柳田国男山人論集成』角川書店。
岡田康博　二〇〇〇『遥かなる縄文の声——三内丸山を掘る』日本放送出版協会。
岡田康博　二〇一四『日本の遺跡48　三内丸山遺跡——復元された東北の縄文大集落』同成社。
岡村道雄　二〇〇二『日本の歴史01　縄文の生活誌』改訂版、講談社。
岡村道雄　二〇一四『縄文人からの伝言』集英社。
岡村道雄　二〇一八『縄文の列島文化』山川出版社。

岡村渉　二〇一四『弥生集落像の原点を見直す――登呂遺跡』新泉社。
岡本太郎　一九五二「四次元との対話――縄文土器論」『みづゑ』二月号、三―一四頁。
岡本太郎　一九五六『日本の伝統』光文社。
岡本太郎　一九九九『日本の伝統』みすず書房。
岡本太郎　二〇〇四（一九七一）『美の呪力』新潮社。
岡本太郎　二〇〇五『日本の伝統』光文社知恵の森文庫。
岡本太郎　二〇〇八「万国博に賭けたもの」平野暁臣編著『岡本太郎と太陽の塔』小学館クリエイティブ、一〇―一五頁（『日本万国博　建築・造形』恒文社、一九七一より転載）。
岡本太郎　二〇一五（一九五八）『日本再発見』角川書店。
岡本敏子・川崎市岡本太郎美術館（編）　二〇〇四『対談集　岡本太郎　発言！』二玄社。
岡本敏子・山下裕二（編）　二〇〇一『岡本太郎が撮った「日本」』毎日新聞社。
小川忠博　二〇〇四『土の中からでてきたよ』平凡社。
小川忠博　二〇一三a『縄文美術館』平凡社。
小川忠博　二〇一三b「縄文時代を撮って、まとめる」『ビジュアル縄文博物館』十日町市博物館、一六―一七頁。
小川忠博　二〇一八『新版　縄文美術館』平凡社。
小熊英二　一九九五『単一民族神話の起源――〈日本人〉の自画像の系譜』新曜社。
香川雅信　二〇一三（二〇〇五）『江戸の妖怪革命』角川書店。
加藤緑　二〇〇六『日本考古学の原点　大森貝塚』新泉社。
川口幸也　二〇一八「戦後日本社会と《太陽の塔》」『季刊民族学一六五号・岡本太郎の民族学』三八―四三頁。
川崎保　二〇〇九『文化としての縄文土器型式』雄山閣。
木内石亭　二〇一〇『口語訳　雲根志』横江孚彦訳、雄山閣。

菊池勇夫　二〇〇七『菅江真澄』吉川弘文館。
菊池勇夫　二〇一〇『菅江真澄が見たアイヌ文化』御茶の水書房。
北川フラム　二〇一三『アートの地殻変動』美術出版社。
北川フラム　二〇一五『ひらく美術』筑摩書房。
北川フラム　二〇一八「二〇年を経た芸術祭のいままでと今後」『大地の芸術祭越後妻有アートトリエンナーレ2018公式ガイドブック』現代企画室、二四二―二四六頁。
工藤健志（編）二〇一四『青森県立美術館コンセプトブック』スペースシャワーネットワーク。
隈研吾　二〇一六『なぜぼくが新国立競技場をつくるのか』日経BP社。
クラストル、ピエール　一九八九『国家に抗する社会――政治人類学研究』渡辺公三訳、水声社。
ケイナー、サイモンほか　二〇一〇「土偶の力　再発掘」『文化資源学』第八号、一―八頁。
御所野縄文博物館（編）二〇一八『世界から見た北の縄文』新泉社。
小菅将夫　二〇一四『「旧石器時代」の発見　岩宿遺跡』新泉社。
小林謙一ほか（編）二〇一二（二〇一一）『縄文はいつから!?』増補版、新泉社。
小林達雄　二〇〇二『縄文土器の研究』学生社。
小林達雄　二〇〇七「岡本太郎と縄文の発見」『季刊東北学』第一三号、東北芸術工科大学東北文化研究センター、四一―五一頁。
小林達雄　二〇〇八『縄文の思考』筑摩書房。
小林達雄　二〇一八『縄文文化が日本人の未来を拓く』徳間書店。
小林達雄ほか　二〇〇七『土器の考古学』学生社。
小林達雄（編著）二〇一〇『世界遺産　縄文遺跡』同成社。
小林達雄（編著）二〇一二『縄文土器を読む』アム・プロモーション。
譽田亜紀子　二〇一四『はじめての土偶』世界文化社。

譽田亜紀子著、武藤康弘監修　二〇一五『にっぽん全国土偶手帖』世界文化社。
譽田亜紀子著、新津健監修　二〇一六『ときめく縄文図鑑』山と渓谷社。
譽田亜紀子著、武藤康弘監修　二〇一七『土偶のリアル』山川出版社。
酒井清一　二〇一三「縄文コンテンポラリー展の一三年」、Marie Parra-Aledo ed., *Une Culture de l'harmonie*, Édition Esthétiques japonaises, pp. 153-165.
さかいひろこ・米山みどり　二〇〇九『いわてドグウ★ガイドブック　土偶王国』ツーワンライフ出版。
坂野徹　二〇〇五『帝国日本と人類学者――一八八四―一九五二年』勁草書房。
坂本龍一・中沢新一　二〇一〇『縄文　聖地　巡礼』木楽舎。
桜井準也　二〇一一『歴史に語られた遺跡・遺物――認識と利用の系譜』慶應義塾大学出版会。
櫻井準也　二〇一四『考古学とポピュラー・カルチャー』同成社。
佐藤道信　一九九六『〈日本美術〉誕生』講談社。
澤村明　二〇一一『遺跡と観光』同成社。
澤村明（編著）二〇一四『アートは地域を変えたか』慶應義塾大学出版会。
椹木野衣　二〇一二『太郎と爆発』河出書房新社。
設楽博己　二〇一四『縄文社会と弥生社会』敬文舎。
設楽博己　二〇一七「弥生文化研究の深化と新展開」、設楽博己編『季刊考古学』第一三八号（「特集　弥生文化のはじまり」）、一四―一七頁。
設楽博己・工藤雄一郎・松田睦彦　二〇一六『柳田國男と考古学――なぜ柳田は考古資料を収集したのか』新泉社。
設楽博己（編著）二〇一七『季刊考古学』第一三八号（同右）。
七田忠昭　二〇一七『邪馬台国時代のクニの都　吉野ヶ里遺跡』新泉社。
白井晟一　二〇一〇『無窓』晶文社。

白井晟一　二〇一一『白井晟一、建築を語る』中央公論新社。
新潮社（編）二〇一四『青森縄文王国』新潮社。
鈴木廣之　二〇〇三『好古家たちの19世紀――幕末明治における《物》のアルケオロジー』吉川弘文館。
鈴木希帆　二〇〇七「美術として見る縄文時代中期の土器」、土肥孝編『日本の美術一〇　No.四九七　縄文土器中期』至文堂、八六―九八頁。
鈴木希帆　二〇一一「近代日本における縄文土器観――大野雲外による図案化を中心に」『美術史』第百七十一冊、一二〇―一三六頁。
鈴木希帆　二〇一六「美術から見た縄文土器――火焰型土器の登場」『十日町市博物館年報』第二号、一四―一六頁。
瀬川拓郎　二〇一二『コロポックルとはだれか――中世の千島列島とアイヌ伝説』新典社。
瀬川拓郎　二〇一六『アイヌと縄文――もうひとつの日本の歴史』筑摩書房。
瀬川拓郎　二〇一七『縄文の思想』講談社。
関雄二　二〇一四『アンデスの文化遺産を活かす――考古学者と盗掘者の対話』臨川書店。
関根達人　二〇〇六「菅江真澄が描いた「縄文土器」と「土偶」」『真澄学』三、東北芸術工科大学東北文化研究センター、六二―七五頁。
高田和徳　二〇〇五『縄文のイエとムラの風景　御所野遺跡』新泉社。
田中祐二　二〇一六『縄文のタイムカプセル　鳥浜貝塚』新泉社。
辻惟雄　一九九二『日本美術の見方』岩波書店。
勅使河原彰　二〇〇四『原始集落を掘る　尖石遺跡』新泉社。
勅使河原彰　二〇一六『縄文時代史』新泉社。
寺田和夫　一九八一『日本の人類学』角川書店。
東京国立博物館（編）一九九六『東京国立博物館図版目録――縄文遺物篇（土偶・土製品）』中央公論美術出

版。

時枝務　二〇〇九「遺失物法と文化財保護」『明治聖徳記念学会紀要』（復刊第四六号）、八四—一〇一頁。

「土偶とその情報」研究会（編）一九九七『土偶研究の地平』（1—4）勉誠社。

戸沢充則　二〇〇二（一九九五）『増補　縄文人の時代』新泉社。

鳥居龍蔵　一九一八『有史以前の日本』磯部甲陽堂。

ナウマン、ネリー　二〇〇五『生の緒——縄文時代の物質・精神文化』檜枝陽一郎訳、言叢社。

長井謙治（編）二〇一九『ジョウモン・アートJOMON ART——芸術の力で縄文を伝える』雄山閣。

奈良大学文学部世界遺産を考える会（編）二〇〇〇『世界遺産学を学ぶ人のために』世界思想社。

奈良文化財研究所（編）二〇〇七『日本の考古学』（上・下）、学生社。

新潟県立歴史博物館（編）二〇〇九『火焔土器の国　新潟』新潟日報事業社。

西田正規　二〇〇七『人類史のなかの定住革命』講談社。

西村幸夫・本中眞（編）二〇一七『世界文化遺産の思想』東京大学出版会。

能登健　二〇一一『列島の考古学　縄文時代』河出書房新社。

羽藤広輔　二〇一四『昭和期建築家による和室の可能性について——白井晟一の事例を中心に』（京都大学大学院学位論文）。

羽藤広輔　二〇一五「建築家・白井晟一の著作にみる伝統論」『日本建築学会計画系論文集』第八〇巻第七一二号、一四一一—一四一八頁。

原田マハ　二〇一五（二〇一二）『生きるぼくら』徳間書店。

春原史寛　二〇一一「縄文土器論——「新しい伝統」を打ち建てる媒介」『美術手帖』三月号、五〇—五一頁。

平野暁臣（編著）二〇〇八『岡本太郎と太陽の塔』小学館クリエイティブ。

藤岡和賀夫（編）二〇一〇『DISCOVER JAPAN　40年記念カタログ』PHP研究所。

藤木庸介（編著）二〇一〇『生きている文化遺産と観光』学芸出版社。

藤森英二　二〇一七『信州の縄文時代が実はすごかったという本』信濃毎日新聞社。
藤森照信ほか　二〇一〇『藤森照信読本』エーディーエー・エディタ・トーキョー。
古谷嘉章　二〇〇五「アマゾンの陶器生産――遺跡とグローバリゼーションのあいだで」『季刊民族学』第一一三号、九二―一〇四頁。
古谷嘉章　二〇〇八「土器の生涯――土器片・レプリカ・触知性」『文化人類学』第七三巻二号、二二一―二四〇頁。
古谷嘉章　二〇一一「縄文土器の第二の「人生」」『縄文国際コンテンポラリー展inふなばし2011』三頁。
古谷嘉章　二〇一四「イノチを生む動く線とリクツが生む複雑な形」『第一四回縄文コンテンポラリー展inふなばし』四―六頁。
古谷嘉章　二〇一五「二次元の平面、三次元の物体、物質化されないイメージ」『第一五回縄文コンテンポラリー展inふなばし』五頁。
古谷嘉章　二〇一六「現代・アート・縄文――縄文コンテンポラリー展の展望」『第一六回縄文コンテンポラリー展inふなばし』二三―二六頁。
古谷嘉章　二〇一七「ワークショップとしての「縄文コンテンポラリー展」」『第一七回縄文コンテンポラリー展inふなばし』二一―二四頁。
古谷嘉章　二〇一八「縄文ルネサンス」（1―7）『西日本新聞』三月六―一六日。
古谷嘉章　二〇一八「仕掛け罠としての〈制作＋展示〉」堀江武史編『縄文遺物と現代美術』府中工房、四頁。
古谷嘉章　二〇一八「土偶のなかに現代が見える」『第一八回縄文コンテンポラリー展inふなばし』二〇―二一、頁。
古谷嘉章　二〇一九「先史文化×考古学×現代アート」、長井謙治編『ジョウモン・アートJOMON ART――芸術の力で縄文を伝える』雄山閣、二〇二―二〇九頁。
文化財保護法研究会（編著）　二〇〇六『文化財保護法』ぎょうせい。

文化財保存全国協議会（編） 二〇〇六 『新版 遺跡保存の事典』平凡社。
星野之宣 二〇〇五 『宗像教授異考録 第一集』小学館。
堀江武史（編） 二〇一八 『縄文遺物と現代美術――考古学から生まれるアート』府中工房。
マクレガー、ニール 二〇一二 『100のモノが語る世界の歴史1』筑摩書房。
松本建速 二〇一八 『つくられたエミシ』同成社。
三上徹也 二〇一五 『人猿同祖ナリ・坪井正五郎の真実――コロボックル論とは何であったか』六一書房。
水木しげる 一九九二 『縄文少年ヨギ』筑摩書房。
宮坂英弌 一九九八 『尖石』学生社。
モース、エドワード・S 一九七一 『日本その日その日3』石川欣一訳、平凡社。
モース、エドワード・S 一九八三 『大森貝塚』近藤義郎・佐原真編訳、岩波書店。
望月昭秀 二〇一八 『縄文ZINE㊏』ニルソンデザイン事務所。
望月昭秀 二〇一八 『縄文人に相談だ』国書刊行会。
望月昭秀 二〇一八 『縄文力で生き残れ』創元社。
森沢明夫 二〇一五（二〇一二）『ライアの祈り』小学館。
モーリス＝鈴木、テッサ 二〇〇〇 『辺境から眺める――アイヌが経験する近代』大川正彦訳、みすず書房。
守矢昌文 二〇一七 『国宝土偶「仮面の女神」の復元 中ッ原遺跡』新泉社。
矢島新 二〇〇三 「眼の革命」、矢島新・山下裕二・辻惟雄『日本美術の発見者たち』東京大学出版会、一一一―三二頁。
安江則子（編著） 二〇一一 『世界遺産学への招待』法律文化社。
安田喜憲・阿部千春（編） 二〇一五 『津軽海峡圏の縄文文化』雄山閣。
柳宗悦 二〇〇〇（一九五五）「奇数の美」『茶と美』講談社、二九一―三一三頁。
柳田国男 二〇〇四 『新版 遠野物語』角川書店。

柳田国男　二〇一三「山民の生活（第二回大会席上にて）」、大塚英志編『柳田国男山人論集成』角川書店、七五―九〇頁。
山岡信貴　二〇一八『ハマる縄文!?』徳間書店。
山下裕二　二〇〇〇『岡本太郎宣言』平凡社。
山田康弘　二〇一五『つくられた縄文時代――日本文化の原像を探る』新潮社。
山田康弘　二〇一九『縄文時代の歴史』講談社。
山田康弘（監修）二〇一九『縄文時代の不思議と謎』実業之日本社。
山田康弘・国立歴史民俗博物館（編）二〇一七『縄文時代――その枠組・文化・社会をどう捉えるか?』吉川弘文館。
夢枕獏・岡村道雄　二〇一八『縄文探検隊の記録』集英社インターナショナル。
吉田泰幸・ジョン・アートル（編）『Japanese Archaeological Dialogues　文化資源学セミナー「考古学と現代社会」二〇一三―二〇一六』金沢大学人間社会研究域付属国際文化資源学センター。

展覧会カタログ

Simon Kaner, ed. *The Power of Dogu: Ceramic Figures from Ancient Japan*. The British Museum Press, 2009.

『特別展　日本の考古学――その歩みと成果』東京国立博物館、一九八八。

『ジョウモネスク・ジャパン［火焔土器的こころ］』新潟県立歴史博物館、二〇〇〇。

東京国立博物館編『土器の造形――縄文の動・弥生の静』東京国立博物館、二〇〇一。

『縄文と現代――二つの時代をつなぐ「かたち」と「こころ」』青森県立美術館、二〇〇六。

文化庁・国立博物館・NHK・NHKプロモーション編『国宝土偶展』NHK、NHKプロモーション、毎日新聞社、二〇〇九。

MIHO MUSEUM編『土偶・コスモス』羽鳥書店、二〇一二。

『ビジュアル縄文博物館――縄文人の衣食住、そして土器』十日町市博物館、二〇一三。

『青森 EARTH 2012 - 2013』青森県立美術館、二〇一四。

『第一四回縄文コンテンポラリー展inふなばし――縄文の手・現代の手』二〇一四。

『第一五回縄文コンテンポラリー展inふなばし――環 北海道・サハリン・カムチャッカ〜北米へとつながる古代と現代』二〇一五。

『青森 EARTH――根と路』青森県立美術館、二〇一六。

『第一六回縄文コンテンポラリー展inふなばし――わたしたちのみなもと』二〇一六。

『第一七回縄文コンテンポラリー展inふなばし――とび博でアートみぃーつけた』二〇一七。

東京国立博物館・NHK・NHKプロモーション・朝日新聞社編『縄文――1万年の美の鼓動』NHK、NHKプロモーション、朝日新聞社、二〇一八。

『大地の芸術祭 越後妻有アートトリエンナーレ2018公式ガイドブック』現代企画室、二〇一八。

『第一八回縄文コンテンポラリー展inふなばし――とび博 土偶のアート伝説』二〇一八。

雑誌・ムック

「特集 明日の岡本太郎」『季刊東北学』第一三号、東北芸術工科大学東北文化研究センター、二〇〇七。

『美術手帖』第九四九号（「生誕一〇〇年記念特集 岡本太郎」）、二〇一一。

『美術手帖』七月号増刊号（「特集 大地の芸術祭 越後妻有アートトリエンナーレ2012公式ガイドブック」）二〇一二。

『芸術新潮』一一月号（「大特集 縄文の歩き方」）新潮社 二〇一二、一〇―八四頁。

『別冊太陽 日本のこころ』二一二号（「縄文の力」）、平凡社、二〇一三。

『季刊東北学』第五号（「特集 縄文の至宝」）、東北芸術工科大学東北文化研究センター、二〇一五。

『縄文ZINE』、第一―五号、ニルソンデザイン事務所、二〇一五―二〇一七。

『ユリイカ　総特集　縄文』、第四九巻六号、二〇一七。

『季刊民族学』第一六五号（「特集　岡本太郎の民族学」）、千里文化財団、二〇一八。

『東京人』第三九九号（「特集　縄文散歩」）、二〇一八。

『月刊目の眼』第五〇三号（「特集　日本列島縄文アートめぐり」）、二〇一八。

『TJ Mook いまこそ知りたい縄文時代』宝島社、二〇一八。

『Discover Japan』第八二号（「特集　縄文人はどう生きたか。」）、二〇一八。

『DIA Collection いま蘇る縄文』ダイアプレス、二〇一八。

『現代思想』第四六巻一三号（「特集　考古学の思想」）、二〇一八。

博物館ガイドブック等

『新潟県立歴史博物館　常設展示図録』新潟県立歴史博物館、二〇〇〇。

『東京国立博物館ハンドブック』東京国立博物館、二〇〇四。

『日本の考古ガイドブック（改訂版）』東京国立博物館、二〇〇四。

『特別史跡　大湯環状列石ガイドブック』鹿角市教育委員会、二〇一〇。

『火焔土器と馬高・三十稲場遺跡』長岡市教育委員会、二〇一〇。

『国宝　笹山遺跡出土品のすべて』十日町博物館、二〇一一。

『是川縄文館常設展示図録』八戸市教育委員会、二〇一二。

『国宝　縄文の女神』山形県立博物館、二〇一三。

『函館市縄文文化交流センター』NPO法人函館市埋蔵文化財事業団、二〇一五。

『御所野縄文博物館常設展示図録』一戸町教育委員会、二〇一五。

『茅野市尖石縄文考古館展示図録』茅野市教育委員会、二〇一七。

その他

『滝沢市の文化財』滝沢市教育委員会、一九八五。

『一戸町文化財年報』(二〇〇二―二〇一三) 一戸町教育委員会。

『津南町農と縄文の体験実習館　体験実習活動報告書』(平成一七年度、二〇年度、二二―二九年度)、なじょもん寺子屋実行委員会+なじょもん運営実行委員会・津南町教育委員会、二〇〇六―二〇一八。

『三内丸山遺跡　特別史跡指定一〇周年記念誌』青森県教育委員会、二〇一一。

『茅野市民館ものがたり』茅野市民館、二〇一一。

『地域をつなぐ――火焔街道博学連携プロジェクトの一〇年』火焔街道博学連携推進研究会、二〇一三。

『縄文プロジェクト改定版』茅野市縄文プロジェクト推進市民会議、二〇一四。

『新国立競技場整備事業に関する技術提案書』二〇一五。

『「縄文八ヶ岳」ブランドブック』茅野商工会議所、二〇一五

『いま、獲らなければならない理由《わけ》――共に生きるために』環境省、二〇一五。

『平成二八年度伊勢堂岱遺跡ジュニアボランティアガイド　活動の歩み』鷹巣地方史研究会・北秋田市教育委員会・北秋田市文化遺産保存活用実行委員会、二〇一六。

『ふなばしの遺跡』船橋市教育委員会、二〇一八。

『茅野市縄文ガイドブック　増補改訂版』「縄文」を識る部会・茅野市尖石縄文考古館・茅野市教育委員会、二〇一七。

欧文文献

Bailey, Douglass, et al., eds., *Unearthed: A Comparative Study of Jomon Dogu and Neolithic Figurines*, Sainsbury Institute for the Study of Japanese Arts and Cultures, 2010.

Benton, Tim, ed., *Understanding Heritage and Memory*. Manchester University Press, 2010.

Bradley, Richard, *The Past in Prehistoric Societies*, Routledge, 2002.
Cuno, James, *Who Owns Antiquity?: Museums and the Battle over Our Ancient Heritage*. Princeton University Press, 2008.
Cuno, James, ed., *Whose Culture?: The Promise of Museums and the Debate over Antiquities*. Princeton University Press, 2009.
Ferguson, T. J. and Chip Colwell-Chanthaphonh, *History is in the Land*. The University of Arizona Press, 2006.
Gazin-Schwartz, Amy and Cornelius J. Holtorf, *Archaeology and Folklore*. Routledge, 1999.
Gibbon, Kate Fitz, *Who Owns the Past?* Rutgers University Press, 2005.
Habu, Junko, *Ancient Jomon of Japan*. Cambridge University Press, 2004.
Harrison, Rodney, *Heritage: Critical Approaches*. Routledge, 2013.
Holtorf, Cornelius, *From Stonehenge to Las Vegas: Archaeology as Popular Culture*, Altamira, 2005.
Holforf, Cornelius, *Archaeology is a Brand!* Left Coast Press, 2007.
Ivy, Marilyn, *Discourses of the Vanishing*. The University of Chicago Press, 1995.
Jezernik, Božidar, Constructing Identities on Marbles and Terracotta: Representations of Classical Heritage in Greece and Turkey, *Museum Anthropology* 30(1): pp. 3–20, 2007.
Jones, Andrew, *Memory and Material Culture*. Cambridge University Press, 2007.
Kaner, Simon, Beauty of Jomon（縄文の美）, *Onbeat*, vol. 09, 2018, pp. 36–45.
Kaner, Simon, British Archaeology on a Global Stage. *British Archaeology*, September October 2018, pp. 26–31.
Kaner, Simon, ed., *The Power of Dogu: Ceramic Figures from Ancient Japan*. British Museum Press, 2009.
Lovata, Troy, *Inauthentic Archaeologies: Public Uses and Abuses of the Past*, Left Coast Press, 2007.
Mortensen Lena and Julie Hollowell, eds., *Ethnographies & Archaeologies*, University Press of Florida, 2009.
Ostrowitz, Judith, *Privileging the Past*. University of Washington Press and UBC Press, 1999.

Rousmaniere, Nicole Coolidge, Rediscovering dogu in modern Japan, In *The Power of Dogu*, Simon Kaner, ed., The British Museum Press, 2009, pp. 70–83.

ウェブサイト

MORRIS HARGREAVES MCINTYRE *Mysterious, enigmatic, spiritual: An evaluation of The power of dogu: ceramic figures from ancient Japan*, December 2009, https://www.britishmuseum.org/pdf/Power_of_dogu_December_2009.pdf#search=%27britishmuseum. org+pdf+dogu%27（2019.10.06 アクセス）
日本ジビエ振興協会ＨＰ　http://www.gibier.or.jp/damage（2018.10.25 アクセス）
石弘之「野生動物の反乱（上）」https://www.nippon.com/ja/features/c03914（2018.10.25 アクセス）

著者略歴

古谷嘉章（ふるや・よしあき）

1956年東京生まれ。東京大学大学院博士課程単位取得退学。博士（学術）。九州大学大学院比較社会文化研究院教授。著書に『異種混淆の近代と人類学――ラテンアメリカのコンタクト・ゾーンから』（人文書院、2001）、『憑依と語り――アフロアマゾニアン宗教の憑依文化』（九州大学出版会、2003）、『「物質性」の人類学――世界は物質の流れの中にある』（共編著、同成社、2017）、「先史文化×考古学×現代アート」（長井謙治編『ジョウモン・アート――芸術の力で縄文を伝える』雄山閣、2019所収）、訳書にJ. クリフォード『文化の窮状――二十世紀の民族誌、文学、芸術』（共訳、人文書院、2003）などがある。

縄文ルネサンス
現代社会が発見する新しい縄文

2019年12月18日　初版第1刷発行

著　者　古谷嘉章
発行者　下中美都
発行所　株式会社 平凡社
〒101-0051 東京都千代田区神田神保町3-29
電話 03-3230-6579（編集）
03-3230-6573（営業）
振替 00180-0-29639

装幀者　間村俊一
DTP　キャップス
印　刷　藤原印刷株式会社
製　本　大口製本印刷株式会社

落丁・乱丁本のお取替は小社読者サービス係までお送りください（送料小社負担）
平凡社ホームページ　https://www.heibonsha.co.jp/

ISBN978-4-582-83824-4　C0039
NDC分類番号389　四六判（19.4cm）　総ページ292